焦點解決
短期治療 入門手冊

許維素 著

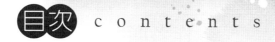

目次 contents

作者簡介

❤ 許維素

學歷：國立臺灣師範大學教育心理與輔導學系博士

現任：國立臺灣師範大學教育心理與輔導學系教授

經歷：《中華輔導與諮商學報》（TSSCI）主編

《教育心理學報》（TSSCI）副主編

臺灣焦點解決中心顧問（設於國立中壢高中輔導室）

Journal of Solution Focused Brief Therapy 籌備委員及編輯委員

台灣輔導與諮商學會常務理事、理事及學校輔導小組召集人

國立暨南國際大學輔導與諮商研究所副教授兼家庭教育中心主任

國立暨南國際大學教育學程中心助理教授兼行政組長

國立臺灣師範大學、國立暨南國際大學、少年之家、耕莘健康管理
專科學校學生輔導中心督導

臺北市國小專輔、新北市國中專輔，以及臺北市、桃園縣、新竹縣
高中輔導教師團督導

2007 年焦點解決短期治療荷蘭阿魯巴島國際研討會籌備委員

2015 年美加焦點解決年會亞洲經驗代表：閉幕演講與研究日嘉賓

臺灣、中國大陸、馬來西亞、新加坡焦點解決短期治療訓練講師與
督導

宜蘭縣羅東高中專任輔導教師

臺北縣文山國中英文教師、輔導教師

證照：2002 年諮商心理師高考合格

榮譽：2010 年榮獲國立臺灣師範大學教學卓越教師獎

　　　2011 年榮獲台灣輔導與諮商學會傑出服務獎

　　　2011 年榮獲中華民國教育學術團體聯合年會優良教育人員服務獎

　　　2012 年 8 月～2013 年 6 月榮獲學術交流基金會傅爾布萊特資深學者
　　　赴美研究獎助

　　　2013 年 11 月榮獲美加地區「焦點解決短期治療協會」（Solution-Focused
　　　Brief Therapy Association）「紀念 Insoo Kim Berg 卓越貢獻訓練師
　　　獎」（The Insoo Kim Berg Memorial Award for Significant Contribu-
　　　tions to Training）

　　　2014 年 9 月榮獲台灣輔導與諮商學會傑出人員木鐸獎

　　　2014 年 11 月榮獲中華民國教育學術團體聯合年會優良教育人員木鐸獎

推薦序一

　　我很榮幸獲邀為《焦點解決短期治療入門手冊》這本中文書撰寫推薦序。我特別開心我能有機會推薦本書的作者——許維素教授。許維素博士是我們的工作夥伴；這麼多年來，我一直相當欽佩許教授。

　　焦點解決短期治療是一個新興模式，是在 1980 年代早期正式宣告成立。在當時，焦點解決短期治療是心理治療領域諸多派別中的一支，於 20 世紀後期逐漸茁壯，後來也以「後現代取向」為人所知。我們這一群早期參與焦點解決短期治療發展的實務工作者，雖然之前都學習過其他派別，但是我們仍然選擇投入於焦點解決短期治療中。即使舊有的治療取向與這個新興取向有很多差異，後期也仍有許多實務工作者決定以焦點解決短期治療作為主要工作模式。

　　《焦點解決短期治療入門手冊》一開始介紹了焦點解決短期治療獨特的哲學智慧基礎。對於如何於治療對話中解決人們認知、情緒與行為的議題，焦點解決短期治療對人類經驗的本質，有著可貴的特定觀點。焦點解決短期治療強調治療師與當事人是一起共同建構解決之道的，這是什麼意思呢？這樣的立場，相當不同於以下的思維模式：治療師視自己為專家，針對當事人的議題，傳遞特定資訊。而在晤談共同建構歷程中，語言的角色又為何？許多進入焦點解決短期治療獨特領域的實務工作者都已發現，我們使用的語言，將會激發我們在無限制的機會中找尋到無窮盡的可能性。本書在哲學基礎、專業價值與人性觀的章節內容，或將能提供實務工作者一個嶄新的生涯抉擇。

　　除了哲學基礎之外，許博士在《焦點解決短期治療入門手冊》裡也介

紹了焦點解決短期治療的晤談工具。即是：治療師在晤談中做些什麼？在晤談室可觀察的具體行為是什麼？這些行為的效果是什麼？它們會如何影響當事人對困境的體會？治療師又如何談論關於改變的獨特性與簡易性？

焦點解決短期治療的獨特特色之一是，晤談將會詳細探索當事人偏好的未來並予以命名。如此一來，對於困境細節的探討大為減少。「夢想」與希望被高度看重，晤談協助當事人築夢踏實地步步靠近。所以，當事人的希望及願景，才是我們對於需要了解當事人問題的資料收集方向。

我特別肯定許博士於本書中——介紹焦點解決短期治療的常用技巧，特別是代表性問句。我個人以為，焦點解決短期治療的技術看似不多，但卻非常獨特明確。這些問句，在有限的變化下，於晤談對話中被提出，大大地營建了所謂的焦點解決短期治療。提問問句的合宜性，乃決定於晤談者傾聽的姿態及其對問題重構正面意義的能力。我建議學習焦點解決短期治療的實務工作者，若想提升自己的專業能力，需要掌握提問問句背後的核心要素，並透過高度自我要求，持續專注練習一段夠長的時間，方能更為熟練焦點解決短期治療。我曾應許博士邀請至臺灣講學。在臺北市的一處公園裡，觀看一群人在打太極拳。我很高興有機會站在一旁看著太極拳清楚的原則，在那番極簡禪風的動作中充分展現著。我想，練功夫這件事，不可能有任何捷徑。

在我眼中，許博士是一個永遠懷抱理想且不斷踏實努力的人。在亞洲，要稱她為推廣焦點解決短期治療的領軍人物，絕不為過。許博士除了致力翻譯焦點解決短期治療叢書之外，她本人也與多位夥伴一同著有多本書籍、多篇文章和研究。她還以各種可貴的方式，將焦點解決短期治療帶至世界的這處寶地，包括持續邀請焦點解決短期治療代表人物至亞洲巡迴講學，或遠赴重洋至外地學習並將國際資訊帶回亞洲。要找到如此堅定持續實作的人，並非隨處可得；而要和世界各地焦點解決短期治療的頂尖訓練師、實務工作者、研究者有所合作，又是一個充滿變數的挑戰。肩負國際接軌

的媒介角色的許博士，不論是對實務或訓練的工作，仍然要求自我不斷進修精進，也持續吸收許多不同實務工作者與工作夥伴的經驗。凡此種種，都讓許博士自然成為一位為人敬重、享有盛譽的焦點解決短期治療訓練師。

Insoo Kim Berg 是焦點解決短期治療創始人之一，許博士曾經接受 Insoo Kim Berg 的指導與督導多年。2013 年，實至名歸的，許博士獲得「紀念 Insoo Kim Berg 卓越貢獻訓練師獎」，這個獎項是美加地區焦點解決短期治療協會專門頒發給對焦點解決短期治療領域有多年重要貢獻之人。我們有幸認識 Insoo 和維素，也發現這兩位女士有多處相似之處；她們最為顯著的相同點即是：孜孜不倦地追求焦點解決實務的優異卓越。

《焦點解決短期治療入門手冊》一書的誕生，讓我不禁為本書的讀者高興，因為本書是由一位焦點解決短期治療優秀的實務工作者所撰寫。欲到達熟練之境，是需要有一位導師於起步階段引領入門，又能於發展階段即時在側指導。不論是新進接觸或進階學習焦點解決短期治療的實務工作者，我衷心地推薦這本由許教授所撰寫的《焦點解決短期治療入門手冊》！

美加地區焦點解決短期治療協會前會長

Lance Taylor

2017 年 3 月

推薦序二

　　我很榮幸能受邀為許維素教授執筆的《焦點解決短期治療入門手冊》一書撰寫推薦序。許教授曾榮獲美國傅爾布萊特獎，於 2012 至 2013 年赴美進修交流一年；也長期在焦點解決短期治療、學校輔導的領域持續發表書籍、文章及研究等相關著作。我與許教授一直在焦點解決短期治療領域有一些合作，包括在杭州市由駱宏博士舉辦的訓練工作坊。

　　《焦點解決短期治療入門手冊》先介紹焦點解決短期治療的哲學基礎。非常與眾不同的是，焦點解決短期治療是以諮商師與當事人實際工作的實務經驗為基礎。第一篇正式以「焦點解決短期治療」為名探討心理諮商與家族治療的相關著作，是發表在 1980 年代中期，其針對心理治療如何成功的有效因素，進行哲學理論的檢視。這一篇著作對於心理治療、人類溝通及哲學思維世界，造成強大的影響，改變了大家原有的觀點。隨著焦點解決短期治療於世界各地應用增廣的同時，其專業價值與觀點，在世界各地（包括歐洲、美國、澳洲、太平洋地區等等）實務與研究工作者的持續努力下，亦不斷在發展精進中。

　　學習焦點解決短期治療系列技巧是十分容易入門的，但是，對於絕大多數的實務工作者而言，學習越久，技巧的運用越是千變萬化。《焦點解決短期治療入門手冊》亦介紹了焦點解決短期治療的晤談階段及重要代表技巧，其將可幫助學習者在實務工作上，更加明瞭焦點解決短期治療師心中所掌握的原則，相信有助於學習者朝向成為一位高效能治療師的夢想前進。關於傾聽、形塑、讚美、代表性問句等在本書都有所呈現；尤其，本書還特別強調治療師對於當事人經驗所持的未知姿態與好奇之心，如何尋

求當事人的所欲目標、例外經驗、因應能力，以及如何掌握已被廣為運用的奇蹟問句與評量問句的效能。此外，本書還提及晤談中暫停後的回饋、後續晤談及如何結案等主題；焦點解決短期治療師總是在心中謹記著：治療只是一個過程，當事人的晤談是生命中的一個經驗，晤談遲早是會結束的。

　　本書每一章有一主題重點，其撰寫相當清楚扼要，同時還引用了諸多重要相關文獻，包括來自不同文化、語言、訓練背景的資料；由此也可知焦點解決短期治療已經在不同領域、場境、主題大為廣泛應用。本書每一章的最後，針對各章的主題有一相對應的案例對話，以及提供一些治療師可以自我反思的提問問題，相信能有助於增進治療師訓練自己更保持於焦點解決短期治療的思維脈絡中。

　　因此，由本書的內容與架構，不難窺見本書是一本基礎且完整介紹焦點解決短期治療的優秀專書！

歐洲短期治療協會前辦事處主任

Alasdair J. Macdonald 博士

2017 年 3 月

作者序

　　我於 2014 年在心理出版社出版了《焦點解決短期治療：理論與實務》一書後，收到很多朋友的鼓勵與肯定，心裡甚是感謝、開心。但是，不少朋友與讀者也多次向我反應，希望能有更簡明的初階焦點解決短期治療（SFBT）書籍，讓願意學習焦點解決短期治療的讀者能更快進入這獨特的後現代思維。所以，在各方鼓勵下，便決定以《焦點解決短期治療：理論與實務》一書的內容為素材，將其抽取重組，加入一些新的資訊，再根據焦點解決短期治療重要的基礎架構與技術，以一章一個特定主題的方式，集中闡述，並且在每章的最後，根據該章的主題，對應設計部分的案例對話與反思問題。而此，即是本書《焦點解決短期治療入門手冊》問世的美麗機緣。

　　關於推薦序，在此特別感謝美加地區焦點解決短期治療協會前會長Lance Taylor，一直給我的肯定與鼓勵。與他的相處對話，常讓我想起和焦點解決短期治療創始人之一 Insoo 互動的感謝與觸動。從他身上，我總是容易心動地欣賞著焦點解決短期治療的動態美麗。而 Alasdair Macdonald 博士，是焦點解決短期治療在歐洲的重要代表人物，他有如焦點解決短期治療的圖書館，常提供晚輩種種焦點解決短期治療的資訊，特別是歷史與研究。我相當感動他們願意為這本書寫序。前輩的陪伴，一如夥伴的支持，將大大化解學習與推廣焦點解決短期治療之路的諸多辛苦，轉換為繼續前進的可貴力量。

　　焦點解決短期治療是一容易入門的諮商派別，而焦點解決短期治療的應用，也很容易帶來實務工作的效果。然而，「簡單，並不等於簡化」、

「簡單，不等於容易」；入門焦點解決短期治療雖然容易，但眾所皆知的，精熟焦點解決短期治療卻是相當困難。許多實務工作者也發現，從接受焦點解決短期治療的概念，需歷經不同諮商派別的拉扯，到定位於焦點解決短期治療的投入，常需要多年的投入、反思與決定；一如專業訓練與發展，無法一步登天、一蹴可幾。Insoo 認為焦點解決短期治療之所以知易行難，其實常是因為諮商師難以保持一顆「極簡」心向（mind-set）。綜合言之，焦點解決短期治療的原則都很簡單易懂，但是如很多的生命哲學，並不容易落實做到，而在面臨困難且複雜的情境時，要諮商師「保持簡單」地回到焦點解決短期治療的思維，更是一個亟需「自我鍛鍊」的歷程。

　　本書共有十五章的章節架構，期待本書的章節設計能提供讀者更快掌握焦點解決短期治療每一個基本面向的重要概念，更能連結至晤談實務運作中，並更融入焦點解決短期治療的工作環境、氣氛與節奏中。同時，也非常期待本書這樣的架構與內容，再次讓讀者窺見焦點解決短期治療的極簡禪風！

許維素

2017 年 6 月

1 範式轉移的代表——焦點解決短期治療的興起與諮商哲學

一 呼應社會的脈動：焦點解決短期治療的興起

🌱 (一) 來自關注有效性的解決導向發展

隨著後現代（post-modern）時代的來臨，諮商學派亦有所變遷。焦點解決短期治療（Solution-focused brief therapy, SFBT）歸屬短期治療（short-term therapy）之一支，也被稱為後現代及社會建構論（social constructivism）取向，是心理治療派典（paradigm）轉移的代表之一（Kim, 2006）。

SFBT晤談過程不同於傳統諮商取向以問題為核心（problem-focused），轉而側重以「建構解決之道」（solution-building）為焦點，發展出獨特的諮商理念、步驟與技術。SFBT建構解決之道的歷程，即是透過諮商師與當事人之間持續的、合作的、建構式的語言歷程，完整發展出當事人所欲未來與目標、詳細辨認出當事人的例外（exception）經驗與過去成功，並推進進展帶來穩定的改變，而讓解決之道得以從諮商晤談互動中浮現、釐清、概念化（conceptualizing），並逐步建構之。當然，SFBT晤談方向的發展，都是以如何促使當事人更為健康適應為主軸（Froerer & Connie, 2016）。

亦即，SFBT諮商師主要治療任務在於探討當事人所欲的偏好願景、推

進當事人做什麼以能達成想要的不同，而非以過去的問題或現在的衝突為關注重點。SFBT 的核心假定是：諮商的目標乃由當事人所決定，而諮商師之任務則是以尊重的、合作的、不評價的姿態，在當事人價值觀及其邏輯推論的參照架構（reference frame）運作內，針對當事人目標，大量運用既有優勢（strengths）資源，協助其建構出正向化、行動化、情境化以及具體現實性高的小步驟，以平穩地一步步前進（Macdonald, 2007; Kim, 2014）。

自 SFBT 創始人之一 Steve de Shazer 於 1982 年著書發表 SFBT 的相關論點開始，SFBT 的發展已有三十餘年的歷史。源自於家族治療的 SFBT 是由 Steve de Shazer、Insoo Kim Berg 以及多位來自不同背景夥伴所組成的工作團隊率先提倡的。1970 年代期間，de Shazer 和 Berg 無法滿足當時主流治療取向及其操作方式，乃透過與團隊於單面鏡後細心地觀察心理治療整個過程，以正式與非正式地聚會，細部探討諮商錄影帶的歷程，聚焦於「使當事人滿意的有效介入」，探究晤談效果與諮商介入之間的關係，而不斷修正與發展出 SFBT 的哲學觀點與代表技術。終於在 1978 年，de Shazer 和 Berg 的團隊在美國威斯康辛州密爾瓦基之短期家族治療中心（Brief Family Therapy Center, BFTC），建立了屬於自己的機構，SFBT 此一新興學派正式創立。之後，de Shazer 與 Berg 的團隊便一直以這個新穎的諮商取向來與當事人工作，並持續努力使 SFBT 的專業特徵越顯明確獨特（De Jong & Berg, 2012; Franklin, Trepper, Gingerich, & McCollum, 2012）。

所謂「最好的實務」，即是對特定當事人—諮商師系統是「有效」的（Fiske, 2008）。SFBT 一路的發展，都以諮商的「有效性」為最大引領指標。SFBT 乃透過臨床實務結合研究歷程來檢驗確認諮商的有效性，並非如一些學派是先有某理論假設，再加以驗證之，因此，SFBT 的有效性深得實務工作者及當事人的好評（Trepper, McCollum, De Jong, Korman, Gingerich, & Franklin, 2010）。關於 SFBT 的療效，如同 Kim H.（2006）、Kim J. S.（2014）、Macdonald（2007）、Smock 等人（Smock, McCollum, & Stevenson,

2010）、Franklin 等人（2012），以及 Kim 等人（Kim, Franklin, Zhang, Liu, Qu, & Chen, 2014）於彙整 SFBT 研究後的宣稱：SFBT 具有一定程度的實務價值，可以產生正向的治療效果，特別在個人行為改變上有所成效。亦即，SFBT 已被實務與研究證實，SFBT 與其他諮商學派具有一樣程度的療效，也能適用於不同文化組群，而且，對於特定議題及某些類型的當事人，SFBT 所需的晤談次數更少且更具經濟效益，甚至比其他諮商取向更能滿足「當事人自主的需求」。一如 Macdonald（2011）所強調，雖然不是說 SFBT 都能適用於所有人與所有事情，但是，所有的人與事皆可試著採用SFBT這個取向來嘗試提供協助或介入。

🌱（二）諮商焦點的轉變帶來短期有效的效益

美國諮商領域大師 Corey（2013）相當認可這些著重於解決之道及未來導向的心理治療取向效果，也相信透過以解決之道為焦點的晤談，能協助當事人以個人優勢來重新導向晤談發展軸線時，如SFBT這類的短期心理治療，將有機會於很短時間內發揮效用。然而，SFBT 此一「短期」治療的色彩，有別於其他短期治療所強調的；SFBT 的「短期」定義，並非意指一定得在特定次數的短期內工作，而是強調：「不做沒有必要的晤談」。所以 SFBT 並非為次數多與少進行考量，而是秉持的工作哲學模式與傳統長期取向大有不同。

SFBT 之所以能在較短的次數內獲得一定成效，其關鍵因素乃是因為 SFBT 容易獲得當事人的獨特合作方式並激發他的高度動力所致。舉例而言，當目標是當事人想要且符合其思考脈絡時，當事人會最有動機，也不易出現所謂抗拒的行為；又例如 SFBT 晤談歷程（包含目標、間隔的週次等）的發展，都由當事人來決定，當事人的參與度自然會更高，晤談次數也往往會變少（Ratner, George, & Iveson, 2012）。

將SFBT歸於短期治療的考量之一，是因其不像一些諮商派別會有所謂

初期評估階段，而是在初次晤談便直接進入當事人想要達成的目標開始工作；SFBT 也沒有所謂後期的行動階段，因為每次 SFBT 晤談都一直持續在推進行動與改變。當事人之所以容易在短期內有所改變，是因為SFBT乃就當事人生活中已經存在之較好與不好的模式，直接推動當事人多去做那些較好的模式，借力使力，而帶動改變的連鎖循環。在此過程，當事人也不會認為諮商太為艱難而放棄，反而會因容易有逐步改變而產生努力的意願。此亦如SFBT並不認為需要所有的家人都得同時來晤談，也不認為所謂有問題的那位家人定得前來，因為任何次系統的改變，都會有「牽一髮而動全身」的連鎖效益（Ratner et al., 2012）。

所以，SFBT 是一個時間效率的取向，其短期治療風格其實是諮商師的心理意向（mind-set），會將每次晤談視為可能是最後一次來進行。因為，SFBT相信，當事人除了來接受諮商之外，還有更重要的事想做，來諮商僅表示著目前當事人暫時被特定問題困擾而已；當諮商能幫助處於困境中的當事人再次連結回他所擁有的既存資源，將可以再次讓當事人順利動員這些資源，重新回到他們想要的生活（Ratner et al., 2012）。

🌱 (三) 高度實用價值產生多元應用性

SFBT 是一個有時間敏感度的派別，重視時間效率的取向，能在比較短期內達到一定的治療效果，而且SFBT擁有當事人改變的加速與持續、治療滿意度的提高，以及較少的諮商師專業耗竭等之實證支持，因而相當符合臨床實務、政府部分、保險制度等現代社會需求（Kim, 2006）。

不到三十年，SFBT 便已廣為人知。SFBT 的相關著書、研究及其應用領域不斷增長，其中包括：社區心理衛生中心、州立與私立醫院、心理和社會工作機構、學校與牧師協談工作機構、兒童保護服務、收容福利機構與監獄司法系統、企業機構組織等場域；中小學生、青少年、成人、夫妻、家庭、偏差行為學生、中輟生、高關懷族群、特殊教育學生與家長等對象；

藥酒成癮、網路沉迷、非自願個案、過動或其他行為問題、精神疾病、家暴與虐待、親子關係、生涯、低自尊、情緒與創傷、危機干預、人際關係等主題，以及個別諮商、團體諮商、家庭諮商及督導、網路諮商、管理與教練等領域（許維素、鄭惠君、陳宇芬，2007；許維素、蔡秀玲，2008；許維素，2009a，2009b，2013；De Jong & Berg, 2012; Franklin et al., 2012; Froerer & Connie, 2016）。

　　近二十年來，SFBT 也開始進入臺灣、韓國、日本、新加坡、香港、馬來西亞、大陸等亞洲其他地區的諮商服務工作之中；特別是因 SFBT 與華人文化的契合，深受華人區域實務界好評（Gong & Hsu, in press; Kim et al., 2014）。

　　是以，SFBT 以短期為導向，以解決之道與優勢為晤談焦點，不深究過去與肇因，看重現在及未來的時間點，能在較少的次數下達成較高的諮商效益（Bond, Woods, Humphrey, Symes, & Green, 2013; Gingerich & Peterson, 2013），於華人地區現代社會中，是一個相當值得推廣的諮商派別。

焦點解決短期治療的核心哲學：從社會建構論談起

　　由於 SFBT 創始人 de Shazer 閱讀興趣甚為廣泛，使得 SFBT 受到影響的思潮包括 Gregory Bateson 早期的溝通學作品及系統觀點、Milton Erickson 催眠心理治療取向、Palo Alto 之 MRI（Mental Research Institute）策略學派、東方佛教與道教思想等（de Shazer, Dolan, Korman, & Trepper, 2007; Trepper et al., 2010）。其中，社會建構論的諸多觀點，特別能支持與說明 SFBT 的哲學精義。

（一）社會建構論的重要觀點

　　過去，現代理論者（modernist）看重客觀與科學的觀點，強調唯一、外

在的現實（reality），探尋著人們的本質與真實，認為人們尋求諮商，是因為當事人認為其所擁有的問題，背離了大眾認定的「正常」行為範疇，而且，來談的問題乃肇因於過去的經驗決定了現在的行為，值得加以揭露。然而，迥異於這些現代理論的個別與家庭治療工作重點，社會建構論特別看重以下幾個觀點（Corey, 2013; Hearling & Bavelas, 2011; Kim, 2006; Nelson & Thomas, 2007）：

1. 任何的知識並不是理所當然的存在。這一觀點挑戰著傳統既定的、約定俗成的知識來源，也提醒著人們應要質疑原有對世界「應為如何」的假設。社會建構論強調多元差異的框架及每個人的獨特性，看重擁有知識的每個人自身的統整及個體間的合作。亦即，社會建構論相當看重當事人「主觀」認定的現實，不會質疑其是否正確或合於邏輯，也會特別呼籲，沒有所謂如何過好生活的「正確」或「唯一」的方式，也沒有哪一個人所理解知識的方式要比另一人更為優秀。

2. 了解與描述「世界為何」的語言與觀點，是具有個人歷史與文化脈絡的獨特性與關聯性。任何對現實的了解都是基於語言的使用以及人們在生活情境中實際的功能運作。特定主流社會脈絡中的歷史事件與語言的使用，對於個人真實（truth）的範疇會有所影響與限制。亦即，一個人描述自身故事的語言型態與用字，乃創造了他（她）經驗的獨特意義；而每一個訴說故事的當事人，會受到主流社會價值的影響，但仍有其對特定情境中的主觀知覺與立場，而其表達，也有其成長歷史與文化環境的影響，而不同於任何一個人的獨特個人化真實。

3. 知識不是來自孤立的心及個人化的經驗，知識與語言並不是固定不變或普遍存在的，也不存在著語言表達者所謂的背後深層的結構。知識是源自人們相互主觀性以及互動關係的特殊性，透過對話詮釋、分享及關聯經驗的過程，而被建構、創造出來。亦即，所謂「知道、了解、懂得」等知識，是透過人們彼此之間的對話溝通與人際互動，在參與

對話者彼此之間的特定關係與當時對話的情境脈絡等條件下，一起相互激發、激盪、形成超出預期的理解或結論。因此，人類的知識是被「發明建構」而來，並非發現既存的，而且，知識是需要依賴「脈絡」（context）而存在的，因此現實不是獨立於我們自身，而是透過人們與現實協商的方式所得的結果。知識與意義是人們解釋歷程的一些面向，是基於交談的參與者之間的關係基礎，是由他們共同完成並一起協商而得的。

4. 由於知識的建構是透過「社會互動」而來，所謂的知識與社會互動是同時並存、相互影響、共同建構的，因此，人們在社會關係中創造了意義，眾人所認為的「事實」是人們在日常生活中與人互動的產物，而人類的本質是「社會性的故事化生活」（socially storied lives）。而所謂的「理解」（understanding），亦是從社會互動中相互協商而來；這些協商得來的理解，被視為會很實際影響社會生活中的實務運作，並非僅是抽象的概念而已。例如，社會行為最重要的層面是溝通的影響，溝通是社會的行為順序裡最重要的因素。每個人在與不同的人溝通時，其行為將受到影響而會有所不同，於是，在溝通互動時，要去理解整個溝通脈絡與歷程，而非只著眼於單一事件與訊息。更重要的是，改變一個人，不僅只是透過處理內在議題方式，而是可以透過改變溝通互動以及外在系統而能達成。

(二) 社會建構論與 SFBT 諮商理念

1. 當事人主觀知覺與表述的尊重

社會建構論的工作哲學影響 SFBT 的諸多信念。為了呼應社會建構論，SFBT 創始人之一 de Shazer 強調，所謂的理論（theory）只是用來描述所看到的事情，而非主觀地解釋現象。當事人是在心裡由自己建構了在這世界

的經驗,而此一世界建構的歷程是一個心理過程,其會大量參酌社會關係的類別向度來進行。例如,若當事人說他感到憂鬱,SFBT 諮商師會問他看到什麼、做了什麼而感受到憂鬱,或者詢問他人會如何描述當事人所說的憂鬱情況。正如社會建構論所言,SFBT 相信,於心理治療過程中,所謂的「來談問題」是存在於當事人個人化的語言、經驗與脈絡之中,諮商過程即是在描述當事人經驗本身的同時,於個人歷史與情境中,脈絡化(context)地理解當事人,並嘗試站在當事人的立場,了解當事人所處的情境。SFBT 認為當事人在諮商歷程中,是以他自己認為最有幫助的方式在參與諮商,當事人無論說什麼,都沒有對錯的答案;而當事人如何訴說他的問題的方式,也反映著他建構的世界,是諮商師特別需要關注的重點所在。因此在諮商中,SFBT 諮商師並不致力於探究當事人的歷史背景,也不積極進行絕對性的解釋與病理診斷,反而是特別注重傾聽當事人如何主觀理解自己所關注的議題及身處情境的知覺(perception),包括他們使用什麼語言及如何描述自己的故事(Nelson & Thomas, 2007; Ratner et al., 2012)。

2. 諮商師與當事人處於平等合作的地位

SFBT 並不高估一位專業人員的專家角色,而更看重當事人位於自身生命的專家性,置當事人於一個優勢地位,信任當事人能夠理解自己、知道什麼對自己最好,也能對自己的生活產出經驗的意義。基於相信「當事人最懂得自己想要什麼」的信念,SFBT 認為當事人擁有判定問題何時被解決的標準與能力,而諮商效果的好壞,也只能由當事人來判定。同時,SFBT 呼籲所謂的問題並不等於病理,問題只是彰顯當事人不想再處理的人事物,因此來談的當事人總是有其動機所在,諮商師則是一名透過好的問句來發掘當事人動機趨向的專家。SFBT 諮商師之所以會常好奇地提問問句來了解當事人,是因為諮商師位於一個不預設立場、想認識眼前這位當事人獨特處境脈絡的學習位置;而諮商師提問問句的方式,會讓當事人根據他的生

活歷練與經驗，自行回答這些問句，並擁有決定答案內容的主控權，而非由諮商師替當事人發言或提出適合多數人的普遍答案。

3.諮商溝通的語言遊戲效益

諮商中的問與答歷程是一種重要的人際溝通。由於「溝通」是心理治療的基本工具，在晤談中所產生的知識並無法單靠諮商師或是當事人來啟動，而是一種彼此相互對話的產品，是雙方參與者的共同資產。一如社會建構論的論點，心理治療的晤談對話以及尋找解決之道的過程，都是由諮商師與當事人在合作關係中一起發揮創造力而獲得的，且此共同合作的過程是透過每一時刻、可明確辨認的人際互動與共同理解基礎（grounding）所形成。為了理解當事人並幫助他們建構所欲的改變，了解當事人的敘說（如一些描述詞彙的定義與方式）以及對其語言歷程的解構（如重新正向定義），乃成為諮商工作的核心之一（Corey, 2013; Hearling & Bavelas, 2011; Kim, 2006; Nelson & Thomas, 2007）。

正如 Ludwig Wittgenstein 提出的語言遊戲觀點：語言乃有其不同的意義，端賴所使用語言的情境及使用的原則（如對話中兩人有其特殊使用某語言的意義）。建構解決之道是發生在語言的運作上，而每種語言有不同的遊戲規則。在語言遊戲中，當SFBT諮商師及當事人談論越多他們想要建構的解決之道時，他們便會更加相信他們所討論的事實或現實；這即是SFBT語言自然發揮效用的方式（Berg & de Shazer, 1933；引自Ratner et al., 2012）。亦即，SFBT的對話特別側重以正向、希望、未來為焦點，而有所謂的解決式談話（solution-talk）；在一次或多次的晤談中，諮商師藉由擷取當事人敘說中的重要詞彙，凸顯當事人語言中有希望的正向部分，讓當事人對現況產生新的觀點、知覺或體驗，並顯現於所使用的語言轉換。這樣的轉變，不僅僅是針對問題進行策略的腦力激盪討論而已，更為強調的是著力於增加當事人想要的改變或願景的實現（Froerer & Connie, 2016）。

4. 在既有的基礎上產生持久的改變

為了增加當事人所欲的改變，SFBT 還相信，人們不是藉由搜尋新資訊來解決問題，而是通過重新整理組織已知的一切來突破困境（de Shazer et al., 2007; Nelson & Thomas, 2007）。SFBT 諮商師會引導當事人釐清內心希望問題解決後的不同生活來作為諮商目標，並促發當事人懂得善用既存的個人優勢與內外在資源，逐步建構出讓當事人可以美夢成真的特定行動方式。尤為可貴的是，在考量實際生活的功能運作及主觀知覺之下，當事人於治療脈絡中與諮商師所共同創造關於改變的行動資訊，會是符合當事人生活脈絡的，如此當事人在離開諮商室回到自己的生活時，能立即落實行動，其改變也將會變成足以內化的、持久的、類化的行為（Trepper et al., 2010）。

(三) 以解決之道為焦點的 SFBT

結合前述，彙整 SFBT 對於解決之道所秉持的觀點則包括：

- 諮商的基調是「建構解決之道」（solution building），而非問題解決（problem solving）。亦即，晤談著重於談論如何運用既存資源達成所欲目標，而非側重於討論問題如何形成、本質為何或如何消除。
- 諮商工作的重點之一在於辨認與強化潛在的解決之道。例如凸顯在過去類似的情境中、目前某些時候或類似情境下，曾經有效處理或減輕問題的方法，或對其他人有幫助之處。
- 解決之道（包含所欲目標、偏好未來與具體行動等）即在當事人的個人經驗之中。例如，諮商師如何察覺當事人擁有的資源、如何相信當事人想要的目標是有其個人的意義等，而能尊重地協助之。
- 事情沒有絕對的因果論；當事人的解決之道，也不見得必然會與任何被當事人與諮商師所認為的問題，有著直接的關聯。例如，當事人對於目前情況不滿意的議題，不見得一定是個人對現實不切實際

的期望所造成，有時乃是追求更能發揮自己實力及合理空間「追求更加美好」的動力。

- 問題不見得能被解除，但解決之道仍可嘗試被建構。例如，對於各種困境（如慢性病）及其影響的已然發生，諮商可以先討論的是：如何因應而不使其惡化、更糟。

- 發展解決之道歷程的語言，不同於探討問題的語言；而且，解決之道涉及主動採取某一新行動，而非停止舊有行為。例如，「想要如何變成面對壓力也能平穩應戰」的具體描述，乃不同於「遇到壓力慣於逃避的行為應被改變」的負向標籤。

- 談論更多解決之道而非問題，將促使當事人更為正向發展自己或擁有處理問題的主控權。例如，討論如何於相關情境中具體行動，會比歸咎原因，來得讓當事人覺得更有力量、更有掌握感。

- 沒有所謂正確的解決之道。每個人是獨一無二的，其所需要的解決之道也有其獨特性。諮商師不可強加個人專業知識來替當事人選擇諮商目標或決定行動策略。

建構解決之道與陰陽太極的動態思維

基於前述，對照過去傳統以問題為焦點的諮商取向，SFBT 乃有其獨特的諮商歷程重點（Corey, 2013, de Shazer et al., 2007; Jordan, Froerer, & Bavelas, 2013; Trepper et al., 2010），如表 1.1 所示。若以例句來對照兩者諮商師思考方向的差異，可如表 1.2 所示（Kelly, Kim, & Franklin, 2008）。

表 1.1 中的各項概念，可以用陰陽太極圖的譬喻來說明。如圖 1.1，以問題為焦點的諮商取向，看重的是探索黑的部分，如抱怨、問題、缺點、僵局；而 SFBT 深入探討的，則是白的部分，如目標、資源、優勢、進展。對於如何促發當事人改變，以問題為焦點的諮商取向，相信內在動力複雜

表 1.1　不同晤談歷程焦點的重點對照

以「解決之道」為焦點的晤談聚焦重點	以「問題」為焦點的晤談聚焦重點
● 願景與目標達成	● 抱怨與減除問題
● 未來	● 過去
● 何者有效用	● 何者有問題
● 凸顯既存資源	● 確認問題肇因
● 正向特質與優勢	● 缺點
● 進展	● 僵局
● 所欲改變	● 病理診斷
● 何處有影響力	● 何處被控制
● 雙方的合作與未知姿態	● 諮商師知道最多
● 當事人是資源	● 諮商師或其他專家是資源
● 諮商師或其他專家不負責修理當事人	● 諮商師或其他專家要負責修理當事人
● 簡單化	● 複雜化
● 行動及第一小步	● 頓悟
● 語言本身有其影響力，是建構共同現實的工具	● 預測語言是往返傳遞訊息的重要工具
● 問句的目的是帶入新的可能性並共創意義	● 問句是蒐集資料以找到改變不當思維之處

化的頓悟是最為重要的方向；而 SFBT 則認為，形成可以朝所欲目標前進的具體行動，是啟動改變的第一步，並以此作為重要的選擇。再者，以問題為焦點的諮商取向，希望能找到形成問題惡性循環的模式，進而打斷之並重建行為模式；而 SFBT 的意圖，則是直接找尋可以立刻造就正向迴圈的力量與要素，並積極串連之，以增加正向迴圈的次數與範疇，如此，便自然地取代了惡性循環的存在。

　　若再以諮商的動態歷程來解讀，當事人剛開始來晤談的時候，往往只

表 1.2 不同晤談歷程焦點的諮商師思維舉例對照

以「解決之道」為焦點的思維舉例	以「問題」為焦點的思維舉例
● 你是怎麼做到使這事成功的？	● 你為什麼會這樣做且何以失敗？
● 當問題不存在時，你的作為會有哪些不同？	● 當問題出現時，你的想法是什麼？
● 在你的生活中，目前哪個部分是還不錯的？	● 何時這些問題在你的生活裡會出現？
● 為要達成你的目標，可能的一小步為何？	● 當問題發生時，你的感覺是什麼？
● 你過去如何判斷該採取哪些行動會是一個正確的選擇？	● 當你處於問題之中，別人的反應是什麼？

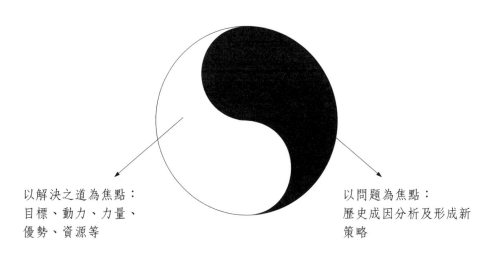

以解決之道為焦點：
目標、動力、力量、
優勢、資源等

以問題為焦點：
歷史成因分析及形成新
策略

圖 1.1 不同晤談歷程焦點的陰陽太極圖比喻

會提及問題及其影響（如圖 1.2 中黑色部分），經過 SFBT 的歷程，當事人開始看到自身的目標、資源、優勢、力量等，其正向知覺（如圖 1.2 中白色部分）不斷增多，那麼黑色部分即使都沒有任何改變，在當事人的知覺裡，黑色部分所占的「比例」將會相對減少。換言之，在當事人正向知覺擴大、

看到自己的目標與優勢力量之後，再回頭看問題，對於問題的定義、感受以及原本想要探究的主題，都會隨之改變；也能找到適合自己的有效方法來處理或承受困境，甚至是在與問題共處下，繼續發展想要的生活。而此也正是 SFBT 最為看重的「知覺擴大與轉移」的工作。

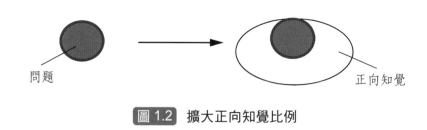

問題　　　　　　　　　　　　　　　　　　　　　　　　正向知覺

圖 1.2 擴大正向知覺比例

　　具體舉例而言，面對一個和先生溝通時常爭吵的婦女，SFBT 諮商師會先了解夫妻爭吵的互動現況之外，更會停留探討的是：談戀愛或婚後沒有吵架的當時，是如何溝通的？爭吵較輕微或較短的時候是何以能發生的？爭吵中所反應雙方的在乎，有何差異或共通看重之處？雙方對溝通與爭吵的期待及其反映出的可貴情感為何？各自的看重又是什麼？結婚多年來爭吵的情況有無變化？造成正面變化的影響力為何？如何善後爭吵而讓爭吵對婚姻產生正面貢獻？在專注於探究這些含括目標、資源、行動的「白色」正向面之後，當事人往往會在看到爭吵的「黑色」負向面時，更注意到婚姻中的溝通與爭吵的正面意義以及有效處理溝通的方法。在當事人對目前的婚姻問題產生「沒有這麼嚴重難解」的知覺轉變後，其改變的意願與信心也會大大提升；之後，若能參考成功經驗而立即嘗試採用目前可行的有效方法（如先不觸碰婆媳問題，而多增加夫妻獨處時間），將容易改善目前的溝通模式，而往期待的婚姻互動前進。

　　簡言之，SFBT 即是以當事人對晤談的期待與目標為主軸，積極探索生活中對達成目標可有貢獻的諸多既存例外資源（Ratner et al., 2012），但是

這目標與例外往返連結的部分，還意圖造就正向迴圈與擴大的進展，所以，較之問題導向派別所需的時間將會來得較為短些；而且，這樣的諮商模式也容易讓當事人覺得諮商過程並不是那麼可怕痛苦，進而能更相信自己是有力量可以去面對挑戰之外，也更容易信任諮商師而願意投入改變之中（許維素，2009a，2009b，2013）。

四 結語：極致希望與尊重的發揮

21 世紀，SFBT 歸屬於社會建構論的一支，展現了心理治療領域重要的派典轉移，其影響甚鉅，也為諮商實務工作提供了更為廣闊的多元觀點。一如 Kelly 等人（2008）所強調，SFBT 是優勢導向、以當事人為中心、重視小改變的，是適合多種角色、對象與場域的，是可以短期或長程使用，以及是容易學習的；尤其，由於當事人的解決之道是以個人真實的生活為基礎，而非是其他專家的強勢灌輸，因而 SFBT 相當適用於各種文化背景者，且能增進使用者的文化勝任度。

並不意外地，SFBT 乃視諮商為一個獨特的過程。諮商師主動投入於協助當事人以不同的方式與角度重新詮釋自己、所處的情境、個人的行為、人際互動模式；當事人在其世界中對問題所建構的解決之道，也沒有絕對正確的選擇，因而應由擁有資源與力量的當事人來加以建構編輯。於是，諮商即是在協助當事人運用既存的力量與優勢來確認與發展自己的解決之道（Nelson & Thomas, 2007）。SFBT 認為諮商歷程是由當事人與諮商師共同建構出一種彼此所欲的現實，是由雙方一起共同合作討論當事人想要的未來。而且在此過程中，當事人對生活與問題的主觀看法更為重要，諮商師與當事人之平等位置與合作關係更被提倡；所以，諮商師並非是負責給予診斷、詮釋或建議，或只是衡鑑（assessment）或諮商技術的堆積者而已（Ratner et al., 2012）。

深受社會建構論影響的SFBT，乃以現在與未來為焦點，以可能性及目標為導向，重視當事人的願景、目標、優勢、復原力、成功經驗及有效用之處，顛覆過去看待問題及解決方法的窠臼，強調應減低對過去的失誤、個人的弱點、問題及病理診斷的關注。SFBT 創始人之一 Insoo Kim Berg 還特別強調，諮商師的介入（如詮釋建議）越少越好，因為諮商師最好不要在當事人的生活中留下痕跡（leaving no footprints）；SFBT 大師之一 Harry Korman 也曾說過，最棒的心理治療即是：在當事人走出諮商室的那一刻，忘卻了諮商師是誰，只記得自己的目標、優勢與如何前進的方法而已（許維素，2014）。是以，SFBT 可謂是「以勝任能力為基礎的模式」（competency-based model）；若要為 SFBT 下定義，Berg 與 Dolan（2001）直言：SFBT 是一個「希望與尊重的實用主義」（pragmatics of hope and respect）！

☕ 案例對話與反思活動

回應著諮商師「希望諮商有何幫助」的問句，這位母親表達她擔憂青春期孩子交友不慎。在了解目前情況並得知母親由於嚴厲批評孩子判斷力低、封鎖孩子對外聯絡方式之後，孩子強烈表示不滿、與她激烈衝突。這位母親十分挫折於自己出手處理的反效果，希望得知如何解套。

在確認當事人希望諮商工作的大方向並支持母親的情緒後，諮商師嘗試詢問母親的期待：「看到妳這麼愛孩子、希望保護孩子，所以，對於妳出手處理孩子的交友問題，妳最希望可以看到什麼結果？」不預設地嘗試理解當事人的目標，看看是否可以成為晤談的大方向，而非以檢討母親教養或孩子行為的錯誤，作為工作的重點。

「當然是希望孩子與這個很危險的朋友分開啊！這個人不能當朋友，遊手好閒，常上網啊。孩子的生活應該要跟以前一樣規律，

也應回到常軌，好好讀她的書啊！」母親堅定的說。

「妳真的很為孩子著想，妳也相信這樣對孩子是比較好的選擇。而當她真的能做到時，妳們的相處又會有何不同？」諮商師繼續問，尊重母親的價值觀，具體探究她想要完成的目標，但也開始讓母親將焦點轉到兩人之間的互動。

「就會像以前吧，大家平平安安、平平靜靜的過日子，兩個人就是可以好好的、理性的說話，不像現在啊，她一直反駁我，大家日子也都亂了。」母親氣憤的回答。

「孩子目前跟妳的看法很不一樣。但是，妳想要保護她，希望她有好的未來。」諮商師反應著現況以及當事人的在乎。

「是啊，她都聽不進去我的意見。」

「那麼，過去基於妳對孩子的了解與相處經驗，當妳採用什麼樣的方式跟孩子溝通，比較容易讓孩子接受妳的意見？」諮商師推進地引導母親看到雙方立場的差異，並企圖連結母親過去經驗中的成功記憶，看看是否可以成為建構解決之道的一個素材。

母親低頭思索一會兒：「我先生有提醒過我，我越是著急，孩子越不容易聽進去。嗯……當我好好分析給孩子聽時，她至少會安靜的想一想。」

「好好的分析是指什麼呢？」諮商師捕捉成功經驗，深入追問優勢的運作細節，以協助母親更為意識化。

「分析優缺點、分析結果之類的。」母親繼續思索著。

「妳有注意到，當妳的分析是妳女兒能接受的、願意安靜想想時，妳是用什麼樣的態度、口氣、方式、立場等在說著？」

「就是很平常的樣子。」

「很平常是指？」

「好像不很嚴重，在聊天，沒有一定要她接受，只是提供一番

見解而已。」

「妳以前是怎麼知道用這樣的方式對妳的孩子會有效呢？」諮商師的讚美期許讓母親更能肯定自己並聯想自己勝任的有效要素。

「青少年就要這樣啊，欲擒故縱啊，不然她就會為反對而反對啊。可是……我氣瘋了這次，我很擔心啊，我很急啊。上次跟她講話的時候，就沒有辦法這樣平靜啊！結果我們衝突更大。唉。」母親反思著。

「一位愛孩子的母親，面對孩子交友的可能危險，擔心著急是很自然的反應。但是妳也真的知道如何跟青少年的孩子溝通啊！」於常態化母親的反應後，諮商師再次引導母親更為關注自己的優勢。

母親噘嘴說：「可是就是會忘了啊！」

「那麼，如果有機會問妳的先生，他會建議妳如何讓妳的擔心著急可以平靜下來，好讓妳可以用以前會的、很平常的樣子跟孩子講話？」從先生這位生活中實際存在的資源人士角度，企圖引發可能性的思考。

「嗯，先找朋友、我妹妹談談啊，講一講話，就比較能平靜自己吧。先平靜自己的情緒很重要！……這個我應該知道的啊！怎麼這次給忘了。」母親若有所思的回應。

諮商師重複歸納強調適合母親的獨特有效方法：「看來找人談談會平靜妳自己，像找朋友和妹妹。先平靜妳自己，妳就能想到、做到如何好好分析給孩子聽。而且，也比較能用很平常的、在聊天的、沒有一定要她接受的方式來說話，這樣的效果會更好些。」

「是的。像這次我來這裡跟你談談，現在就好多了。我想我可以跟我先生、我妹妹先再多聊一下我的擔心。」母親的知覺正在改變，在接納問題的同時，也看到既存的資源與方法。從母親生活經驗中抽取成功要素，解決之道正逐步地在建構著。

意圖擴大思考向度，諮商師繼續引導當事人描繪所欲的圖像：「如果，今天談完後，妳回家再跟先生、妹妹聊一聊，妳預備好了，妳很平靜了，妳可能會怎麼好好分析給孩子聽？」

「怎麼說呢？一下子也不知該怎麼說好。」

「如果我有機會問妳的孩子，她會告訴我，當妳平靜時，妳說的哪些話對她最有幫助、最能讓她了解妳的在意與關心？」從孩子的角度出發，引導著母親在實際的生活及親子互動脈絡中，激發出可能有效的具體行動。

「……我應該要先說，我知道妳很喜歡這個朋友，她很有趣，有創造力，我也知道妳很想要有朋友可以解悶，而不是一直在讀書。」母親緩慢而清晰地回答。

「妳怎麼會想到這樣的開場呢？這樣的開場對妳的孩子很重要？」諮商師看到母親思維細微的改變與進展，繼續鼓勵其覺察原有的經驗知識。

「就是我孩子覺得我在批評她的朋友，覺得我懷疑她的判斷能力，說我只看重功課，真的是……」

「妳很了解妳孩子的想法啊。所以，如果妳先說的是，知道妳很喜歡這個朋友，她很有趣，有創造力，也知道妳很想要有朋友可以解悶，不是一直在讀書，那麼她可能會有什麼不同反應，會跟之前不一樣呢？」讚美並覆述有效作為後，繼續回到解決之道的建構。

「可能……她會安靜一點，還會跟我辯論一下，但不是跟現在一樣對我大罵或不理我……是啊，我是了解我的孩子啊，但一著急生氣，什麼都忘了說啊！我實在……」母親慎重思索著。諮商師等待著。

一會兒，母親吐了一口長氣，語重心長地說：「回答你的一連串問題讓我反省到，一位擔心孩子會受傷的母親，情急之下，出手

介入，卻傷到了孩子，傷到了我們的關係，把孩子推得離我更遠；這豈是一位身為母親的人願意看到的……你問的問題讓我有一種退後一步觀看全景的感覺，再次思考怎麼做才能對孩子、對我們都好。唉！持續維持自己的穩定真的很重要。母親真的是一個得一直跟著孩子學習成長的角色……」智慧的母親有所頓悟地分享著這個合作式社會互動的諮商對話，是如何激發與建構著母親新的理解與發現。

諮商師的自我反思

1. 對於每個人獨特生活脈絡所形成的主觀經驗，以及人們的多元差異與彼此合作的觀點，我平日能接納的程度為何？在我擔任諮商師時，這些想法又會有何變化？於上述的案例對話中，我看到諮商師如何展現這些尊重的態度？

2. 於上述的案例對話中，我觀察到，在晤談中，諮商師與當事人於諮商室內的社會互動，是如何逐步相互影響地協助當事人擴大觀點或產生新的想法？

3. SFBT認為當處於問題困擾中，若能看到自己已經擁有的資源、已經做到的行動時，對於問題帶來困擾的知覺，會有何轉變？我個人的經驗又為何？從上述的案例又有何印證？

4. 於SFBT以建構解決之道為焦點的各項觀點，我目前個人理解與認同的向度與程度各為何？哪一項最高？哪一項最低？

5. 從上述案例對話過程中，我能辨認出哪些對話是聚焦於「以解決之道為焦點」的特徵？

尊重的賦能——焦點解決短期治療的人性觀與專業價值

各個諮商學派所秉持的「人性觀」以及「專業價值」（professional values），乃影響著諮商專業關係的建立、諮商技術的介入以及諮商歷程的發展，可謂是各諮商學派專業工作的「靈魂」。身處在目前這樣一個諮商派典不斷轉換的時代中，面對實務工作中的模糊地帶時，諮商師所持之人性觀與專業價值，將會是導引諮商師做出決策的重大參考（Berg, 2003）。一如其他諮商派別，SFBT不只是一些技術的堆砌而已，而更可謂是諮商師的一種態度，所以，除了基礎的、共通性的諮商原理之外，諮商師還需要理解SFBT秉持的人性觀及專業價值，以便能合宜地運用各項技巧而真正發揮所期效益（Quick, 2013）。

 焦點解決短期治療的人性觀

強調發展性、復原力、去病理化、尊重好奇以及實用主義的SFBT，相信人們是健康的、有勝任能力的，在面對生活帶來的種種挑戰時，是能夠建構自己的解決之道以提升個人生活的。SFBT所秉持的人性觀，可彙整如以下幾類（許維素，2014；Corey, 2013; Nelson & Thomas, 2007; Trepper et al., 2010）：

1. 和諧人我的信任

- 每個人都希望被人尊重,也願意尊重別人。
- 每個人都希望自己是很好的,也希望保有仁慈、道德、友善、禮貌、誠實。
- 每個人希望自己可以過得更好、希望能改善自己的生活。
- 每個人也希望別人過得好,尤其是想使他們所愛、所尊重、所景仰的人之生活,能有所改進。
- 每個人都希望與別人和睦相處,也希望被別人接納,並歸屬於某個團體。
- 人們都希望留下正向美好的足跡,並對世界具有正面的貢獻。

2. 資源性的優勢力量

- 每個人都有力量、智慧及經驗去產生改變;當人們被允許、鼓勵時,常擁有驚人的資源。
- 每一個人雖然不見得都能做到想做的事情,但都擁有優勢、資源與能力去解決自己的問題,不管其處境多麼艱辛。
- 在非常困難的處境下,每一個人都是已經全力以赴在應對著。
- 人們擁有自然的復原力,也會持續運用這個復原力來改變自己。

3. 未來導向的思維

- 一個人會被過去影響,但不會被過去所決定。
- 人們會從個人經驗和歷史中學習,進而擁有克服困難的能力與資源。
- 人類行為與大腦、基因或環境有關聯,但不會被其所控制,反而是提供了無限變化的可能性。
- 未來是可以被創造與再協商的。而一個人想要的未來會影響他現在

的行動方向。

4.獨特自主的個體性

- 每一個人都是獨特的；任何兩個人的經驗都不同，無法被另一人的觀點所決定、所建議。
- 相信任何時候人們都會為自己做出一個決定是當時認為最好的選擇。
- 每個人都願意努力實踐自己構想出來的意見。

基於這樣的人性觀，在諮商中，SFBT諮商師對於來談的當事人，所抱持的態度與信念則是：

- 當事人是帶著解答與資源而來的，只是他們尚未察覺到自己已經知道答案、擁有資源。
- 當事人不等於他們的問題；當事人是當事人，問題是問題。
- 有問題並不是暗示著當事人有其缺陷；來談的問題只是「暫時」讓當事人卡住或困擾之處。而來談問題以外的其他生活，當事人是足以應付的。
- 問題常發生在當事人與人的社會互動之間，而非當事人的個人內在。
- 當事人最了解自己的狀況，也具備足夠的能力來判斷：在過去與未來中，對自己而言，何為目標、何為進展、何者有用、何者無用，以及何時結案。

SFBT對當事人所持的人性觀，乃為樂觀積極取向，充滿人性本善價值的展現，拒絕病理與標籤化，並持續展現出堅持以當事人為決定者的高度尊重（許維素，2014）。舉例來說，面對一位因為憂鬱症來談的當事人，SFBT諮商師不會以憂鬱症患者來直呼當事人，而會以「目前暫時被憂鬱症狀所困擾的人」來看待，以嘗試把憂鬱議題與當事人的個人價值分開。諮

商師除了會大大肯定眼前這位當事人前來晤談正代表著想要改變自己的決心，也會在合適的時機探討當事人如何盡力幫助自己穩住病情，並深入何以沒有更糟、何時不為此所苦、何以能有不用服藥的時期，或者其他平順與優秀之處，以促使當事人肯定自己的已然盡力，覺察自發的自助方法，進而連結這些經驗可以如何幫助現在的自己。當然，SFBT 對於當事人認為重要的人事物，諮商師便會主動追隨，包括傾聽當事人所定義的問題、成長史等重要訊息。即使外界視這些當事人為病人，但SFBT諮商師仍會視他們為一般來談者，好奇地探究當事人目前最想要討論的主題或對現今生活最大的期望，而不會只局限於病症的了解而已；因為前者更能激發當事人突破現況的意願與信心，也鼓勵允許他們擁有生命的自主性。往往，當事人為了要去追求自己想要的目標（例如有社交活動），他將會更願意學習如何自我照顧以穩住病情，而增加與人互動的機會。尤其，對於當事人未來想望、晤談目標以及如何靠近目標的一小步行動，都是與當事人對話後，激發當事人的思考，而最後尊重當事人的選擇與決定，而此尊重也常會提高當事人的執行意願及自我效能。至於具體的行動，則著重於「現在做什麼是有一點點效果」之處，而展現出不歸咎當事人過去、接納現有情緒與能力、學習安穩情緒的意圖。當一小步的執行成功時，諮商師還會歸功並探討當事人如何做到、如何繼續做，而讓當事人的合理自我掌控能夠逐步增加，引動其他的正向改變。倘若一小步的行動失敗，則與當事人探討從這經驗中學習到什麼幫助自己的有效原則，也會因此促使當事人更加接納所謂的失敗，並轉化失敗的意義與價值，期使能有助於當事人更懂得與憂鬱症狀共處（Quick, 2013）。

焦點解決短期治療的專業價值

「專業價值」即是對專業的基本承諾與認同，以及評量諮商專業可被

接受的程度與向度。對應人性觀，關於 SFBT 的專業價值，參酌 De Jong 與 Berg（2012）的觀點，彙整以下幾點。當然，這些專業價值是相互連結、彼此引動的，也會在 SFBT 晤談中持續被凸顯與強調（許維素，2014）。

♥ (一) 尊重人類尊嚴並提升自我決定

SFBT 尊重當事人對所有人事物之看法、感受、行動的知覺（perception），強調當事人本身的各個面向都必須被諮商師接納，而不同於當事人生活中的他人會對其任意評價的態度。當然，接納不等於是同意當事人的不當行為；接納的重點在於，對當事人而言，什麼是真實的，而非何謂是最對的。

SFBT 會邀請當事人成為自己生命與生活的專家。在晤談過程中，關於當事人對問題、目標、改變動機、諮商關係等的看法、感受、行動的知覺，諮商師會表示是最有價值且最為重要的資源，是有其道理與脈絡原因的。亦即，SFBT 晤談過程中的一切對話，強調能在當事人思維運作的參照架構（reference frame）中工作，在考量當事人身處環境並符合其個人的價值觀之下，意圖擴大當事人的知覺與體驗的範疇，但不企圖「顛覆」當事人的世界觀，或面質當事人所謂的錯誤信念。

SFBT 尊重當事人所定義的生活問題，鼓勵當事人能夠專注於構想更滿意的未來，或者邀請當事人主觀評量目前努力的動機與信心程度，其原因都是為了積極培養與提升當事人的「自我決定」（self-determination），而使當事人透過晤談中建構解決之道的歷程，對自己的生活能更為負責。例如，諮商師會協助當事人思考：自己目前採取的行動，是否真能達成想要的目標？是否與目標背道而馳？如何更加釐清自己真正想要的願景？如何選擇容易成功及目前願意前進的方向？凡此，都是讓當事人提升自我決定的自治能力。

簡言之，SFBT 認同當事人擁有自己選擇與決定的自由權利與需求，以

能持續成熟發展「我是誰」；SFBT 也相信，當事人自信心與滿足感的來源，是自身責任的執行以及善用使生活更為成功的最佳選擇結果，而絕非是因為諮商師為他做了什麼所致。是以，透過尊重，促使當事人的自我決定最大化，是 SFBT 相當強調的專業價值。

❤ (二) 個別化服務

尊重與看重每位當事人的獨特性與差異性，是焦點解決晤談的重要基礎，而此，也是人們共同的渴望。

服膺社會建構論及後現代觀點，SFBT 尊重當事人為自身生命的專家，因而諮商師會採取「未知」（not-knowing）、不預設之好奇、開放的態度，對當事人懷有真誠的關懷及興趣，注意傾聽當事人的訴說及其中顯現出個人化的在乎、所欲目標及獨特資源，並以「身後一步引導」（leading from one step behind）同步陪伴，而非從各理論中選定預設目標地催化晤談的發展。諮商師是位於貼近當事人的立場與價值體系，而非處於灌輸知識的位置，因此也相當符合現今多元文化諮商所倡議的態度與勝任能力。

換言之，諮商師會持續在當事人思維系統的參照架構中探索，並能在符合當事人價值系統及特定語言運作習慣下，尋求澄清與確認在此階段的個人化目標；同時，再從每位當事人特殊生活事件已經發生的成功例外（exception）經驗及應對（coping）策略中，逐步建立起具個人意義、特別適合個人的解決之道。對於晤談中逐步建構出來的解決之道，SFBT 晤談也會加以情境化、脈絡化、實際化，並詳細探討會如何於現在的個人現實生活情境中具體操作。

所以，SFBT 相信每個人是獨一無二的，每位當事人的每次晤談歷程都是絕無僅有。所謂個人獨特性係指，每位當事人除了與諮商師及其他當事人有所不同之外，每次晤談時，同一位當事人也與上一次晤談的本人已然有別。看見人我之間的不同與生命進展的差異性，讓 SFBT 諮商師更關注此

刻當事人的知覺與目標，也會更努力處於持續認識與學習如何幫助當事人的好奇開放位置，以便協助當事人更能懂得為自己量身設計出有效的突破行動。

❧ （三）滋長當事人的願景描繪

SFBT 重視當事人的種種經驗以及這些經驗所呈現的意義，其中，特別會尊重、引發及支持當事人的期待與希望。對未來願景的想像與建構，會影響當事人目前的心態與行動的方向。對願景的具體描繪，常會幫助當事人預演成功未來的細節，而容易聯想到過去的美好例外經驗、較為容易靠近之處或現在可開始嘗試的行動。所以，SFBT 會運用當事人自身的參照架構，鼓勵當事人勾勒偏好未來（preferred future）之圖像，進而討論目前趨近願景的最易步驟，包括如何對問題創造新穎的解決方法，或連結已經存在的成功策略。

於晤談過程中，SFBT 諮商師非常重視傾聽當事人所想、所要，透過當事人的種種在乎，協助當事人找尋有可能改變的未來，並且積極關注能實現願景的線索。擁有願景並知道如何向前邁進的當事人，常會減少對諮商師給予建議的依賴，如此，也同時實踐了個別化服務並提升當事人自我決定之專業價值。

透過未來種種可能性的探討，將使當事人不膠著於過去或現在的困境，反而更能掌握目前可有何作為之處，也能對所處困境與所欲未來，產生新的詮釋、修正下一步的方向或觸動正向情緒，進而恢復當事人對未來的信心與盼望，轉化出對改變與解決困境的高度動力和決心。「希望感」乃是所有心理治療特別看重的重要療效方向；願景的持續深入與擴大，將能滋長當事人的希望感，帶動改變動機的滾大。

❦ (四) 以優勢為基礎並極大化賦能感

SFBT相信，每個人一直擁有能提升與改善生活品質的優勢（如力量、資源、成就、努力、堅持、毅力等）。透過語言，SFBT強調探索與凸顯當事人的例外經驗，持續讚美當事人的優勢力量、小小成功以及對於解決方案有助益之處，而此也是與當事人產生連結、建立關係的重要媒介。

SFBT諮商師要能成為優勢例外的高度敏感偵測器，並積極鼓勵當事人從自己與他人的觀點，思考、察覺、確認、整理例外經驗中優勢力量的影響與效果，而使當事人更為堅定欣賞自己已有符合需求的豐富力量與資源，或者，透過探究例外經驗的內容過程細節、成功要素，及其與目標達成的關聯，幫助當事人對於有效方法的執行更為意識化，而對自己產生正向信念、對改善的可能性產生信心、減低擔憂問題嚴重性或自責的負向情緒，甚至還會產生重新修正目標的效益。「有效之事多做一點」（work on what works）是 SFBT 的重要信念，企圖讓當事人的優勢成為「足以燎原的星星之火」，而使得改變能更快速發生（Quick, 2013）。

於SFBT晤談中，諮商師會凸顯當事人的優勢力量與例外經驗；此將會強化當事人對問題處理的主控感、自我負責及力量感。亦即，焦點解決技巧有助於促進當事人增進對自己的反思與覺察，能夠藉由形成自身的目標，整頓其內在力量以及家庭、社區等外在資源，甚至更懂得善加連結、運用與擴大自身解決導向的相關優勢。因此，在SFBT晤談中，當事人心智與知覺常會因而有所轉變，尤其常會對自己的生活產生了合理的控制感與改變力，而擁有且增進了可貴的「賦能感」。

明顯可知，SFBT 可謂是一個賦能導向的取向，SFBT 的專業價值處處呼應Creene、Lee、Menfzer、Pinnell與Niles（1998）提出的賦能導向諮商的標準，其包括：視當事人為擁有解決問題與發現解決之道的能力與資源者；協助當事人發展自我決定，並視當事人是有能力為自己做決定的；聚焦於

提升當事人的力量與應對技巧，而非評鑑當事人的病理或缺陷；能與當事人建立合作關係，而非把諮商師的角色高置於上對下的專家角色；專注於當事人所提出與界定的問題與目標；以及，運用對話來催化當事人對自己與情境產生新的、不同的眼光與反思等。

當然，當諮商師能聚焦於當事人的優勢力量時，將使諮商師能遠離評斷或責備當事人這種專家位置的誘惑，也不易對當事人產生負向刻板印象，甚至，諮商師反倒能轉而察覺與欣賞：即使在最困難的情境中，當事人卻能設法存活下來的可貴力量與難得方法。是以，SFBT 認可著助人專業者有義務讓當事人因自己獨特的優勢而自我賦能（self-empowerment）之專業價值；而此，也成為 SFBT 的代表標誌（許維素，2009a，2009b，2014；Berg, 2003）。

❧ (五) 激發當事人的投入參與

諮商歷程中的保密，對於諮商關係的信任發展相當重要。SFBT 會就當事人想要達成的目標，了解基本的背景情況，但是並不會詳細探究負向故事與過去歷史，也不一定要當事人深入揭露痛苦議題的細節，而創造了一種安全的氛圍。尤其，SFBT 聚焦於探討願景、目標、優勢的方向，這些正面素材的討論，更是遠離了對問題或歷史細節的描述，使當事人不易陷入吐露的窘態，反而容易與諮商師合作，投入於晤談之中。亦即，SFBT 讓當事人可以自行決定：為了建構解決之道，於晤談中，需要以及想要跟諮商師談論哪些內容；而此決定的主權，創造了更深層的保密脈絡，也讓當事人更願意主動參與晤談歷程，使諮商師較不容易遭遇當事人所謂的抗拒行為。

SFBT 強調諮商師在晤談中參與著當事人所關注的事情與重視的經驗，來與之合作，同時，諮商師也需要協助當事人學習自助之道；然而，SFBT 在此特別強調的是，諮商師是與當事人「一起」（with）工作，而非「對他」（to him）或「為他」（for him）工作，其姿態是平等的，不是位於權

威或過度照顧的。因此，於晤談中，諮商師是位於與當事人平等之地，並且，要向當事人「學習、就教」如何協助他，更是諮商師需持續抱持的態度。

SFBT 這樣全然接受當事人願意吐露程度與速度的尊重，以及平等邀請當事人一同合作的姿態，正是影響晤談共同理解基礎（grounding）的諮商關係能否建立的關鍵因素。SFBT 創始人之一 Insoo Kim Berg 在與當事人晤談的歷程中亦發現：對當事人來說，所謂最佳的治療主題，其決定權與控制權應來自於當事人；而當事人在晤談歷程中如此的全然參與，亦即代表著真正賦能的所在（許維素，2009a，2009b，2014）。

❤ (六) 促進一般化及因應思維

對於當事人的狀態與情緒，SFBT 諮商師會接納地表示，多數人在此處境中亦會有類似的情緒與反應，或會支持當事人目前的個人狀態在其生活脈絡下是其來有自、有其意義的，如此，將能促進當事人對困境產生一般化（normalizing）的接納及常態化的面對。

為了輕輕提醒當事人：「事情不會永遠如此負向，生命是有其變化的可能性」，SFBT 諮商師常會運用「暫時性」的語言（如「目前一時」、「在這階段常會」）；這樣的語言，暗示著允許與尊重當事人的知覺會在晤談與生活中隨時有所改變，也可隨時修正對現今人事物的理解。因為 SFBT 認為，個人的經驗與語言表達，常是一個目前的、暫時階段性的結論，而其也反映著生命的隨時變化性與不可確定性之一般化現象。

深入探討當事人如何自發地因應現今困境，將促使當事人更加了解與肯定自己的力量、目標與改變進展等各方既存優勢所在，而此往往會讓當事人更能接受困境的自然存在性、必要性、影響性、脈絡性、現實性、限制性與暫時性。如此一來，將會發掘了目前困境所反映的意義與價值，轉化了當事人的負向情緒，並促使當事人對困境與自己產生寬容的允許。

「如何能夠因應困境」的探討，甚至還會促發當事人離開受害者角色，

轉而更懂得主動評估：現實環境與困境的獨特狀況與相對位置、各種突破現況的可能性；而在更能聯想如何運用自己的改變進展、優勢力量或可為之處時，也同時能提高當事人承認、面對、承受困境的能力，或產生如何與痛苦或失能「共處」的意願與行動。

❦ (七) 監測改變並助長轉移性

有時因為問題的累積與持續性，當事人往往忘了改變的可能，而易陷入一成不變的無力與擔憂中。在焦點解決晤談中，諮商師相信改變是無可避免的，因而會一直監測與反應當事人的細微改變，也會不斷引導當事人具體評估自己改變的成果、速度與方向。此外，為了使當事人能將晤談期間所學的解決之道轉移應用於其他生活事件中，焦點解決晤談會催化當事人更能敏於覺察自己內外在資源、過去成功與現在力量，進而會與當事人討論「如何維持進展」、「如何擴大進展」，而有意識地將晤談所得在穩定中逐步類推應用到其他情境之中。這些改變的發現與類化運用，往往能引導當事人懂得更加覺察與善用被自己遺忘的優勢力量，也會產生持久的變化。

在當事人創造具體改變時，諮商師將會深入探討何以能做到及其漣漪影響效應，以促使當事人能將可貴的改變繼續維持與類化應用，進而帶出「滾雪球」效果。當然，倘若發現當事人沒有進步或某一方法無效時，基於「無效就改做別的」信念，諮商師會鼓勵當事人再做些不同的嘗試，好讓當事人保持在「進行實驗」的軌道以及對結果的合理期待中。當然在此同時，往往也提醒著諮商師再次檢視：晤談的方向是否在朝向達成當事人在乎目標的方向上？是否採取當事人目前能力與意願所及的一小步行動？諮商師是否越俎代庖地替他選擇了應該著力突破之處？

引發可能性的改變導向思維

從前述 SFBT 的人性觀及專業價值可知，SFBT 除了不著重問題與歷史的成因，也不努力於以病理學的角度來分析當事人的問題肇因，因為歷史性、病理性的標籤並不能導致當事人的改變，只會讓當事人更卡在他的問題裡。

在 SFBT 晤談中，諮商師特別看重與開發當事人想要有所不同、已有過的成功經驗，或者他們已經試著改善問題情境的作為等所謂「可能性的徵兆」（hints of possibility），並將其用於建構解決之道（De Jong & Berg, 2012）。在引導當事人發展可能性的意圖之下，雖然為的是提升當事人的自我決定與自助力量，但最為難能可貴的是，在此過程中，SFBT 乃透過一種「尊重」的態度來進行，因為「尊重」本身，對人就是一個極具療效的因素；而諮商師的尊重，也成為當事人對待自己、面對問題的一種示範，極富學習意義。

而值得關注的是，SFBT 雖是強調正向的思考，然而，這不表示 SFBT 只是一味地看到生命的光明面（positivity）而棄問題於不顧，反而 SFBT 是希望援用當事人生命的正向力量來創造與面對問題的各種「可能性」（possibility）；而此可能性的最大自助來源，即是當事人身上已然具備的力量，包括其因應力量與未來願景（許維素，2009a，2009b）。這也呼應 SFBT 創始人 Insoo Kim Berg 經常提到如何滋養當事人希望感的重要性，以及焦點解決對話如何創造了一種勝任的感受而有助於當事人改變的歷程（Berg & Dolan, 2001; Kim & Franklin, 2015）。

亦即，透過希望及引發可能性的知覺擴大，SFBT 人性觀與專業價值，即是想達成心理治療幫助當事人產生「改變」的最大目的。對於改變的定義以及如何引發當事人改變，SFBT 細膩且具體地提出以下觀點：

1. 改變隨時在發生

- 改變一直在發生,如「人生無常」、「穩定是幻象」等諺語。
- 事情不會一直如此;所謂的問題、目標、成功,其定義也會隨晤談發展而有變化。
- 當事人的經驗與語言表述都是暫時性的;當有互動對話或新行動結果時,就會帶來變化。所以於諮商中常使用「暫時性」(tentative)而非結論性的語言。

2. 諮商互動中的改變意義

- 當事人之所以來談,乃是希望改變發生,並且期待盡快不再需要諮商的協助。
- 諮商師信任當事人是想要改變的、有能力改變的,以及會盡全力去做出改變的。
- 諮商師主要的責任是去創造當事人對「改變之可能性」產生一種期待,從而帶出當事人的希望感與樂觀性。
- 諮商歷程是幫助當事人發展出其他選擇,以替代改變目前不想要之行為模式。

3. 促發改變的細微向度

- 若當事人對於問題開始產生不同的觀點,或開始做些不同的事情時,改變將會發生。
- 原有處理困境過程的任何細微改變,都可能成為解決之道的素材。
- 若當事人能夠開始期待改變發生時,當事人行為將易顯現具體的改變。
- 當事人若能開始思考未來各種可能性、勾勒未來的願景或開始預備未來,也將導致改變。

- 當情況變得更好時,是可被具體確認的,且周圍的人是可以察覺到的。
- 當事人能開始相信正面的改變將會發生,即是一種改變的徵兆。
- 當事人能夠說出自己產生的改變為何,即是一種改變。
- 造成改變的一種態度:有效就多做一點,無效就改做別的嘗試。

4.改變的重要性

- 行為改變,往往是最能有效說明當事人提升生活的方式。
- 幫助當事人覺察任何正向改變的發生以及何以能發生,將有助於當事人增進繼續處理來談問題的勇氣與有效方法。
- 改變所含括的彈性與選擇,會讓當事人在生活系統中擁有控制感。
- 小改變是很可貴的,其影響可能會是深遠的。持續關注與擴展小改變,將會導致大改變的「滾雪球效應」出現。

四 結語

　　SFBT相信「復原」開始於當事人願意來談、願意改變的那一刻。SFBT也強調人們雖然會受到過去經驗的影響,但不會只被過去或心理疾病所局限;無論何時,都可以創造出自己想要的未來。同時,SFBT堅持聚焦於未來的探討,將會比探索過去更可提升人們的能量,尤其當人們處在足夠的社會建構支持下,將會走出所要的不同人生道路(許維素,2014)。所以,SFBT積極找到當事人既有的優勢力量,強化鞏固之,並奠基於此力量再往上拓展,而非從頭開始營建改變所需的一切;在此過程中,透過尊重、一般化、同步(pacing)的態度,不僅能促發當事人面對問題、與問題共處的意願,提高當事人自我決定與自我賦能的效益,還能強化監控與類化改變的自我協助能力(許維素,2014)。

　　為了能達成前述的治療任務,SFBT所秉持的人性觀與專業價值,即是

其中核心的工作哲學與理念；SFBT技術的綜合使用，都意圖發揮這些人性觀與專業價值的力量，而成為諮商師內心的指南原則與方向。SFBT的人性觀與專業價值並不是盲目的樂觀，而是對人深層的尊重與信任，它將會影響諮商師所信、所見及所為。當諮商師能以不同的眼光來看待當事人及諮商歷程時，也將影響諮商師的情緒反應及選擇介入的策略。

整個SFBT的輔導過程，相對於傳統以問題為焦點的取向，即是一個重新建構（reframing）的歷程；也是一個能力導向、復原力導向、動機提升導向、當事人中心、非病理導向的晤談（Trepper et al., 2010）。因而，前述各項人性觀與專業價值正是諮商師如何解讀當事人問題及如何輔導當事人的心海羅盤，值得諮商師好好研讀，以便能充分發揮於諮商歷程的治療對話之中。

因此，如Tallman與Bohart（1999）所言，SFBT視當事人持續參與在一個改變的過程中，而SFBT的諮商師則是企圖凸顯當事人已有看待改變的方式，並努力挖掘當事人自然療癒自己的方式，終極希望能透過「以解決之道為焦點」的諮商過程，讓當事人透過可能性的各種探詢，引發改變的意願與行動，清楚覺知並懂得使用各種自助的方式，掌握自我決定的自主性，而持續且真正地有所蛻變、獨立成長！

案例對話與反思活動

面對一位拒絕上學被父母轉介來的中學孩子，諮商師選擇與他先討論他的嗜好──流行歌曲。諮商師讚美他的品味與音樂素養。他開心的分享著。

在初步建立關係、創造正向氛圍、了解基本情況後，諮商師好奇的問：「聽起來，你並不是不喜歡上學，也不是不能夠上學，那

麼，你一定有一個重要的理由，才會選擇不去學校？」尊重、好奇、不批判的態度，企圖理解他的立場與行動脈絡，以引發更多的合作。

他憤怒的說：「我覺得爸媽只關心我的功課，我變成了他們炫耀的工具而已！」

諮商師接納與反應他知覺中的看重：「從你的生氣中，我看到你很希望爸媽能有不同的看待你、對待你的態度。」

「你知道嗎？很多同學的爸媽都是這種的，一直假借關心我們之名，其實就只是為了滿足他們個人的面子而已。大家都很生氣這樣的情況啊！」他又再次忿忿不平的講著。

「跟很多同學一樣，你生氣父母親現在這樣的態度。」一般化地接納他現階段的情緒。

他點頭表示同意。

「當你生爸爸媽媽的氣時，你會做些什麼，讓你好過一點？」優先鼓勵關懷詢問對困境的應對策略。

「找同學罵啊！」

「找哪些同學？你們感情不錯？」嘗試發掘他支持系統的資源，是一份關懷欣賞的企圖。

「就是跟我情況一樣的人啦，是啊，感情還不錯啊！」他同意的說。

「除了生氣找他們宣泄一下以外，你們在學校還會一起做些什麼嗎？」

「後來我就沒去學校了，疏遠了！」

「想念他們嗎？他們想念你嗎？」諮商師不放棄的嘗試邀請當事人看到他的資源或可能的動力。

「不知道怎麼說……我用不上學抗議我爸媽啊！」

「喔，看來你特別在乎你父母的態度。非常希望他們知道你的

想法而能有所轉變。」諮商師以未知的態度跟隨他強烈表示出的在乎，而離開同學的主題。

「當然啊！」

於是諮商師發出一份引發願景想像的邀請：「如果可能，在今天你跟我談話完之後，有一個奇蹟發生了，這個奇蹟就發生在你們家，讓你的爸爸媽媽改變了，那麼你會看到爸爸媽媽是如何看待你、對待你的？」

「根本不可能，他們根本不可能改。」他搖頭著。

「是啊，似乎是不容易。……但是……如果……如果可能……如果有一個奇蹟是可以發生的，你希望他們可以有什麼不同？」諮商師先接納，並緩緩地、重複再問。

沉默許久的他，終於說出：「唉……能看到我這個人的價值，而不是功課；能真正關心我這個人，而不是只重視對外的面子。」提出願景，讓他的表情開始變得柔軟。

「當他們能看到你這個人的價值、真正關心你這個人時，你會怎麼知道？他們會做些什麼而讓你知道他們改變了？」諮商師追問願景的細節，特別是行動的表現，並停留在願景中。

「會多問我今天過得好不好，會聽我說說我的心情。當我考試考不好時，可以鼓勵我說，下次再接再厲；當我考好時，肯定我的努力，而不是肯定分數而已！」他突然用手擦去要落下的淚水。

「你真的好希望他們是這樣對待你。」諮商師肯定著他的渴求。

在他點頭後，諮商師詢問著：「如果他們變成這樣了，你又會有何不同？」諮商師嘗試探討親密人際相互循環的影響，以激發改變可能性的思維。

他又再度陷入沉思，認真的思索著。

終於，他回應著：「你知道嗎，這是很弔詭的，他們越真正理

解我與關心我，而不是外在的事物，我想，我會越想要努力，追求屬於自己的成就。唉，真希望他們能懂。」細微的改變已經發生，他更說出了他的期望，而非停留在憤怒而已。

「看到你其實很在乎你的爸爸媽媽，希望他們能理解你與關心你這個人而不只是成績。你真的很聰明，怎麼能這麼精確地想到這樣的答案呢？」諮商師嘗試引發他的自我賦能。

「我也不知道，我……曾經想過啦！一直沒講出來。」他靦腆的回應著。

扣著當事人在意的目標，諮商師尋覓過去的例外經驗，以連結可能有效的策略與方法：「或許很不容易、或許並不多，但是從小到大與他們相處時，曾經有過這樣的經驗，他們是比較能夠懂得理解你與關心你，像你剛剛講的那樣？」

「一下子想不起來。」他無奈的說。

諮商師接受當事人的回答，複述當事人目標的詞彙，不放棄地再次邀請：「如果換個方式問，以 1 到 10 分，10 分表示你的爸爸媽媽懂得理解你、關心你，會問你今天過得好不好，聽你說你的心情，當考試考不好時，會鼓勵你下次再接再厲，考好時，會肯定你的努力等；1 分表示相對的位置。那麼你覺得你的父母親目前在幾分的位置上？」

他猶豫地說：「3 分吧？」

諮商師持續探問可能的既存資源，展開以下對話。

「那怎麼還能有 3 分呢？」

「我生病了他們也會關心啦，雖然一直希望我快點好起來快去上課，但會找好的醫師來幫我。」他的表情訴說著他的知覺悄悄地在轉變。

「還有呢？」

「就是至少我不高興了，他們會知道，就會停止不說。」

「哇，你覺得爸爸媽媽怎麼能夠做到這些呢？」

「我也不知道怎麼說啊！」但他的憤怒已經消減許多。

「嗯……你說你父母對待你的態度會影響你去學校的決定。那麼，你父母在這量尺上到達幾分的時候，你會有一些些可能會願意再次到學校去？」嘗試連結轉介目標與當事人看重之處，並仍尊重他的觀點與決定。

「起碼得 6 分啊！」

期待連結既存的小小例外至目標的推進，諮商師問：「3 分與 6 分的差別是什麼呢？」

「嗯，就是不要一直講功課，擔心的一直講未來沒希望了，就是安靜，讓我自己來處理功課。」他有力的說，代表著他的強調。

「好像是一種安靜的信任你自己可以處理；他們的擔心也會影響你，因為你們很看重彼此。」再次肯定以及重新建構他的表達，以激發可能性的思考。

「嗯。當然啊！」他的同意，給予諮商師可以繼續追問的允許。

透過過去例外經驗，嘗試尋找可能的有效方法，諮商師問：「那麼，如果要幫忙你的爸爸媽媽更加懂得理解你、關心你，就你過去跟他們相處的經驗，如果發生什麼或你做些什麼，很可能會讓 3 分變成 4 分？」

「這問題很難啊，讓我想想……」他一臉認真地開始在思考解決方案；認清自己的在乎與期望，看到過去已經存在的美好，解決之道開始在建構著……

諮商師的自我反思 ▶

1. 對於 SFBT 的人性觀、專業價值及對改變的觀點，與我原先在諮商過

程及日常生活中所持的信念有何相同？有何不同？發現這樣的異同
對我有何意義？

2. 對於 SFBT 的人性觀、專業價值及對改變的觀點，我目前認同的是哪
　 些？何以會有這些認同？需要發生什麼，我的認同將會增加？

3. 對於 SFBT 的人性觀、專業價值及對改變的觀點，我能在諮商工作與
　 平日生活中馬上應用執行的是哪些？何以具有這樣的信心？

4. 於上述的案例對話，讓我注意到 SFBT 的各項人性觀與專業價值如何
　 在其中展現與運作？其力量與意義又為何？

5. 就上述的案例對話，你覺得這位當事人的「改變」能如何繼續推進？
　 諮商師可以繼續引導的方向有哪幾個選擇？

3 焦點解決短期治療中
理解合作的諮商關係

於實用導向的SFBT的晤談中，諮商師採取以優勢為基礎的立場，視當事人為自身生命專家的信念，來與當事人互動工作。諮商師的職責之一是負責催化當事人透過語言建構新的現實，並在此歷程中，逐步成為晤談的共同合作者，一起為其生活的議題尋求解決之道（Froerer & Connie, 2016）。

一如其他諮商取向，SFBT諮商師在晤談中會主動參與當事人故事的改寫與重述，並藉此幫助他們成長；然而，協助當事人講述自己故事的治療方式卻有好幾種。SFBT的方式即是：諮商師會積極營建一個相互尊重、肯定及開放對話的晤談氣氛，讓當事人能經驗到諮商是可以自由地創造、探索、創作自己的生命與生活故事；SFBT也強調，未來是可以被創造與協商的，是應當事人以自己的方式來尋求改變的發生（Berg & Reuss, 1998）。亦即，SFBT是以當事人自身的目標為本，盡可能引導他們自己來改述自身的故事，而非以當事人的故事為本，由諮商師從他們的故事中來設定目標（Berg & Dolan, 2001）。因此，SFBT諮商師有義務站在當事人這一邊，隨時與當事人合作，採取著不預設的未知立場，盡可能多了解當事人的思維歷程、世界觀以及生命定位；而在了解當事人參照架構的同時，諮商師並非企圖全然顛覆這個架構，而是尊重這個架構發展的脈絡，並帶入各種可能性的拓展思維。

對於諮商師與當事人之間的諮商關係，在SFBT晤談中是相當具有創造

性。對於此一合作互動的諮商關係，SFBT 也有著獨特的、不同於傳統心理諮商的重點與思維。

 ## 一 諮商關係是創造改變的重要因素之一

不少諮商派別十分強調，諮商關係是心理治療中相當核心的治療要素。對 SFBT 而言，諮商關係亦是相當重要，是可以鼓勵與催化當事人改變的，但是，SFBT 並不同意諮商關係是促發當事人改變的「唯一」重要核心，或造成當事人改變的「主要」媒介。相對的，SFBT 視諮商關係為「可以把藥吞下去（改變過程中）所加的一匙糖」的元素之一；「當事人本人」才是造成改變的決定因素，連當事人的動機都可視為是晤談關係的一部分（Korman, 2011）。對 SFBT 而言，雖然諮商關係是非常重要的要素，但是，當事人與自己的關係，較之與諮商師的關係，是更為重要可貴的（Ratner et al., 2012）。

傳統以問題為焦點的取向，依賴著諮商師擁有不為當事人所知的專家知識。與之對照下，SFBT 對諮商師與當事人的關係，所持的立場是（許維素，2013，2014）：

- 諮商師是與當事人這個「人」一起工作，而非是在對他的問題或病理進行診斷處理。
- 無論當事人帶來的問題為何，諮商師與每一位當事人工作的態度都相同。
- 治療不是強加諮商師的目標於當事人身上，而是讓當事人本身擁有的資源得以釋放出來解決問題。
- 當事人都是願意與諮商師合作的，只有諮商師自身才可能有困難與當事人合作。
- 諮商師並不是一位治癒或修理（fix）當事人的專家，反而是處在向

當事人求知探問的位置，由當事人來教導諮商師如何能幫助他。

- 若當事人感覺到是自己在決定晤談的方向，並擁有可貴的合作平等關係時，將會使當事人願意更加投入於治療。而此，正是成功治療的關鍵要素。

SFBT 相信，以理解合作、好奇欣賞、耐心尊重、非教育之姿，來與當事人建立關係時，所謂「當事人抗拒」將不復存在。面對當事人所謂的抗拒行為發生，SFBT 會善意解讀為當事人保護自己的一種方法，或者，正是一種徵兆，反映著諮商師沒有足夠理解當事人或貼近當事人的需求與目標；如此，乃提醒著諮商師要謹慎處理並放慢腳步，而非將當事人置於所謂「否認」、「拒絕」之阻抗類別。類似的，SFBT 也認為諮商師工作中所謂的僵局和目前的失敗，並非導因於當事人不願意接受諮商師諸多專業努力，而是源於諮商師無法成功地傾聽與理解當事人所致。所以，諮商師要致力於辨識與找到當事人願意合作的方式及所欲的可行目標，來與之建立諮商關係，以便能真正顯現出專業性所在。因為，治療的成功，是奠基於當事人此方所做的決定；而治療的無效結果，則正為諮商師再次思考如何與當事人合作的契機（許維素，2014）。

換言之，遠離問題導向的 SFBT，認為當事人來到治療室並不是持有問題來尋求協助，而是也已帶著解決方法前來，只是需要有表達的機會而已；因為 SFBT 信任當事人身上有各種解決問題的資源，蘊含許多解答自身困境的寶藏，而諮商師正是引導當事人開挖寶藏的導引者（De Jong & Berg, 2012）。為了引導當事人覺察自身的資源與目標，SFBT 諮商師會依據當事人的故事敘說，提出問句，促使當事人更進一步自我發現，然後，再依據當事人的答案及其關鍵字，提出後續的回應與問句。SFBT 諮商師被期許是一位良好傾聽者，具備真誠、好奇、尊重、接納、堅定、希望感、幽默、理智、邏輯等態度與能力（Froerer & Connie, 2016），其持續流露對當事人

的信任與尊重，都會成為滋養當事人的正向力量，而更能投入於自身願景、目標、例外、行動的勾勒與探討。所以，諮商師看待當事人時，是位於一個欣賞讚嘆的角度、是握著一個挖掘優勢的意圖、是朝向一個鼓舞賦能的立場。透過這樣的對待及互動關係，當事人的動機將大大地被提升，並帶動其自身的治療性改變（許維素，2014）。

 ## 二 未知之姿的開放與尊重

在諮商互動中，SFBT 諮商師持有積極、尊重、希望感的態度，不評斷當事人，也不跳躍地假設當事人行為背後的意義與動機，反而是仔細傾聽當事人，尊重所有和當事人的溝通；在此態度的背後，其實正是一種「未知」（not-knowing）的姿態，這讓諮商關係更具發展性。

SFBT 諮商師的未知之姿，傳遞著一份真誠好奇與謙虛意願，想要更加了解當事人所說的需要、在乎、目標、優勢等。諮商師的未知態度並不表示諮商師是無知的（knowing nothing），而是無須非知不可（not having to know），或是擁有著「慢一點才會知道」（slow to know）的特殊耐心。亦即，對於當事人何以需要改變、什麼會造成當事人改變，或當事人將會有什麼改變，諮商師都需採取不預設的心態（Korman, 2011）。

未知之姿提醒著諮商師需要學習進入當事人的世界，將自己多年辛苦累積的專業經驗先置於一旁，處於被當事人告知的狀態，而非將自己先入為主的觀點及專業的期待轉到當事人身上。顯而易見的，SFBT 諮商師所持的未知姿態中，有著高度的好奇性（curiosity）。對於好奇性，Thomas（2013）提出以下觀點，提醒諮商師嘗試放下對明確性（certainty）的要求（見表3.1）。

未知之姿是諮商師的一種貢獻，不管這貢獻是諮商師提出問句、觀點、建議或思慮；未知之姿所傳遞的是諮商師位在一個暫時性、好奇性、不決

表 3.1　諮商師之明確性態度及好奇性態度

明確性態度	好奇性態度
● 不喜歡模糊性。	● 能忍受模糊、混淆,不過早下結論。
● 快速下診斷,並以診斷為依歸。	● 對於問題下定義,是慢慢進行的,並關注晤談室內所發生的經驗。
● 依賴著有關問題行為的描述。	● 積極於發現問題的例外。
● 以個人所持的假設,來縮小觀察的內容與範圍。	● 開放觀察來自不同系統層次的資訊。
● 側重於教學、解釋、傳遞知識的專家性。	● 提出問句以尋求特定性、在地化的知識。
● 傾向於較多階層化。	● 傾向於較多合作性。
● 會營建一個較為被動取向的脈絡。	● 會營建一個較為發現取向的脈絡。
● 可能會不慎地助長依賴性。	● 意圖助長勝任感、自信與獨立性。

斷性的立場,持續展現著對當事人這個「人」的尊重與開放(De Jong & Berg, 2012; Thomas, 2015)。

　　對於未知之姿的好奇開放,特別可用「語言」來做說明。諮商師與當事人於晤談過程中多以語言在交流,而由於每個字的語言運用性是由交談的多位參與者依其語言規則在使用著,故具有個人與情境的特殊脈絡意義及特定的運作規則。比方說,當事人提及的「『好』人、『好』事」、「人『美』、物『美』」,同一個字詞對同一個當事人可能有不同的內涵,更何況是不同的當事人於使用時的意義;因而諮商師需要關注並嘗試理解當事人描述個人經驗與脈絡的語言所代表意義為何(de Shazer et al., 2007)。當諮商師能精準配合當事人的語言運用方式(language matching)時,當事人將體會到高度的尊重與理解,如此,諮商師便掌握了與當事人快速建立諮商關係之重要關鍵(Macdonald, 2007)。

　　從語言此一主題,也帶出 SFBT 另一個重要特色。傳統心理治療是以

「讀者焦點」（reader focus）的位置來加以解讀詮釋當事人所言，看重潛意識機制及隱含動機等內在深層結構；不同於前者，SFBT是為「內文焦點」（text focus），即當事人所使用的語言、提供的資訊、擁有的理解、連結的思想，以及這些向度對個人及其與人互動的影響等主觀表述，是更被以作者的立場而充分看重、尊重與運用的；而晤談的工作，是在尊重當事人語言表述下，針對當事人可以接受的範圍程度以及諮商師能夠工作的真實性解釋框架之中，在持續推進著的。由於SFBT認為晤談中此刻的真實是透過對話而來，而非以過去為基礎，也拒絕無法被具體觀察的各種推論假設，因而諮商並不去挖掘當事人所謂語言背後的「真正議題」或「隱藏的意涵」，而是邀請與接受當事人的表述。畢竟猜測當事人的弦外之音，可能只是諮商師自己單方的詮釋而已。

SFBT的諮商師不是站在既定位置引導當事人往特定方向前進，而比較像是站在當事人身後一步左右的位置，進行著引導──「身後一步引導」（leading from one step behind）：即是尊重當事人的立足點與觀察角度，提出合宜的問句，以「輕拍著當事人的肩膀，讓其左右環伺」的態度，刺激當事人用新奇的眼光來看相同的舊事件，或擴大現有的視野範圍；至於當事人要選擇舊有的方式或新觀點的行動，都由當事人再決定（許維素，2014；Berg & Dolan, 2001）。

 不間歇的積極傾聽與自然同理

為營建與維護諮商關係，諮商師於全程晤談歷程持續展現傾聽與同理的態度，是相當重要的。然而，由於SFBT的後現代思維，對於諮商師的傾聽與同理，SFBT亦有偏重的特殊之處。

🌱 （一）積極傾聽

晤談的對話是一個「共同建構」的溝通歷程。於晤談的對話中，往往包含了一些要素：語言內容、有意義的聲音（如：笑）、聲韻品質（如：音調），可補充所表達文字意義的臉部表情（如：疑惑的）、姿勢，以及眼睛注視的對象與方式等，而這些要素的整合，成為一個「整體」的訊息。通常，發言者（當事人）直接對傾聽者（諮商師）說話，且一直在為自己設計著這個溝通過程的內容與方向；而傾聽者（諮商師）會同時表示著理解，也會說話、摘要或提問，因而傾聽者（諮商師）雖名為傾聽者，但實際上仍是會影響這個對話過程的發展（Bavelas, Healing, Tomori, & Gerwing, 2010）。

對於SFBT而言，傾聽是非常重要的基本核心態度，諮商師需要耐心傾聽當事人的訴說，尤其對當事人來說，故事訴說乃具有宣洩挫折情緒的作用。不過，在傾聽的過程中，不同的諮商派別，會因為理論取向的差異，而有不同選擇的傾聽與反映的重點（Bavelas, Gerwing, Healing, & Tomori, 2016）。重視傾聽的 SFBT 諮商師會放棄特定理論及應該為何的假設與解釋，在傾聽的過程裡，更專注於與當事人談話的本身及其對話的語言內容（de Shazer et al., 2007）。諮商師透過傾聽，嘗試聽到的是：對當事人來說，什麼樣的人、事、物是重要的，來晤談的最大期待，以及從中尋找正向訊息及成功的例外優勢。特別是，諮商師會以「建構解決之道的耳朵」傾聽著當事人說出的故事，並努力傾聽出當事人未說出的特定角度——那些有能量、有意義的部分，進而對於當事人所表達的內容，會在理解當事人的生命脈絡下，表達接納並賦予意義。甚至，諮商師還會透過傾聽，適時引導當事人思考與表達出：當事人究竟希望諮商師聽到他說什麼，才會對他有所幫助。

於一般助人專業的基本教育中，強調透過傾聽來篩檢與評估當事人，

且著重於情緒線索的檢視。但是，對SFBT而言，並非如此。服膺社會建構論的SFBT強調，傾聽的確是協助諮商師形成後續介入技巧的重要關鍵，這傾聽的內容與關鍵字的捕捉，也會成為諮商師後續引導的重要參考方向，但是，SFBT諮商師透過傾聽企圖釐清的是當事人的參照架構，並期以當事人的參照架構為依歸，協助當事人解決問題。所以，SFBT宣稱自身是一個「傾聽」而非僅是發問的諮商派別（Korman, 2011）；諮商師的傾聽為開放不預設的傾聽，有如佛教之「無為」與「放空」，但又是在一個很專注的投入過程中進行著（Fiske, 2008）。

身為傾聽者，SFBT 的諮商師於對話中的角色，可以給予一般性回應（general response）與明確性回應（specific response），來表示傾聽的狀態，以保持對話的進行。一般性回應是指不特別明確的說話內容，如說「嗯哼」、「好」，或者點頭，在晤談的大多數時候都是很合宜的反應。明確性回應指的是，在某一特定時刻，如在當事人談話的樣子是重視的、放鬆的、退縮的、用手勢等時，諮商師會緊接著當事人所說的內容而發言，而這段發言在特定的時刻是合適的，但對其他時刻則不見得合宜。對SFBT而言，當事人的目標、例外、一小步、進展，常是使用明確性回應的重要向度，例如：

當事人：我有做了一些嘗試了。
諮商師：有嘗試啊！（驚喜的）

有時，諮商師會以一般性的回應放在一個明確性的反應中，這可用來表示同意（如：「當然」）、表示聽到（如：「你有一家人要照顧啊」），以及表示了解（如：「喔，原來如此」）。例如：

當事人：我的孩子有被退學的危險啊。
諮商師：嗯哼。（很用力地，並注視當事人以支持之）

SFBT 研究顯示，一般性與明確性的回應需要緊緊跟隨著當事人敘說內容的軌道，諮商師也會跟著彼此眼神的注視與觀察當事人的非口語訊息，而自動調整這些回應的方式。有時，若諮商師沒有做出一般性或明確性回應，甚至會瓦解當事人繼續敘說的歷程，可見此二者之重要性（Bavelas et al., 2016）。

莫忘了，心理治療最有效的一個共同要素是：當事人覺得諮商師是在專心傾聽他、是在嘗試著理解他（Bavelas et al., 2016）！

(二) 自然同理

SFBT 認為，諮商師同理心是穿透著當事人生命的經驗，全程全然專心傾聽與理解當事人的一切，所以，同理不是一個單獨的技術，而是持續貫穿於晤談過程的一種專業態度與能力。

人本學派大師 Carl Rogers 認為諮商師需具備的特質之一是：「正確同理性（empathy）的了解」，係指諮商師要能進入當事人的主觀世界，深入地了解他的感受與情緒，與當事人同在一起。然而，對於同理，SFBT 的諮商師更傾向採用自然傾聽反應的「自然同理」（natural empathy）態度。

自然同理是指傾聽者已經留意到發言者所描述的內容，並持續地以一種更真實、更表達關心對方的方式來回應，有如一般人在生活中傾聽他人時的自然反應。例如，在當事人敘述她的丈夫不願意回家吃晚餐而讓當事人苦惱時，諮商師的回答為：「噢，不！」「當然」「是的，我了解」——這樣的反應方式讓談話能夠十分自然地發展。之後，SFBT 諮商師便會開始探索當事人想要有些什麼不同，或協助當事人可以做些什麼來啟動優勢之處，以開始建構解決之道（De Jong & Berg, 2012）。

由於 SFBT 認為一個人的知覺是整體的、有其道理的、有其脈絡的，SFBT 並不認為應該將情緒獨立於認知與行為之外，也不應視情緒為問題的肇因（de Shazer & Miller, 2000）。在 SFBT 的晤談過程中，諮商師會展現對

當事人情緒的接納與理解，但不會特別著重聚焦於負面情緒的同理，反而是強調對當事人「整個人」及「全體知覺」的同理與理解——其仍包含了情緒。亦即，SFBT 期許諮商師能夠進入當事人認知、情感與行動的「整體」主觀世界（包括優點、目標、行為、想法等全面性向度），並將其反應出來，而不會僅僅只陷在當事人的困難與情緒的大量停留探討而已。因為，針對當事人的情感進行詳細的對話或可促進同理，或可提升彼此間的正向關係，但是，獨立探討情緒更可能會促使諮商師將專家角色的解釋，強加在當事人的困境和解決方法上，而創造出傾向於視情緒為導致當事人困境的對話脈絡，如此一來，將會限制合作關係的建立，也會阻礙當事人進行建構解決之道的知覺拓展。是以，諮商師的負向情緒同理，的確會影響到雙方的理解基礎及諮商關係的發展，但是，並不一定與當事人的改變有著絕對的相關（許維素，2013，2014；De Jong & Berg, 2012）。SFBT 諮商師自然同理再加上捕捉目標優勢的回應，常讓當事人覺得被深度理解與接納，而可推進改變的發生。

簡言之，在焦點解決晤談的過程中，當事人的抱怨與訴苦被視為是解決之道的重要基石，諮商師需要放下個人的主觀價值與參照架構，努力地從中傾聽出什麼人與什麼事情，對當事人來說才是重要的，並且刻意捕捉當事人訴說中原不被凸顯的、有關正向資源優勢及例外的成功經驗。如此一來，晤談將會獲得四個重要效果：(1)諮商師會很快聚焦在當事人參照架構上的某些重要環節；(2)其將會阻止諮商師養成評估當事人話語的習慣，而能更尊重與理解當事人所言；(3)諮商師將會仔細傾聽當事人在乎的事，或對當事人的處境表達自然同理，而不會只是忙著使用SFBT的相關技巧；以及(4)可預防過早從傾聽者的觀點來進行問題解決，反而能轉為協助當事人擴大知覺並探討各種解決之道的可能性。當能有這些效果產生時，當事人也就不易對諮商師產生不滿，正面的合作諮商關係也將迅速營建與發展（De Jong & Berg, 2012）。

「理解基礎」成為晤談核心關鍵

在諮商室內，當事人會就其生活的部分面向予以強調，但會省略說明另一些面向。對於當事人，諮商師並不是全知全能的，當事人對自己與生活本來就有固定的看法；一如在當事人離開晤談室時，可能會有些改變，也可能毫不被動搖。所以，在諮商中，是透過當事人所告知及彼此互動所得的訊息，讓當事人與諮商師共同創造一種「治療性的現實」（therapeutic reality），但其相當仰賴當事人所知覺的現實而成；而諮商師也會依據自己的理論，以當事人的生活為藍本，創造一個未來，但這未來可能會與當事人的實際生活有關，也可能毫無關係，因為諮商師其實並不知道當事人真正的現實世界為何，只能憑藉與信任晤談室內所創造出的治療性的現實，應是與當事人的生活有著關聯、能反映他的生活，也能影響他的生活。因而，SFBT 認為諮商師應該只是一名治療性對話的知識建構參與及詮釋引導者，需堅持採取未知的立場，努力讓當事人扮演自己生命中專家的角色。在此立場下，諮商師與當事人之間晤談對話的共同「理解基礎」（grounding），就成為建構晤談室內治療性現實以及當事人真實生活的重要基石（Korman, 2011）。

所謂「理解基礎」，Bavelas 等人（2016）透過微觀分析（micro-analysis）SFBT 大師逐字晤談歷程，首先提出「理解基礎」觀點的存在性與重要性。「理解基礎」是一個傾聽者與發言者相互協調的系列行動，有了這個「理解基礎」，才能確保晤談對話每一片刻所說的內容，都是被雙方所理解的。建立彼此「理解基礎」的過程，是雙方相互合作的一個微觀歷程。這過程是可以被觀察的，因為雙方都有具體行動；一個共同的「理解基礎」最簡單的形式包括三個系列行動步驟：(1)「呈現」一些新訊息的說話者，即發言者傳遞訊息，(2)一位「顯示或展現」他了解或不了解新訊息的接收

訊息者，即傾聽者確認理解與否，以及(3)說話者「體認」到接收訊息者是否正確地了解他，即發言者再確認傾聽者是理解的或糾正被理解的訊息（De Jong & Berg, 2012）。「理解基礎」所展現的一個功能是，當傾聽者與說話者發現沒有理解對方時，他們會進而澄清之；因為沒有理解基礎存在，對話中接收的訊息是較不正確且較不具效益的。「理解基礎」還具備的另一個功能是，雙方知道彼此是共享這個基礎的，而且，是由他們一起共同建構了這個「理解基礎」（Bavelas et al., 2016），因而雙方的連結與關係自然會堅實發展。

為了與當事人形成合作協力的互動，並建立共同「理解基礎」，SFBT的諮商師會透過「傾聽、選擇、建構」的連鎖歷程來推進。「傾聽」（listen）表示諮商師會就當事人發言內容，非常仔細地掃瞄、捕捉有關以解決之道為焦點的可能性徵兆；「選擇」（select）意指在晤談中某一當下的時機，諮商師從所注意到的諸多可能性當中，挑選出最為有用的內容來加以回應；「建構」（build）則表示諮商師會形成一個簡述語意或問句（通常兩者皆會有），於下一次發言中提出，以邀請當事人朝建構解決之道的方向邁進（De Jong & Berg, 2012）。換言之，在晤談時，諮商師會全神貫注地傾聽與理解當事人的詞彙及其意義，特別關注於他們重視什麼、想要什麼以及相關的成功經驗，然後再進一步思考、形塑與提問下一個問句，並且盡量於問句中併入當事人的關鍵用字。在當事人的回答中，諮商師會嘗試以當事人的參照架構持續傾聽與理解當事人，並根據當事人的答案，循環前進，再接著形成下一個問句。透過傾聽、理解、連結，以及當事人的回應，諮商師與當事人共同建構了新的、不同意義的理解基礎。也因為當事人參與了發現與建構自身擁有正向能力的過程，將使晤談更能朝向建構解決之道及創造更令其滿意的生活的方向前進（Trepper et al., 2010）。

SFBT強調，諮商師需要與當事人在理解基礎下共同合作。透過理解基礎，讓諮商師可以了解與尊重當事人的知覺及參照架構，能對當事人的生

活與生命脈絡擁有全貌性的認識，而不會只限於某個層面的關注而已。尤其，理解基礎除了是雙方合作的重要成分外，同時也是諮商師提出適合當事人思考的問句以及推進晤談的重要基礎（Bavelas et al., 2016）。

五 結語：團隊合作的諮商關係

雖然 SFBT 承認諮商關係中是有位階存在，但是 SFBT 相信諮商關係一定會比獨裁制度更為平等、尊重及民主。尊重與信任是一體兩面；尊重與信任將能大大提升當事人與諮商師之間的情感連結及晤談的治療效益（de Shazer et al., 2007; Thomas, 2013）。SFBT 諮商師對於當事人懷有真誠好奇的心，開放接收當事人的各種知覺，並持續展現一種願意多加了解的傾聽同理姿態，亦即，諮商師不僅會尊重當事人的完整知覺，視當事人為一獨立完整的個體，還會鼓勵當事人重視與信任自己體驗生活的知覺與方式，而此，也將影響當事人更加願意信任諮商師，進而發展出一個具有共同理解基礎的合作性諮商關係（Nelson & Thomas, 2007）。

於晤談中，SFBT 諮商師對於當事人所表述的一切，包括經驗、意義、期待、較為主導及不凸顯的生活面向，都持續保有好奇心；對於當事人表達的負向看法與情緒，也會表示盡力的理解、接納、賦予意義與價值；不過，SFBT 諮商師的好奇心並不企圖往成因、解釋或分類的方向邁進，而是以當事人的知覺為焦點，朝向建構解決之道前進。SFBT 諮商師雖然看重自己的專業知識，但不會直接套用在當事人身上，反而更相信當事人最能了解自身的經驗，而將自己立於需要由當事人告知如何協助的位置。進一步地，諮商師會以合作夥伴關係的立場，來幫助當事人覺察目前不想要的行為模式與生活事件，並對應發展出其他選擇及達成目標行動（許維素，2014）。

在這當事人與諮商師平等合作的關係中，經由諮商師與當事人的解決

式談話，能幫助當事人去重新連結生活已存在的資源，使之更為強化；也使得當事人更能懂得運用自身的資源和工具，來選擇和決定他們認為最佳的方式去面對問題。伴隨當事人認為什麼是對自己重要的決定，SFBT 相信當事人能找到他們想要的方向，並以自認為最有建設性的方式行動，來達成自己所欲的目標；而此，將使當事人知覺到自己有權力去改變與影響自身所處之環境。透過體驗到對所屬環境具有合理程度的控制力，當事人的心智狀態及身心生活將會增強，賦能感受提高，也易擁有更為滿意、更有效益的生活（沈孟筑，2015；Henden, 2008）。

SFBT 諮商師會大大看重每個人的獨特性，視當事人為有創造力者，能展現自己個人特徵，透過未知與尊重之姿、身後一步引導，相信諮商師更易找到與當事人合作的獨特形式，而使當事人的合作態度自然呈現。同時，這樣的信念也將促使諮商過程創造一個空間，提供當事人可以看見自己、討論自己的經驗，進而能讓晤談所發展的方向可符合當事人的價值觀或推論架構，而使當事人自己浮現解決之道的答案，最終完成了諮商之發現與強化解決之道的任務。因為，諮商之所以成功，絕大部分是因為當事人的貢獻，所以諮商師需要向當事人學習如何理解當事人，好奇著當事人想要的生活以及想成為什麼樣的人，並思索要如何提出合宜的問句以及要做些什麼介入，才能使當事人回到實際的生活時，為自己的生活帶來實質的幫助（Nelson & Thomas, 2007）。

綜言之，SFBT 諮商師與當事人可視為是一個治療的團隊，相互合作並一起進行實驗，諮商師只是透過顧問角色及合作夥伴的關係，來協助當事人達成所欲的目標。所以，SFBT 諮商師是「邀請」的專家，是一個協助當事人辨識自己目標、優勢與所欲改變方向的專家，是一個創造改變脈絡、卻不主導改變內容的專家，而可謂是一個「催化當事人目標與解決導向」的專業工作者；而當事人，則為他自身生命與生活的專家，是晤談治療過程（包括目標與方向）的「決定者」，並且，真正代表著創造成功的權威所

在（許維素，2009a，2009b；Corey, 2013）。

🍵 案例對話與反思活動

當事人：除了我剛講的住院經驗之外啊，老師，你知道嗎，我之前
還都不能上學，都待在房間裡。好長……好長一段日子呢。

諮商師：嗯哼。這一段日子是多長的時間呢？〔一般性回應，了解
關鍵字的定義〕

當事人：一年有喔，但是我現在還是覺得很痛苦。

諮商師：痛苦？怎麼說呢？〔明確性回應，嘗試支持並理解其情緒
的狀態〕

當事人：就是……我知道我媽希望我立刻能去上學，雖然她沒說出
口，但是她會一直說：「你可以去學校看看同學啊……」
什麼的。我覺得壓力很大……

諮商師：媽媽沒說出口的期待，讓你有壓力，但是你猜得到媽媽的
想法，也很在乎媽媽的想法。〔透過負向情緒，反映其中
的優勢及在意之處〕

當事人：嗯。嗯。

諮商師：雖然你覺得這個階段比前一陣子一直待在房間好多了，但
目前覺得還不是能上學。但是，對媽媽來說好像覺得你可
以上學了。〔彙整前述內容，展現傾聽態度，建立理解基
礎〕

當事人：是啊。

諮商師：那麼，如果我們有機會問媽媽，她會說她看到了什麼，或
者，是什麼讓她覺得你已經可以上學了？〔選擇以他人眼
光，嘗試尋找優勢力量〕

當事人：這個……嗯……就是我比較能出門，在家比較能跟她聊天
　　　　說笑，比較能看點書什麼的……

諮商師：那我可以先了解一下，你是如何幫助自己，從一直待在房
　　　　間裡，轉變成比較能出門、跟媽媽聊天說笑、看點書的呢？
　　　　你是怎麼能做到的呢？〔根據當事人所提及的內容，企圖肯
　　　　定改變，並辨認自助力量〕

當事人：啊……嗯……這個……媽媽幫我很多。

諮商師：媽媽怎麼幫你的呢？〔好奇地了解細節〕

當事人：媽媽常跟我聊，鼓勵我，帶我出去散步，拉著我去逛街；
　　　　也會罵我，說她很傷心，要我站起來……

諮商師：哇，媽媽做了很多事情啊。〔明確性回應〕

當事人：所以，我很難過，我自己到現在還不能去上學，讓她高興
　　　　一點。

諮商師：所以你也很希望自己能夠上學的。是嗎？〔嘗試確認其想
　　　　追求的目標〕

當事人：是啊，媽媽很偉大，所以我很氣自己還不能立刻上學。

諮商師：當然。你的生氣中也看到你是很謝謝媽媽、很希望媽媽能
　　　　看到你的改變而高興的。〔自然同理；反映當事人情緒的
　　　　意義〕

當事人：真的，她都沒有放棄我喔！

諮商師：雖然你還沒有覺得自己準備好可以馬上去上學，但是，我
　　　　想知道，在媽媽的幫助下，如果在一個 1 到 10 分的量尺
　　　　上，10 分代表你一開始說的，你希望可以跟之前一樣上
　　　　學，很正常的過日子，1 分是一開始住院的情況，你覺得
　　　　你現在是在幾分的位置？

當事人：5 分。

諮商師：5 分啊！〔讚美強調進步〕在這 5 分裡，媽媽幫你的忙有幾分，你幫自己的忙有幾分？〔尊重當事人對改變的知覺並引發當事人的主控權〕

當事人：嗯……嗯……媽媽 3.5，我自己 1.5。

諮商師：1.5 分是什麼啊？〔再次好奇地將焦點回到自我可控之處〕

當事人：嗯……嗯……就是也很努力。

諮商師：嗯哼，還有呢？〔一般性回應〕

當事人：就是不放棄自己，叫自己要繼續去做醫生、媽媽說要做的事情。不過，有時還是做不到啦。

諮商師：你會努力提醒自己不要放棄，並且盡量做到醫生、媽媽建議要做的事。〔複述重點，表示肯定支持〕

當事人：對啊，我沒有要放棄上學啊，但是，但是，我沒有信心我能再上學。

諮商師：信心是很重要的力量啊。你沒有放棄要上學，只是目前信心暫時比較低。〔摘要，顯示傾聽與理解，加入暫時性語言〕

當事人：對。

諮商師：那麼，如果在一個 1 到 10 分的量尺上，10 分表示你很有信心自己能夠上學去，1 分是毫無信心自己能夠上學，你對目前的自己，會打幾分？〔尊重與澄清知覺中在意的關鍵處〕

當事人：3 分而已啊。

諮商師：那麼，信心要到幾分左右，你就覺得自己可以上學？〔嘗試激發未來的可能性〕

當事人：最少要 6 分啊。

諮商師：6 分的你會跟 3 分你的有什麼不同呢？〔好奇地連結回目

前的現實〕

當事人：嗯，怎麼說呢……

諮商師：慢慢來，慢慢想，沒有關係。〔支持並鼓勵當事人〕

當事人：我……我會不太害怕看到陌生人，我不只是看書還可以寫點作業，還有……我想出門的次數變得更多……

諮商師：你也很希望自己能做到上學，這樣也可以讓母親高興。接受媽媽與醫師的建議，以及你的努力不放棄是很有用的，但是對自己的信心，目前對你來說是很重要的關鍵。當你觀察到自己不太害怕看到陌生人、不只是看書還可以寫點作業、出門的次數變得更多，就知道自己信心到了可以上學的 6 分了。〔彙整當事人認為的解決方向〕

當事人：是的。是的。

諮商師：所以，從現在的 3 分要到擁有 6 分的信心，你覺得你繼續做些什麼，或開始做些什麼，可能會有一些些幫助？例如可以進步 1 分或 0.5 分的。〔嘗試尋找可能的一小步行動〕

當事人：我要……我要……繼續運動、吃藥、跟媽媽和家人聊天。

諮商師：嗯哼。〔一般性回應〕

當事人：嗯……我也應該告訴媽媽我的感覺，還有這些想法，她會放心一點……

諮商師的自我反思

1. 於上述的案例對話中，我看到諮商師如何位於好奇「未知」的不預設立場，來建立晤談的「理解基礎」？

2. 於上述的案例對話中，我看到諮商師如何傾聽、選擇、建構對當事人的回應，而與當事人建立了合作的諮商關係？

3. 對於 SFBT 建立理解合作協力的諮商關係的理念，我個人的看法為

何？認同的程度為何？

4. 要於晤談中實地建立 SFBT 所強調的理解合作諮商關係時，身為諮商師的我，目前可能會面臨的挑戰為何？

5. 過去，在我的諮商工作中，什麼樣的態度與技巧，十分有助於與當事人建立良好諮商關係？我是怎麼訓練自己具備這些態度與技巧的？這些經驗可以如何幫助我更加善於和當事人建立合作協力的諮商關係？

4 建構解決之道的晤談階段

　　SFBT 不僅看重生命與事件的正向積極面，更強調面對同一事件的各種可能性（possibilities）。注重現在行動與偏好未來影響的 SFBT，是一個具希望感的建構解決之道晤談；SFBT 諮商師最重大的任務之一，為致力擴充與發展「解決式談話」（solution talk）的治療對話。亦即，面對來談的當事人滔滔不絕地談論其問題與困難時，SFBT 諮商師會從討論問題本質與細節的「問題式談話」對話，同步於當事人能夠接受的速度並考量晤談共同理解基礎，靈活組合運用 SFBT 特定的代表技巧，逐步形成、發展及維持「解決式談話」。透過「解決式談話」的互動，當事人的解決之道，常會漸次被協商、被概念化及「建構」出來（許維素，2014；De Jong & Berg, 2012）。

　　透過 SFBT 解決式談話流程，諮商師展現同步、不預設、尊重的平等態度，將晤談焦點轉回當事人身上，讓參與晤談的當事人能同時在晤談室內外產生新的覺察與自我賦能，而持續為未來創造各種新的可能性（De Jong & Berg, 2007）。於 SFBT 晤談流程的各個階段，諮商師會透過許多問句，特別是 SFBT 的代表性問句，來促發當事人透過個人知覺中的過去例外經驗、現在的目標及未來可能性，逐步形成與建構屬於自己的解決之道。而此尊重當事人知覺發展與擴大的歷程，也正是助長當事人自我決定的重要方式（De Jong & Berg, 2007）。

　　明顯可知，這樣發展解決式談話的晤談階段乃大大有別於以問題為焦

點的諮商取向,加上SFBT認為每位當事人的每次晤談都是獨一無二的,晤談時難有特定的固定步驟。不過SFBT晤談流程的綱要化階段與核心要素,如同地圖指南,可協助諮商師於瞬息萬變的晤談歷程,掌握可嘗試推進的方向。

 ## 焦點解決晤談階段

　　SFBT整個解決式談話正是一個引發當事人改變的共構互動歷程。著重於建構解決之道的SFBT晤談,基本上可分為以下幾個主要階段,簡要說明如下(許維素,2014;Kelly, Kim, & Franklin, 2008):

♥ (一)正向開場

　　一個簡短的社交開場,如詢問名字、稱謂、從何地來,常使當事人感到放鬆。諮商師也需扼要說明SFBT晤談架構、流程與進行方式,對於保密與通報事項的規定,亦能簡要說明其善意與限制,好讓當事人可以安心並行使知後同意權。雖然於預約時,機構行政人員應已說明相關行政規定(如預約、請假等),不過,諮商師於必要時仍須確認當事人是否理解、是否需補充說明。

　　之後,諮商師會好奇地多認識當事人並建立初步關係。例如,諮商師會關懷地詢問一些背景資料,如工作職稱、所屬班級或喜愛嗜好等;讓當事人從容易回答的人事物開始對話,而遠離被質詢或拷問的聯想。透過親和開場與背景詢問,諮商師會盡快找到適合肯定當事人的優點或專長所在,例如在機構中位於重要職位、嗜好中所反映的專長或能力,以創造直接讚美當事人的機會。或者,諮商師也會運用關係問句(relationship question)詢問當事人,其他重要他人對他特定的欣賞與肯定,例如,猜想上司對他欣賞的一點、家人對其最大感謝之處等。讓一同前來晤談的家庭成員能先

相互讚美，也是一個好的選擇；例如，諮商師詢問父親今日何以會支持母親認為來晤談是一個很好的主意，或者，問在場的母親，孩子哪一項優點是跟父親學來的。這類的正向開場將會營造一個正向運作（yes-set）的氛圍，特別對有兒童或青少年在場者，更為重要之舉。

接著，諮商師常用成果問句（outcome question）來了解當事人目前的來談目的、重要理由或最大期待（best hope）等，將使晤談產生初步聚焦的焦點或前進的大方向。成果問句是常運用的開場問句，因其能開始邀請當事人進入 SFBT 目標導向思維。

❤ (二) 問題簡述

諮商師需要知道究竟是發生了什麼事，讓當事人現在覺得困擾且在意。諮商師會積極傾聽當事人的訴說，並選擇能表示理解支持當事人想法與痛苦的合適語言，來予以回應。與此同時，諮商師也會嘗試了解：當事人對問題的主觀詮釋，如感受、解釋與期待，確認問題對當事人的影響等個人與問題之間的互動（如問題出現的概況、頻率、程度），並持續以自然同理、一般化、重新建構、複述關鍵字、摘要等技術回應，以能展現出諮商師的理解、尊重與認可。不過，SFBT 諮商師並不會花很多時間在探究所謂問題的根源、家庭的歷史或強化負向情緒的表露，反而會從當事人對問題的描述過程中不斷累積對當事人的各方認識，特別會透過當事人的分享，關注當事人自身對問題的界定，澄清在當事人語言與情緒表達之中所在乎的人事物、期待的改變方向，以及潛在的資源。

在初次晤談之前的電話聯絡，秉持 SFBT 精神的諮商師也可邀請當事人開始注意：從預約後到第一次晤談前的任何進展——「晤談前的改變」（pre-session change），並在初次晤談時再詢問當事人自發促成這些小進展的能力與方法，並予以深入肯定，繼而追問哪些小小的改變是當事人希望能繼續擁有的，打算如何繼續維持，或下一個進展出現時的小小訊號為何。或者，

諮商師還會特別探問當事人曾經嘗試如何處理問題，而能開始覺察到這些嘗試的行動及其背後所具有的知識與力量，而此，也將開始轉移當事人原來聚焦於問題的知覺，而會進行諮商目標的調修。這些邀請與嘗試，期待能在當事人訴說著艱難問題的同時，悄然開展優勢觀點的思路，並且，也使當事人能更覺察自己如何在辛苦努力面對多重困境的同時，也能開始推進自己進入掌控處理問題的位置，而鑲入希望與賦能的種子。

(三) 建立良好構成的目標

當事人最在乎的目標，常是當事人最具有改變的動力。SFBT 相信當事人即使處於痛苦之中，仍能構思自己所欲的遠景與目標，而且，本應由遭遇痛苦的本人決定來談的目標。諮商師常在理解當事人主觀知覺並肯定當事人對問題有其深入的剖析後，便會好奇的詢問，對當事人而言，「改變何以是一個問題？」如此，在展現諮商師對當事人的欣賞之同時，也會促使當事人更為確認前來諮商所需的特定協助，而使晤談的方向更為聚焦於當事人真正的需求上。當然，當事人經常帶著多個議題前來，必要時，諮商師會詢問使用評量問句（scaling question），請當事人依據重要性、緊急性或意願度，進行晤談議題的排序選擇。更常見的是，諮商師會引導當事人澄清，當來談問題解決時，期待什麼樣的美好願景發生，以便能逐步檢索出可以立即達成的小目標。

SFBT 目標的形塑歷程是以當事人告知諮商師他所想要發生的改變為依歸，而非是諮商師認為當事人該如何修正自己的方向；因為 SFBT 相當尊重當事人主觀知覺到的現實。奇蹟問句（miracle question）與假設問句（suppose question）常是在此階段使用的代表問句，其可協助當事人描繪所欲的願景，並辨認改變開端的小訊號。例如，諮商師除了詢問當事人「如何判斷孩子有所謂的憂鬱症」、肯定當事人曾經協助孩子改善情況的任何嘗試行動之外，諮商師可能會運用假設問句，不預設立場地詢問當事人：「如果可能，

在面對目前的挑戰，當事人最希望自己、孩子或家人有何不同？」並停留於期待改變的重要理由以及改變後的具體圖像。或者，諮商師會使用奇蹟問句邀請當事人描述當晚若有一奇蹟發生後，隔日清晨的美好願景，再進入當事人所偏好未來之細節探討，以讓當事人跳離問題模式的無效重複思維，嘗試接受生命可能性的力量，而後再連結到已經發生的例外經驗。

未來導向的 SFBT 認為，需要先得知當事人認為何時不用再來晤談的最後終點樣貌，然後再倒回來與當事人共同發展現在可以開始展開的具體可行之行動計畫，且於計畫中優先大量充分運用當事人既有的資源優勢。所以，諮商師會引導當事人從來談問題的描述，透過焦點解決談話以及所欲未來願景的想像歷程，轉而逐步建立「良好構成目標」（well-formed goal）：即正向所欲的、明確具體可行的、具人際情境互動的、個人能力意願所及的、符合當事人生活脈絡的，以及立即可開始行動的目標。

（四）探討例外

每一個人事物都可能會成為潛在的資源或優勢。再度使用過去有效行動與現今既存資源，會大大鼓舞當事人自我價值，減少當事人被現實感卡住的感受；而回憶舊的有效策略，也會比學習新的策略或找尋新的資源，減少許多嘗試摸索合適與否的過程，或熟練新策略的必要時間。

諸多例外都需要諮商師能夠引導當事人覺察之，但其中，以最近的例外，以及與目標有關的例外，是最值得優先探討的，因其性質是最容易成為建構解決之道的素材。有時，例外時段的討論，將激發當事人想要擁有更多這些例外時間的動機，因而如何增加例外時段的發生，對有些當事人而言，會是較為具體可追求的立即目標。

SFBT 諮商師經常大量運用例外問句（exception question），例如詢問何時情況沒發生、發生時比較不嚴重、何時較能因應困境等，以積極發掘凸顯當事人過去相關的小小成功經驗、資源、優勢、力量、復原力或自然療

癒能力等。同時，諮商師會於晤談歷程持續讚美當事人，催化當事人對於各項既存例外、優勢力量的運作歷程與有效要素，更為意識化，以便能鼓勵當事人多加執行，或至少觀測如何發生，而激發各種可能性的思維並成為解決之道的基石。至於當事人面對問題情境的自發應對策略，也是例外的一種；例如，諮商師除了探問來談夫妻何時彼此沒有衝突之外，也會運用因應問句（coping question），引導雙方看到他們嘗試處理衝突背後所展現的愛意與堅持力，可能有效應對的信念與方法，及其所反應出雙方個別或共同在意之處。

基於解決式談話的所得，諮商師會彙整提出評量問句，以 1 到 10 分的量尺，將當事人的奇蹟願景，置於 10 分的位置，1 分（或 0 分）則代表當初決定來談的情況，請當事人評量目前的分數，並說明何以能有此分數的依據來源。接著，諮商師除了鼓勵當事人先多做目前能夠做到的有效行動以便穩定情況之外，也會繼續努力探討使分數提高 1 分的一小步嘗試行動。

🌿 (五) 暫停與回饋

晤談進行四十分鐘，完成前述階段後，SFBT晤談會暫停（break）十分鐘，好讓諮商師能夠彙整晤談所得，或與單面鏡後的團隊進行討論，而當事人也可於此時段沉澱晤談歷程與收穫。

在暫停後，諮商師會給予包含讚美（compliments）、橋樑（a bridge）、建議（a suggestion）的回饋（feedback）訊息，以鼓勵當事人在結束時清楚獲得該次晤談總結，以能在晤談室外更促發自身行為的改變。

回饋的內容都是基於晤談歷程所得的訊息而來，並予以邏輯性（甚至是策略性）的組合。讚美，是對當事人整體的肯定，特別是強調當事人已有與目標達成有關的優勢力量，以便大大鼓勵當事人繼續努力。橋樑，是在讚美與建議之間提供有意義的連接性訊息，讓當事人同意去執行下述建議會是很有意義與重要之舉。建議，即為鼓勵當事人開始嘗試的一個行動；

依據當事人晤談內容所出現的訊息，提出一個可以嘗試的提議。提供的建議形式常包括：「有效的事情多做一點」，鼓勵當事人多做一些晤談中提及的例外經驗中的有效行動；或開始朝著所欲的未來願景，嘗試前進一小步的行動；或仔細「觀察」例外何時發生、何以能發生的細節；或鼓勵當事人開始嘗試「做些不同的事情」。之後，再將這一週任何的執行經驗、改變或觀察，帶回下次晤談，進行分享與探討。

♥ （六）後續晤談

於第二次晤談開始，各次的後續晤談皆以探問「何處有改變」（What is better?）作為開場，或以評量問句邀請當事人自己評估目前與上週情況的差異。諮商師會積極讚美與詳細討論任何的進展何以能發生，確認其與目標方向是否一致，並積極努力穩定與擴大這些進展及其影響。最重要的是，透過諮商師真誠、合度的欣賞，讓發生這小小進展的功勞與細節掌握都能回到當事人身上，讓當事人能獲得主控或再複製。

之後，再詢問當事人於小改變後，還想要再往前走的一小步方向為何。往往在有進展之後，當事人的目標會有所修正。對於當事人下一步的目標，諮商師仍保持未知尊重姿態，並讓當事人的各種優勢與進展繼續參與在晤談歷程中，並繼而循環前述各階段，直至穩定可結案為止。倘若當事人一時沒有任何進展，除了探討情況何以沒有更糟之外，諮商師還可以重新檢視當事人的目標與方法，是否真為其所欲或真為其可為，而再次循環前述階段。

對於當事人改變的速度、方向、歷程，SFBT仍然堅持著對當事人的尊重。而探討進展與改變是相當重要，其將能提升當事人於晤談室外的自助能力，也能繼續維持其有效的作為，並推動這些小進展以激發具漣漪效益的後續連鎖系統改變。

二 焦點解決晤談流程範例

為了能更掌握前述建構解決之道的晤談階段，在此列舉 Korman（2011）、Webb（1999）以及許維素（1998）所提出的 SFBT 之晤談流程及要素，以供參考。

(一) Korman 的焦點解決晤談流程

SFBT 代表人物之一 Korman（2011）認為，SFBT 晤談流程可以分為初次晤談及後續晤談兩種來介紹（如圖 4.1、4.2）。

在初次晤談一開始，諮商的方向為初步了解當事人的現況，以及得知

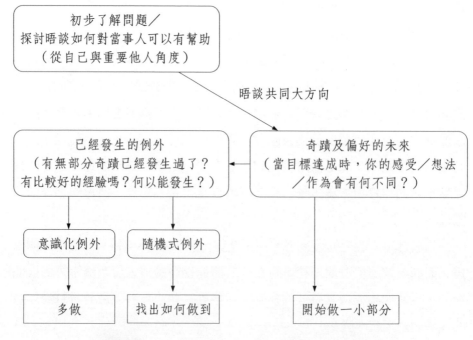

圖 4.1 Korman（2011）初次晤談流程架構圖

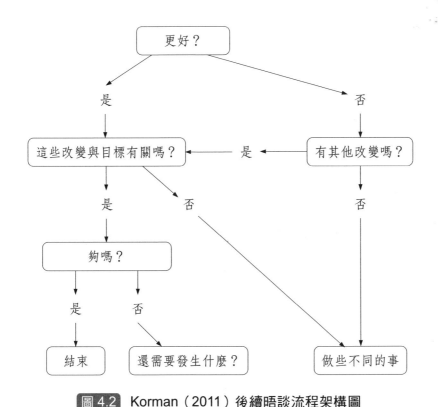

圖4.2 Korman（2011）後續晤談流程架構圖

當事人期待諮商可以如何對他有所幫助。為激發當事人的思考，諮商師可用關係問句引入當事人之重要他人的角度與觀點。

　　在諮商師與當事人開場的對話中，諮商師會逐步理解當事人前來諮商之目的，並與其產生共識性的晤談大方向。之後，諮商師常以奇蹟問句邀請當事人清楚構想所欲的願景，以及身處奇蹟發生後個人內外在、主客觀的種種狀態。接著，諮商師會嘗試連結至過去，引導當事人回想，是否發生過類似奇蹟的例外成功經驗。倘若當事人能夠清楚地說出這些例外經驗何以能發生，諮商師則會於回饋階段，鼓勵當事人繼續多做，以產生質量的改變。如果當事人不知何以發生，則會提議請當事人回家觀察例外發生歷程的細節。當然，了解當事人認為奇蹟圖像中最容易先達成之處，也可

作為當事人回家開始嘗試的行動方向。

於後續晤談時，諮商師首先會先了解當事人何處變得更好。若當事人能確認變得更好之處，則再連結是否與初次來談目標有關聯否？改變是否足夠？若當事人覺得已經足夠，則可考量結案；如果當事人覺得還未達期待，則可接續討論晤談還需要發生什麼事，然後再次循環第一次晤談流程。當然，於後續晤談中，若當事人沒有任何改變，也可鼓勵當事人嘗試做一些不同以往的行動，以打破既定的惡性模式，創造新的可能性。

❧ (二) Webb 的焦點解決晤談流程

Webb（1999）配合前述 SFBT 各晤談階段性的重點，彙整提出一個 SFBT 的晤談流程（如圖 4.3 所示）。

從晤談一開始，諮商師需要先了解當事人來談問題與基本資料，以一般化、重新建構等技術，接納當事人的訴說與情緒。了解當事人曾經嘗試的處理方法，是 SFBT 開場常見的一個引導方向，因其可以開始引發當事人認可自己努力做到之處，或聯想到構思嘗試行動背後的知識。諮商師需要引導當事人將來談的問題轉至希望有何改變的方向，成為晤談暫時的共同目標，並以此作為晤談開展的方向。

之後，諮商師要努力引導當事人思索可能的優勢所在，並積極辨認當事人的潛能與資源。例如，諮商師可詢問：過去，何時問題有較佳的情況？最近問題何時不發生或較輕微？諮商師也可以邀請當事人檢索目前生活中希望繼續發生的小小美好，並且想像繼續發生後的遠景為何。而生活中實際的重要他人所能提供的支持，亦是當事人重要的陪伴力量。

若這些潛能開發的歷程順利時，這些被發現的潛能將可作為行動計畫的基礎。諮商師會請當事人想想，可以優先嘗試的是什麼樣的行動，但此行動必須是當事人目前做得到的具體行動。這些具體行動可能是採用一些製造例外成功經驗的有效方法，或者是將有效方法中的成功要素，重新組

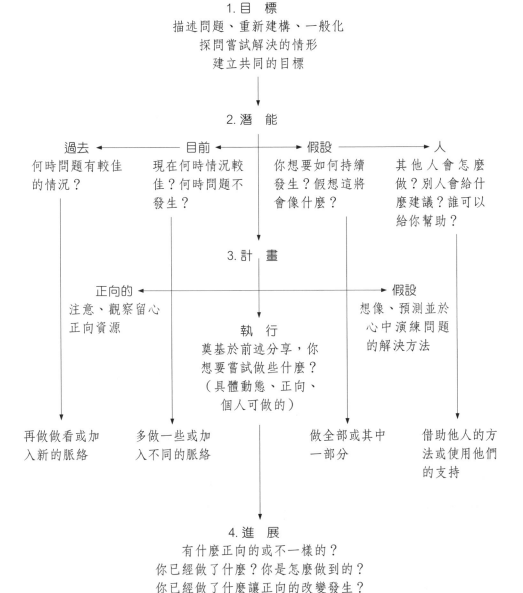

1. 目　標
描述問題、重新建構、一般化
探問嘗試解決的情形
建立共同的目標

2. 潛　能

過去　　　　　　　目前　　　　　　　假設　　　　　　　人
何時問題有較佳　　現在何時情況較　　你想要如何持續　　其他人會怎麼
的情況？　　　　　佳？何時問題不　　發生？假想這將　　做？別人會給什
　　　　　　　　　發生？　　　　　　會像什麼？　　　　麼建議？誰可以
　　　　　　　　　　　　　　　　　　　　　　　　　　　給你幫助？

3. 計　畫

正向的　　　　　　　　　　　　　　　　　　　　　假設
注意、觀察留心　　　　　　　　　　　　　　想像、預測並於
正向資源　　　　　　　　　　　　　　　　　心中演練問題
　　　　　　　　　　　執　行　　　　　　　的解決方法
　　　　　　　　莫基於前述分享，你
　　　　　　　　想要嘗試做些什麼？
　　　　　　　　（具體動態、正向、
　　　　　　　　　　個人可做的）

再做做看或加　　　多做一些或加　　　做全部或其中　　　借助他人的方
入新的脈絡　　　入不同的脈絡　　　一部分　　　　　　法或使用他們
　　　　　　　　　　　　　　　　　　　　　　　　　　的支持

4. 進　展
有什麼正向的或不一樣的？
你已經做了什麼？你是怎麼做到的？
你已經做了什麼讓正向的改變發生？

圖 4.3 Webb（1999）焦點解決晤談流程圖

合或放在不同的情境脈絡下進行實驗。當然,當事人也可從想像願景中獲得可以開始嘗試行動的靈感。而獲得他人的支持與建議,亦可為刺激來源之一。

在此同時,也會邀請當事人想像若真能做到這些行動計畫的願景,如此將可幫助當事人預演行動的歷程,激發行動的意願。而當事人在行動的當時或之後,觀察自己的作為以及他人的反應,將可檢核行動的效果並維持當事人持續改變的意願。更重要的是,諮商師需要協助當事人辨認出小小正向改變的發生、何以能發生、何以能維持,而使當事人的改變繼續發生。

❤ (三)許維素的焦點解決晤談流程

許維素(1998)參考 Walter 和 Peller(1992)的觀點,以「目標架構」、「例外架構」、「假設解決架構」的流程要素,彙整前述,將 SFBT 晤談流程路徑圖呈現如圖 4.4。

圖 4.4 的內容,大致與 Korman 及 Webb 相似。不同之處則為,當一開場時,特別關注當事人的來談狀況,包括其與諮商師的互動關係是屬於很願意合作的消費型關係、處於訴苦的抱怨型關係,還是事不關己的來訪型關係。無論是何種關係,諮商師要透過當事人目前看重的目標及充分的讚美,來與之建立合作關係。例如,扣著當事人不願意來晤談的期待,探問若他有何改變就可達此目的;或者,就當事人認為其他家人應有所改變的抱怨中,嘗試反映其透露的諸多關心,或可軟化當事人,使其願意由自身開始啟動對家人的影響。諮商師需要協助當事人將抱怨及渴望,轉化為晤談初步的正向所欲之可行目標。

另一個不同之處為,在形成晤談初步的正向目標之後,諮商師可以從例外架構或假設解決架構任何一個方向切入,端賴當事人目前的狀態比較能接受的是例外、因應問句引導聯想既有優勢的思索,還是較能接受奇蹟問句、假設問句嘗試引發願景的方向。之後,都再繼而探討差異有無發生。

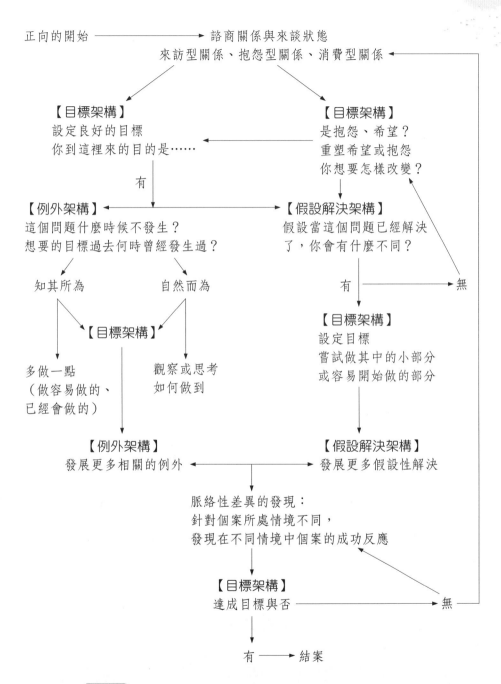

正向的開始 ─────────────▶ 諮商關係與來談狀態
　　　　　　　　　　　　　　來訪型關係、抱怨型關係、消費型關係 ◀──────

【目標架構】　　　　　　　　　　　　　　【目標架構】
設定良好的目標　　　　　　　　　　　　是抱怨、希望？
你到這裡來的目的是……　　　　　　　　重塑希望或抱怨
　　　　　　　　　　　　　　　　　　　你想要怎樣改變？

　　　　　　有

【例外架構】　　　　　　　　　　　　　【假設解決架構】
這個問題什麼時候不發生？　　　　　　　假設當這個問題已經解決
想要的目標過去何時曾經發生過？　　　　了，你會有什麼不同？

知其所為　　　　　自然而為　　　　　　　　有　　　　　　　無

　　　　　【目標架構】　　　　　　　　　　【目標架構】
　　　　　　　　　　　　　　　　　　　　　設定目標
　　　　　　　　　　　　　　　　　　　　　嘗試做其中的小部分
多做一點　　　　　觀察或思考　　　　　　　或容易開始做的部分
（做容易做的、　　如何做到
已經會做的）

　　　【例外架構】　　　　　　　　　　　　【假設解決架構】
　　　發展更多相關的例外 ◀────────▶ 發展更多假設性解決

　　　　　　　脈絡性差異的發現：
　　　　　　　針對個案所處情境不同，
　　　　　　　發現在不同情境中個案的成功反應

　　　　　　　　【目標架構】
　　　　　　　　達成目標與否 ────────── 無

　　　　　　　　有 ──▶ 結案

圖 4.4 **許維素（1998）SFBT 晤談的一種可能路徑圖**

其他各項 SFBT 晤談流程的要素，都是循環彈性連結使用的。

(四) SFBT 的簡式架構

從前述可以看到 SFBT 晤談中重複出現的主要結構與要素（如圖 4.5）（許維素，2014）。例如，SFBT 諮商需要從當事人來談問題，轉而找到當事人看重的未來願景及其認同的目標，再帶至現在需要開始推進的一小步。或者，也可先探討過去例外發生的方法，因為可增加例外發生的次數，或可變成一個可行的目標及努力的下一小步。願景、目標、例外、一小步，是初次晤談或只有一次晤談的流程架構，即使不見得在一次晤談中都能涉及這些重點，但仍可為主要努力方向。而在後續的晤談中，不管與上次晤談間隔多久，優先大量探討進展與差異何以發生，是其另一個重點，然後再循環此一晤談的架構與過程。

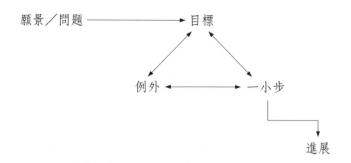

圖 4.5 SFBT 晤談的簡式架構圖

三 結語：諮商為一創建改變的歷程

SFBT 是可以幫助當事人在短時間內創建生活中的改變，因為 SFBT 著重於協助當事人探討偏好的未來（如期望接受諮商後的生活樣貌）、現在與

過去成功的事件（如檢索他們可以到達目標的技能與資源），而讓當事人有能力在目前生活中對其所做的事進行調整（Froerer & Connie, 2016）。為了要建構解決之道、發展「解決式談話」，從晤談各階段可知，諮商師並不會直接教導或面質當事人，而主要是以提問問句，以引導當事人思考回答的方式來推進晤談歷程。這是因為 SFBT 認為，一個人所處現實世界無法被客觀分析，其乃是由個人的經驗和被回應的方式所構成，或者從一個人的覺知、賦予意義、如何討論世界的方式中被建造的；而且，每個人的現實世界具備有機的演化特性，例如可透過個體間諸多互動溝通，運用語言此一協商現實世界的基本媒介，產生新的構念連結（Nelson & Thomas, 2007）。所以，SFBT 諮商師於各晤談階段的工作焦點都是在當事人的「知覺」，而非在事實上工作，當諮商師由衷地、好奇地使用開放式問句詢問當事人時，一方面可以透過相互的語言溝通來嘗試理解當事人的現實世界，一方面，諮商師也已將控制權和責任轉至當事人手中，給予當事人使用自己語言的空間，而擁有更多選擇權來決定如何進行描述。

　　同樣的，評價諮商是成功或失敗的證據化實證資料，看重的亦是當事人的主觀自我陳述。藉由當事人說出對改變的知覺過程，當事人會將知覺轉變成事實，因此 SFBT 諮商師會側重於探尋當事人覺察到的改變；亦即，在後續的晤談中，諮商師會不斷引出有關差異與改變的知覺描述與經驗討論，而改變則被視為是產生新的、與前不同的行為與知覺（Nelson & Thomas, 2007）。當然，除了探討當事人對改變的個人看法，諮商師也常會從重要他人與所屬系統的眼光來深究擴大之，因為個人的意義常是發生在所屬的社會脈絡之中。

　　簡言之，在改變的道路上，是當事人建構著他們自己的經驗，而此建構經驗的歷程將反應出他們如何闡述與談論這些經驗；當然，此一談論的過程，透過諮商師於晤談各階段中未知態度的提問問句，將會讓當事人產生與擁有不一樣的體驗（Korman, 2011）。

案例對話與反思活動

一、正向開場階段

（進行自我介紹及場面構成之後）

諮商師：從妳剛剛的自我介紹，我想妳應該是企業界很成功的女經
　　　　理吧。〔直接讚美〕

當事人：沒有啦，是有一點成就而已。（謙虛地）

諮商師：要這麼有成就，妳每日得工作幾小時？

當事人：大概十二小時以上。

諮商師：哇，很長的時間呢。

當事人：我的團隊工作時間都很長啊，不是只有我。

諮商師：如果有機會問妳的團隊最欣賞妳的地方，他們可能會怎麼
　　　　說？〔運用關係問句以間接讚美〕

當事人：大概是……很努力負責啦，很當機立斷，不像一般女性主
　　　　管容易鬧情緒。（微笑地）

諮商師：在我們初步相互認識以及了解我們的晤談流程後，可不可
　　　　以讓我了解，如果今天我們談了什麼，會讓妳覺得這次來
　　　　晤談是很值得的選擇？〔成果問句，初步形成諮商目標〕

二、問題簡述階段

當事人：唉……唉，我先生外遇，跟他的秘書，我……我整個人都
　　　　失控了……都混亂了。（煩躁樣）

諮商師：當然〔自然同理〕。發現先生外遇，對太太常常會是一個
　　　　很大的衝擊。〔一般化當事人的情緒〕

當事人：是啊。

諮商師：對於先生的外遇，妳最在乎的是什麼？〔了解當事人的主
　　　　觀知覺〕

當事人：他怎麼會這麼糊塗？要不是我不小心看到他的手機，我還
　　　　一直被蒙在鼓裡呢！（生氣狀）

諮商師：糊塗？〔回應關鍵字〕

當事人：他怎麼會這樣傷害我，我一直想我們還不錯啊，很信任他
　　　　啊。

諮商師：妳一直很信任他，也很信任你們的關係，所以外遇的事情，
　　　　像是一種傷害！讓妳很生氣、傷心。〔摘要當事人所在乎
　　　　之處〕

當事人：是啊！（激動狀）

諮商師：發現先生外遇，一時之間讓妳覺得有些混亂、甚至失控〔使
　　　　用當事人用字，一般化其反應〕，不過，在妳知道之後，
　　　　妳曾經做過什麼處理？〔了解當事人與問題的互動及初步
　　　　處理〕

當事人：我立刻找我先生來談，也跟那個不要臉的女祕書談了一下。
　　　　不想讓情況更嚴重擴散開來。

諮商師：看來妳像平時一樣很當機立斷地做了處理〔連結之前提及
　　　　的優勢〕。跟他們談了以後，結果如何？〔了解已做的處
　　　　理及其效果〕

當事人：怎麼說呢，那女人什麼都不說，後來就辭職了。我先生對
　　　　這件事一直顧左右而言他，然後我們就一直吵架。我不知
　　　　道接下來該怎麼辦，所以我才來這裡啊。（迷惘狀）

諮商師：這真是一個很重要的事情，而且，難得的是，妳已經做了
　　　　一些處理，妳也想解決它〔重新建構以找到當事人的優
　　　　勢〕。所以，如果今天來談之後，情況可以有所不同，那
　　　　麼，妳希望情況會和現在有些什麼改變？〔形成晤談初步
　　　　大方向〕

當事人：嗯……嗯……我想想。嗯，唉，嗯，我希望我可以變得冷靜，知道如何處理吧……

諮商師：當妳能變得冷靜，知道如何處理時，妳希望處理的結果是什麼？〔繼續形成晤談初步大方向〕

當事人：嗯……說到這裡，我想……其實我是想要挽回我的婚姻，結束這個外遇！（漸平靜）

三、建立良好構成的目標階段

諮商師：難得妳能這麼快發現，妳是想要挽回婚姻的，妳是怎麼判斷這是妳想要的呢？〔反映當事人的優勢並引發自我讚美〕

當事人：這樣吵吵鬧鬧也不是辦法，我想過，為了孩子，為了我們家庭的名譽，為了我自己，我覺得挽回婚姻才是重點。我告訴自己一定要冷靜，像處理公司危機一樣。雖然我心裡很難過、很混亂。（平靜多了）

諮商師：這真的很不容易做到，看來妳考慮的層面很多。當考量到孩子、家庭的名譽、自己，是怎麼能讓妳在這麼難過混亂的情況下，還可以告訴自己要像在公司處理危機一樣的冷靜？〔讚美與因應問句〕

當事人：我不知道，就是很難過混亂啊，但還是覺得得挽救婚姻啊。這是唯一的路，我不想失去這一切。

諮商師：嗯哼。我也想確認一下，妳想先討論如何挽回婚姻，還是覺得先處理妳心裡的難過與混亂，哪一個較重要？或比較需要優先處理？〔根據當事人的回答，再次確認當事人晤談目標的排序〕

當事人：嗯……我想我相信自己可以慢慢梳理我的情緒，我還是覺得知道如何挽回婚姻才是重點。（確認狀）

諮商師：嗯。妳對自己的情緒梳理是有信心的〔讚美〕。如果挽回

　　了妳的婚姻，妳會希望妳的婚姻變成什麼樣子？〔尊重當事人的方向，嘗試建構良好的目標〕

當事人：沒有外遇啊！

諮商師：沒有了外遇，妳期待可以與先生擁有什麼樣的婚姻關係？〔再次嘗試建立正向所欲的目標〕

當事人：彼此關心、可以信任對方。這件事讓我都無法相信他現在講的任何話了！

諮商師：當然，這很重要。當你們能彼此關心、彼此信任時，會做哪些現在沒有做過的事？〔繼續建立具體可行的目標〕

當事人：喔……怎麼說呢，一下子也說不清楚。

諮商師：嗯。妳的想像力好嗎？我想問妳一個奇怪的問題。當今晚妳回家睡覺時，有一個奇蹟就這麼發生了，妳帶來這裡的問題解決了。由於妳在睡覺，所以不知道奇蹟已經發生了。當妳隔日起來，妳會注意到什麼，便知道奇蹟已經發生了？……〔再追問奇蹟發生後的細節，以建立偏好未來的願景〕

四、探討例外階段

諮商師：我整理一下。妳剛說，當奇蹟發生時，妳與妳先生會放下工作，每天有一兩個小時獨處的時間，聊聊每日的工作與心情，談談孩子，而妳的孩子會看到這個家庭是有笑聲的〔使用當事人用字，彙整當事人所述的奇蹟圖像〕。還有其他什麼事情會發生嗎？

當事人：差不多了吧？這樣已經很奇蹟了。（微笑）

諮商師：那麼，你們結婚十多年來，有沒有曾經彼此獨處、彼此交談、有笑聲的時候？〔透過奇蹟願景，嘗試回憶過去的成功例外〕

當事人：嗯……嗯……剛結婚的時候吧。我們那時候很同心協力地

打拚，我們很愛彼此的……他怎麼會變了呢？（落淚）

諮商師：妳很希望你們可以一直是同心協力、相愛、彼此信任、能交談且有笑聲的。〔使用當事人用字，複述當事人在意之處，以支持當事人〕

當事人：是的……是的。（平靜些）

諮商師：可以多說一些，在剛結婚時，你們是怎麼能做到同心協力、相愛、信任、有時間獨處交談與有笑聲的？〔深入探索例外，使其意識化〕

當事人：我也不知道。不太清楚怎麼說呢……當時就是能這樣啊……

諮商師：好，我換個問法，如果用一個 10 分的量尺，10 分，代表奇蹟發生後的日子，你們是同心協力、相愛、有獨處時間、會交談、家裡有笑聲，1 分表示正好相反，妳覺得妳跟先生目前在幾分的位置？〔以評量問句了解現況〕

當事人：2 分，我們都不講話，一講話就吵。再糟下去不好啊。

諮商師：如果請妳先生來打分數，他會打幾分呢？〔以關係問句擴大知覺〕

當事人：4 分吧，因為我們都還住在同一個屋簷下，我也沒有告訴孩子。

諮商師：先生是看到了什麼，所以分數是打 4 分呢？

當事人：我們都還是有回家吧。

諮商師：嗯。那麼再用另一個量尺，10 分代表妳很有信心可以挽回婚姻，在婚姻裡再次同心協力、相愛、有獨處、交談與笑聲，1 分表示妳沒有任何信心，妳覺得妳目前的信心是幾分？〔嘗試以評量問句尋找例外〕

當事人：6 分，因為我先生還會否認，我問了這事後，他後來每晚都有提早回家；還有我們之前是這麼的相愛，所以，我想

……我想應該可以有 6 分。

諮商師：如果問妳的先生，他又會打幾分呢？〔以關係問句拓展當
　　　　事人的知覺〕

當事人：7 分吧，他認為不想離婚啊。我也看到他有歉意、想挽回。

諮商師：哇，你們的信心都不低，而且妳的先生分數都比妳高。

當事人：是啊，他的態度我也看在眼裡啦……

諮商師：如果發生什麼事情就可能讓你們各自的信心再增加 1 分呢？

當事人：就是不能再更糟了。就是兩個人相處的時候，大家可以再
　　　　正面一點點吧。

諮商師：不能更糟、再正面一點點是指？

（繼續討論具體情境下的可行行動）

五、暫停與回饋

　　於暫停休息十分鐘後——

諮商師：對於妳面對先生外遇能當機立斷去處理，以及妳在心裡生
　　　　氣、難過、混亂時，還能幫助自己冷靜下來，很快確認出
　　　　挽回婚姻是妳目前最重要的目標，這些讓我覺得印象深刻，
　　　　這真的很不容易〔讚美〕。

　　　　由於妳考慮到孩子、家庭的名譽以及在乎你們多年的感情，
　　　　妳決心要挽回婚姻。妳很希望挽回婚姻後，可以擁有如過
　　　　去一樣的同心協力、相愛、彼此信任、能交談且有笑聲的
　　　　日子。而為了要挽回妳的婚姻，讓目前的情況不要變得更
　　　　糟，是很重要的第一步〔橋樑〕。

　　　　妳在這麼傷心的情況下還能看到妳先生最近的善意態度是
　　　　很可貴的，而他的這些反應對妳也很重要。為了能讓你們
　　　　往挽回婚姻方向再前進一步，如同妳剛剛所說，如果對於
　　　　先生提早回家，在妳能夠承受的範圍內，妳多表現一點正

面的反應，很可能會使你們兩個人現在的互動有好轉的機會〔建議〕。

依據妳所提議，我們兩週後再晤談；當妳再回來時，請告訴我，在妳嘗試這樣做之後，你們的情況產生了哪些不同。

六、後續晤談

諮商師：這兩週妳覺得情況哪裡好轉了？

當事人：差不多吧，我想。

諮商師：所以，當妳先生回家時，妳的反應跟之前差不多，還是有一點點不同？〔根據建議，嘗試引導當事人再次覺察改變的發生〕

當事人：不過，嗯……情況沒有好轉啦，我沒有辦法跟他談外遇的事情，因為他還是一直否認，我為了應付冷場，就只好講一些家裡的瑣事。

諮商師：雖然要與先生再談外遇的事情是目前尚未突破之處，但是，妳怎麼能願意開始跟他談一些家庭瑣事？〔捕捉當事人已經做到的改變，並促進當事人的覺察〕

當事人：我就告訴自己，別再把情況弄得更糟了，我要挽回婚姻。

諮商師：這樣告訴自己、提醒自己是有幫助的。〔確認有效的行動〕

當事人：是，我得一直提醒自己。我心裡是很難過啦，後來我發現，我如果一直問自己，我在做的是幫上忙還是幫倒忙，我就會冷靜一點。

諮商師：真的！很不容易呢！妳提醒自己的能力很強呢！而且提醒「是否幫上忙」，是對妳有用的。〔讚美〕所以當妳跟先生開始聊家庭瑣事時，他的反應是如何？〔檢視連鎖效果〕

當事人：嗯，他是有點開心啦，好像可以鬆一口氣一樣。

諮商師：喔，那麼，當妳看到他開心、鬆一口氣時，妳又有什麼反

應呢？〔擴大效果〕

當事人：我什麼都沒說，但我心裡很心酸，想說你還在乎我，為什麼還要傷害我。

諮商師：雖然還是會想起先生外遇的傷害，但仍然能看到他對妳的在乎。〔重新建構，以反映既存資源〕

當事人：是啊，因為這樣，我就在想啊，我覺得我可能需要先跟你談談如何原諒他啦，這件事傷害我很深啦，不然我實在沒有辦法跟他講太久的話。〔透過新的進展，當事人產生新目標〕

諮商師：所以妳想談的是，如何原諒他。〔複述新的目標〕假如妳真的原諒他了，會跟現在有什麼不一樣的反應呢？〔假設問句，形成下一步的大方向〕

……

（再重複循環上述階段）

諮商師的自我反思 ▶

1. SFBT 晤談階段及流程，我發現與其他諮商取向有何差異？

2. 對於 SFBT 各晤談階段，我的理解為何？

3. SFBT 晤談階段的各個流程要素，對我個人的生活與工作中的啟發為何？

4. 對於 SFBT 晤談流程，我目前使用的情況為何？

5. 在上述案例對話中，我注意到 SFBT 的相關技巧，如何促發 SFBT 各階段的推進？

5 從夢想到現實——
焦點解決短期治療的
目標架構

　　好的目標，是改變的開端；好的目標，將導致正向的結果。成功的諮商決定於諮商師對當事人前來諮商的期待了解多少，一旦得知，諮商的任務即是去找尋達成這期待的最快速有效方法（Ratner et al., 2012）。

　　SFBT 認為當事人選擇前來諮商一定有一些重要的好理由，諮商師需要透過不預設的開放問句獲得當事人的答案；SFBT 十分堅持要能由當事人的立場、以當事人的語言，精準確認當事人的偏好未來與所欲目標。SFBT 相信，雖然當事人對問題的描述不見得包含了當事人想要的改變，不過，當一個人在描述問題時，乃預設了應有一解決之道的存在才是，或者，至少本人一定知道如何判定問題不復存在的標準；類似的，由於當事人知道自己何時需要協助，便相對地有能力判定什麼是可以停止晤談的時機與訊號（Korman, 2011）。而此，也正符合了短期治療「知道何時是終點」（knowing when to end）的理念，以便能倒推回來有方向性的引導晤談的開始與前進。

　　設定目標是日常生活經常在進行的活動。Dorner 曾說：「我們總是想著做些什麼行動來完成我們的目標，或是避免與預防我們不想要發生的一切成真。所以，如何形成目標及目標本身，便成為解決問題的重要角色。」（引自 Egan, 2010）目標設定的原則，將以現在作為起步的立足點，想像未來的美好願景，並使願景目標與現今生活產生連結。若當事人意識到希望自己的生命中可以有什麼不同時，對當事人最大的幫助會是讓他「開始」

去想「如何」讓所希望的一切發生,而啟動改變的動力。

所以,SFBT 不會特別去想什麼問題是 SFBT 所無法有效幫忙的,反而看重的是:如何達成當事人的目標(Korman, 2011)!

 目標的導引力量

SFBT 認為,當事人之所以會前來晤談,常是因為他們希望自己「更好」;「更好」可能是想去追求他們想要但尚未達到的境界,或是想要停止他們現在正在做的某些事情。亦即,當事人提出他的來談問題,正代表著他「現在」的「關注在乎」,或反映了當事人「想要有所改變」之處,不然他無須提及該問題(Korman, 2007, 2011)。而當事人關注在乎、想要改變之處,即可統稱為「目標」。

問題與目標的關係,不少人將其緊緊綁在一起。然而,事實上,「有問題一定有目標,有目標不一定有問題」。不少當事人來談,不是因為他有問題,而是因為他有目標;例如,類似於正向心理學所強調的人們追求幸福感,當事人想要突破目前的情況使其變得更好,讓事業、課業更有成就,或讓自己過得更幸福美滿。而有趣之處是,往往在諮商師了解當事人目標的同時,也會相對地了解了當事人的問題(Korman, 2011)。

當能從問題中探得當事人的正向所欲目標時,解決之道的可能性便大大被拓展。例如,面對自認人際關係有問題的青少年當事人,若問他自己變成什麼樣子就能夠改善人際關係,這名當事人可能會說「有自信以及能表達自己」是他一直渴望的,那麼,如何增加自信與過去成功表達自己的各種有效方法,以及扣緊此二方向的各種可能性嘗試,都可以成為晤談繼續努力的目標;而此目標的追求與達成,並不一定需要關乎其人際關係不佳的肇因與經驗,或者說,當他能變得有自信及能表達時,也將循環影響其人際關係。尤其,不少當事人常常能夠先定義出他的目標或解決之道,

而非問題為何；而且，在發現目標與解決之道後，常會令當事人再回頭去修正他原先定義的問題（de Shazer et al., 2007）。例如，因為想要爭取如何調高薪資而來談的當事人經晤談後發現，需要先改善自己對公司的歸屬感，才更易投入工作、創造績效；一回頭才明白自己原先以為的公司制度的問題並不是重點，解決之道的關鍵取決於自己的態度。亦即，當事人經由晤談對話所形塑出來的目標，很可能與一開始來找諮商師的原由不盡相同；在當事人從問題抱怨轉成所欲目標時，往往會看到當事人的期待與問題不見得有直接的關聯，進而，改變與拓展的方向變得多元。所以，SFBT 認為問題與目標之間可能有其關聯性，可能沒有，但是，目標的重要性應遠遠大於問題（Korman, 2011）。

有時，討論解決之道會比談論問題更為容易進行；因為談論問題容易引發當事人審視缺點與缺乏資源的痛苦，而談論目標反映的是當事人的追求與勝任能力，即使談的是一個可能的最小改變，都會為當事人帶來力量感（Corey, 2013; De Jong & Berg, 2012）。例如，教師轉介當事人的理由是其自信心低落，但當事人目前關心的是課業問題，若諮商師先與當事人進行的是這個人的目標——如何提高成績，其自信心仍會間接增加，但不見得在晤談中直接討論到；而因配合當事人在乎的目標，諮商反而能有所進展。又例如，對於多位同時來談的當事人，其對孩子的問題與改變方式的看法（如覺得另一半要調整管教方式）可能不盡相同，但是他們對於要追求的目標（如孩子平安健康）卻很容易產生共識，進而開始願意合作地面對問題。往往，隨著目標的發展與引導，當事人常會主動吐露更深的擔心與重要的個人資訊，也會從問題的訴說與抱怨開始轉為正向具體實際方向的思考，並將目標建構於原有的優勢基礎上，甚至會對困境與目標不斷產生新的修正與觀點，而再次擁有希望感。理解與重視來談當事人此刻的在乎，對於非自願前來以及處於危機中的當事人，更是引發合作生機的重要起點（許維素，2014）。

所以，SFBT 並不是不關懷當事人對問題的抱怨，只是對於當事人的目標「更有興趣」。以坐火車來譬喻，若不知目的地為何，可能會搭錯車；若搭錯班次，那麼那班火車所有經過的車站也就會是錯的。一定要知道目的地才知道抵達那裡的方式；而想要改變，是需與「目標」、而非與問題進行連結。畢竟，當事人的行動是需要有內在圖像（目標）的導引，而非只是靠著感官經驗來做決定（許維素，2014）。

目標最能激發人們覺察資源，最容易讓人們願意突破難關，也最能強化自我監控系統。所以，諮商師需要能了解當事人所欲的正向目標，才能與當事人同步地、有方向地邁進！

 穿過願景，尋覓目標

SFBT 諮商目標是一個不斷形成與修正的形塑過程。當事人來晤談時，不見得清楚知道自己想要的目標為何，需要諮商師漸進澄清。當事人於來談時經常是從問題的說明開始，但一如許多諮商取向，SFBT 諮商師的開放、好奇與探索之姿，常使當事人感到被信任而願意多加傾訴，也讓諮商師能在當事人的訴說中，傾聽捕捉出其所看重的人事物或催化當事人釐清並說出自己期望的不同（de Shazer et al., 2007）。

SFBT 諮商師的開場，常以成果問句展現目標導向的邀請，並針對當事人所用的關鍵字加以凸顯，以探討並確認當事人的目標。例如：

「希望我怎麼幫忙你處理此事？」
「如果來接受諮商是有用的，你希望能有什麼改變？」

當諮商師以成果問句作為開場時，乃暗示著主責解決問題的是當事人本人，諮商師只是輔助的角色；如此，將容易催化當事人負起主控思考之責，也會促使當事人較願意為問題解決執行行動。成果問句也代表著一種

開放的態度，表示諮商師願意從當事人想要討論的話題開始，並顯現當事人有決定諮商內容與方向的空間，如此，將會增加當事人更為主動參與諮商過程的可能。尤其，若當事人能夠從他想要的目標開始談起，常會使當事人最具有關注力與改變動力，諮商工作的成效自然事半功倍。

當你詢問當事人來談的期待時，當事人多會很自然的衷心表示，希望能停止一些特定問題繼續發生。為了解當事人在訴說困境時真正想要的目標，於晤談開場不久，諮商師常會使用「假設問句」邀請當事人嘗試回答：當問題被解決時的景象細節，或於最理想狀況中的自己能採取何種行動處理問題等。例如：

「如果你需要擔心的事情改變了，你最希望看到什麼不同？」

「如果你有一天走出外遇的陰影，你會做些什麼事是和現在過的生活很不一樣的？」

這類的假設問句將會引發當事人從問題描述進入以希望出現的情景來構思，將能與諮商師一起協商出晤談的共同大方向。沒有共同大方向是危險的，因為沒有來自當事人的目標作為諮商的方向，很容易就變成是諮商師的單方決定，即使這諮商可能仍然是所謂的正向優勢導向。

在諮商師與當事人之間建立起晤談大方向之後，便適合接著運用奇蹟問句，邀請當事人構想意外奇蹟降臨後，來談問題會有的種種改變，以得知當事人的奇蹟願景及所欲未來。奇蹟問句是SFBT重要的核心技術，常能使當事人戲劇化地從談論問題「解放」出來，讓當事人充滿問題的思緒，轉移至以解決之道為焦點的思考（Fiske, 2008）。其典型的問法為：

「現在，我要問你一個奇怪的問題（停頓）。假如今天晚上睡覺的時候，整個房子都非常的安靜，你也睡得很香甜。半夜，奇蹟發生了，你今天帶來跟我晤談的問題解決了。但是，因為奇蹟發生在你睡覺的時

候，所以你不知道在一夜之間你的問題解決了（停頓）。所以當你明天早上醒來的時候，你會發現有些什麼不一樣，而讓你可以了解到你今天跟我談的問題都消失不見了？」

「你看到的第一個訊號告訴你奇蹟已經發生了，那會是什麼？」

「奇蹟發生後的早晨，你還會做些什麼事情？」

「你的家人會看到你有什麼不同？」

傳統的因果論認為特定事情應由特定方式來產生，但是，實際上，特定事情可能由其他多種方式造成。所以，相同的一個目標，也可以透過不同的多元方法完成，尤其是拓展了當事人原先只設定特定方法的思維之後；而達成目標以追求願景的多元方法基礎資源來源，即是當事人的例外、晤談前的改變，或優勢力量等（如圖 5.1）。亦即，在探索願景及各種可能性的同時，當事人與諮商師將在這過程中共同建構出當事人所欲之正向可行目標，也容易從願景中聯想到已經發生過的、想要繼續擁有的既存美好，而可參考運用；當然，諮商師還可試著鼓勵當事人，立即開始嘗試去做其願景中成功理想的自己會採用的某一方法（許維素，2014）。

換言之，當事人的未來是「被協商創造」出來的。於 SFBT 中，很重要的過程是：「幫助當事人從問題『轉換』成未來願景，再從中找到目前可為的目標」。特別是，從當事人問題的描述中，常無法確定得知當事人想要

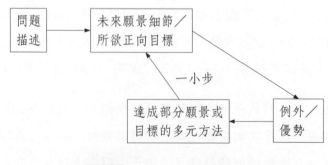

圖 5.1 SFBT 的目標架構

諮商協助的方向，諮商師需協助釐清並轉換出當事人真正想要的偏好未來是什麼。而夢想與目標是不同的，引導當事人於可能實現的夢想願景處，透過細節的思索，停留久一點之後，將容易離開問題導向的思維，也能再進一步地設定出良好的目標；而此也正是探討「可能性徵兆」的意義所在（De Jong & Berg, 2012）。之後，當事人或能透過願景選擇出來的現實目標或趨近願景的一小步為方向，於是 SFBT 諮商師便可提醒當事人透過多元的方法（特別是當事人現有的資源與力量），來協助當事人完成所欲的目標，逐步如滾雪球效應地幫助當事人趨近願景。如此一來，當事人每一步所採取的行動便能在符合當事人實際生活的脈絡下，真正滿足個人需求。

SFBT 的假設與奇蹟問句皆以當事人為中心，是以解決之道為基礎，而非問題為核心，乃會激發當事人對未來種種可能性的思索；而此一未來可能性心理圖像視覺化的歷程，以及配合當事人優勢資源的發掘與運用，將在促使當事人發展解決之道的同時，增進對改變的期待，也容易支持改變的發生。這樣構思願景後再發展目標的歷程，將使當事人不膠著於過去或現在的困境，反而更能掌握目前可有作為之處，引發或恢復當事人對未來的信心、盼望與正向情緒，甚至轉化出當事人對於改變與解決困境的高度動力與決心，以及對正向結果的「希望感」（許維素，2009a，2009b；Ratner et al., 2012; Reiter, 2010）。

三 設定良好構成目標

形容解決之道的語言，乃迥異於問題描述；描述目標的語言，也大大不同於問題的定義。前述願景的探索，最容易順利激發當事人使用正向所欲的語言來表述自己的目標。如此，諮商師即可直接理解採用之。

諮商師並無法從當事人的訴苦抱怨中精確獲得他想要的目標。為了形塑目標，SFBT 諮商師在傾聽與接納當事人抱怨與訴說的同時，並不會特別

激發當事人進行更多負面的探究，反而是對當事人的目標充滿好奇，企圖引導當事人將「抱怨」轉成「想要的」目標，並以「想要什麼」的描述替代「不要什麼」的語言。例如當事人說：「她罵我時，我希望不再這樣容易失控了」，那麼諮商師便可以問：「那麼當她又罵你時，你不再容易失控了，你反而會表現的行為是什麼？」或者回應當事人：「看起來太太的情況讓你很擔心，你很希望太太不要再這樣下去了……那麼，你希望太太可以變成什麼樣子，你才會安心些？」亦即，即使當事人以負向語言描述自己的現況，或表示想要停止特定行為時，諮商師仍然需要努力從當事人口中直接獲得他如何描述目標的「正向語言」：目前的他不想要特定的負向事件繼續發生，那麼，取而代之的是，他「想要」發生的是什麼。

如此一來，將能避免諮商師臆測當事人的目標，也較能把握當事人知覺中描述目標的定義與內容。例如，當事人不希望自己不快樂，諮商師不要立即預設當事人就是想要「快樂」，有時在與當事人確認後，當事人或許只是表示要「平靜、平安」而已。又例如，當事人希望自己對孩子不再沒有耐心，詢問其「不再沒有耐心」時會如何表現以及會做哪些不同於現在的行動，則可能獲得如「沉穩、和氣」等正向描述，而選擇離開現場可能是目前這位家長認為較能做到的方法；所以並不見得如諮商師原先預設的耐心的定義與言行（如留在原地）。如此正向語言的使用，不僅容易協助當事人離開問題導向的思考，更能協助當事人在腦中描繪清楚的目標圖像。這些圖像除了會引發希望感與產生預演效應之外，也會使後續行動具體有效。其實，對於不少當事人而言，停止或不要做什麼行動的思考，是更容易卡在負向思維之中，或難以想出到底應該要做些什麼（許維素，2013）。

SFBT的目標發展的小訣竅，除了前述由負面到正面、由抽象到具體之外，還包括：由多選一、由大到小、由內在到人際、由他人到自身（許維素，2009a，2009b；Taylor, 2010）。舉例而言，當事人同時遭遇婚姻、親子管教、個人、情緒、工作等多個問題，諮商師會先邀請當事人確認優先談

哪一個主題。若當事人表示情況改變後會天下太平，個人內在與身邊的人也會有所轉變，那麼諮商師則繼而追問：天下太平是指什麼？當事人會注意到什麼？而個人內在改變後，自己會有哪些不同於以前的外在行為表現？他人又會注意到哪些層面的改善？當別人有所改變時，對目前各種議題，會被影響的又是什麼？以及，目前自己可以開始嘗試的方向是什麼？所以，對於如何設定「良好構成的目標」（well-formed goals），SFBT 有幾個提醒（許維素，2014；De Jong & Berg, 2012; Egan, 2010; Ratner et al., 2012）：

第一，目標是對當事人具建設性、重要性、吸引力的，且是當事人價值觀所認同的。每個人的行為都有自己的意圖，每個人都會為自己的目標前進。當目標是當事人想要的，對當事人有意義、有好處、可帶來希望感的，將會讓當事人產生高度的改變動力。所以，諮商師需要注意諮商目標是否是當事人所認同的或想要的，越是當事人認同或想要的目標，當事人就越容易去執行。當然，諮商師也需注意，每一個目標下的行動內容與順序，若都是由當事人所決定的，效果會更佳。

第二，目標除了必須是「出現什麼行為」而非「停止、消失什麼問題」的正向所欲描述之外，也包含著可具體觀察評量、清楚明確、可反映改變訊號的詞彙；亦即，要以「出現」什麼情景來「取代」困境的運作。當諮商師與當事人是以這些原則在討論目標時，便讓未來種種可能性的探究，轉化為具體選擇的探討；而此過程也成為當事人心裡事先模擬演練的素材，讓當事人更容易於真實情境中落實執行，事後也存有具體的標準來評量有無達成目標。

當諮商師能協助當事人將小目標去除抽象化，予以動態視覺具體化、外在行為化，將使得當事人有所預習、覺得行動不至於太過艱難，而增加執行的動機與成功率；對於執行力較弱的當事人，更為重要。在此討論的歷程，當事人往往更能接納與面對現在的問題或擔憂，並易覺得自己已經在解決或預防問題的軌道上，而增加內心的合理掌控感。

　　第三，目標是具人際互動情境的，如具有人、事、時、地、物的細節，是可以從自己與他人角度辨認出來的，以及包含人際關係與相處等行為表現動態歷程的詳細脈絡。例如，諮商師會詢問當目標達成時，當事人會對誰說或做些什麼事情，或者，別人會看到當事人哪些行為，進而有哪些人際互動的連鎖反應等。例如：

「當你的情緒變好時，你的女兒會如何得知？」

「當你情緒變好時，你會帶你女兒做些什麼不同的事情，是以前一直想做而沒做的？」

「你女兒的反應會是什麼？」

「這會如何影響你們的相處？」

　　這是因為當事人隸屬於社會系統的一部分，生活中的重要他人總是與當事人的生活相互影響，因此當事人的改變也一定發生於社會系統互動當中，而這些社會支持系統的反應與改變，又會再次回頭影響當事人行為的修正與維持。因此SFBT諮商師特別關注當事人身邊擁有的社會支持，並運用這些社會支持來支援當事人，或請其協助提醒、檢核當事人的狀況。尤其，當人際互動改變歷程的細節越能被描述時，顯見發生的可能性與執行成功的機率都會大大增加。

　　第四，目標必須是在當事人可控制內及可承擔下，是有些難度但又可能達成的，是合於目前現實且符合成本效益的，最重要的是，目標是於晤談後「立即可行」的，而非最終之目的點或所謂最核心的議題。若當事人可以「開始」行動，將拾回一種控制感，而且，實際可行的條件讓當事人容易創造出小小的成功經驗，如此也將能回頭提升當事人的自信與動力。反之，若目標設定是遠距的、難以達成的，往往使當事人更容易放棄。當然，諮商師仍然需要以間接的方式讓當事人知道，達成目標是需持續努力與練習的，以使當事人願意負起改變與建構解決之道的責任，也會因而珍

惜獲得的進展。

　　SFBT 諮商目標是相當尊重當事人的決定；諮商歷程中，諮商師會與當事人一起討論，進而形成目前最適合當事人價值信念或文化脈絡獨特性的方法。SFBT 諮商師秉持著沒有所謂最佳或最對的目標及生活方式的理念，也會特別注意自己是否以自身的強勢價值作為設定當事人目標的依據。當然，諮商目標一定得合於法律，也需要合於諮商倫理。倘若，當事人提的目標超出諮商師職責所無法處理者（如修繕房子、不用接受義務教育、讓過世的人活過來等），那麼諮商師第一步要真心表示知道這個目標對當事人是有其特定的意義，進而表示這些目標並非諮商師專長或影響力所及，然後，再邀請當事人一起想想哪些是諮商功能及諮商師的角色所真正能幫上忙的，尤其是可以趨近他提及的那些目標的相關範圍（Ratner et al., 2012）。

 ## 四　促發立即行動的一小步目標

　　根據前述 SFBT 願景構思與目標設定的種種原則，可知諮商師將會協助當事人勾勒未來願景，並以其為大目標之下，考量已有的成功經驗或資源，再次發展出新的小目標，並思考其可能的結果；之後，再從願意採取的各行動中，明確選擇出可以立即執行、實際可行的第一小步。即使與當事人討論後，當事人可以選擇開始進行的一小步或許不只一個，那麼則可鼓勵當事人從其所重視的目標中，找到他認為「最容易開始」的一步；因為最容易開始，也就最容易成功，而成功之後，也就更容易激勵當事人發展後續改變的意願與行動。這對於處在困境中的當事人而言，這些原則更是重要。

　　如何設定良好構成目標的原則相當值得諮商師堅持，因為當事人及其周圍的重要他人，往往希望當事人改變能速成或大步躍進；例如希望一位成績排名在後的當事人於下次月考時進步到前十名，或要求一位與人衝突時容易情緒失控的當事人能在一週內立刻改變自己的情緒習慣等。然而，

每一個成功行為的背後,都是由很多小步驟所構成的,要求當事人立即大幅進步,常並非能如其所願。要知道一位成績差、不愛念書的當事人,期許其成績能從三十分變成六十分,所需要的小改變可能包括:要有讀書的空間與環境、要擁有念書的定力與習慣,以及要學習應考方法等。而一個人溝通衝突的情緒控制則至少包括情緒與立場覺察、衝突有效解決策略等,這對某些人來說,或許已經是一種自動化的簡單反應,但是對於從未被同理對待、甚至被暴力相向的當事人來說,平穩溝通、了解自己則為尚未學習的高難度功課。因此,諮商師貼近當事人的目標與現況為起點,以願景為大依歸,而將許多行為改變的過程解析出更為細微的動作,乃是非常重要的過程。若諮商師與當事人設定的改進目標太大、太難時,當事人很容易再次經驗到挫敗,甚至會導致當事人想要放棄再嘗試。

換言之,SFBT 是從各種可能性中找尋可參考的解決問題資源,不管這可能性是來自於過去、最近或未來。然而,最重要的是,於過去、最近或未來進行多元可能性檢索後,仍然需要回到此時此刻的實際情況,找到當事人願意開始、容易開始、可立即開始的一小步,且此一小步是具體可測量、朝向所欲目標的,而使當事人在有合理控制感的情況下,開始推動問題的改善,而不是一直痛苦地卡在問題的僵局中(見圖 5.2)。

當然,諮商師也需要有心理準備,若當事人的能量很低、對自己很沒有信心、對未來不抱任何希望時,是很不容易產生想要什麼的目標或願景,因為擁有夢想,相當需要心理能量的支撐。因而,在面對一些沒有目標、

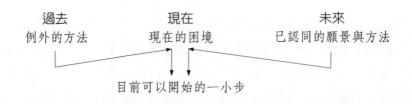

圖 5.2　尋找解決之道的一種思維

暫時不知夢想何在的當事人時，優先開發其應對優勢之例外問句與因應問句，將較能引發當事人產生「敢於夢想」的能量，進而也才能幫助當事人醞釀自我期許的目標。當然，此時若先多做目前能夠做到的一些小小應對策略，以使情況不要更糟，也可優先成為離開晤談室後的第一小步；因為累積一小步的前進後，才能說服當事人改變是真的可能的（許維素，2014）。

如果當事人一直無法知道自己要什麼目標時，諮商師可以邀請當事人先做的另一小步是：「回去觀察生活中的點點滴滴，何時何處是當事人所喜歡、希望擁有或持續擁有之處」，而非替當事人決定其所應得的（De Jong & Berg, 2012）：

「在這一週內，你觀察一下你的生活，哪一天做哪一件事，是讓你覺得稍微有些意義的、比較開心的？」

「在這一週內，你觀察一下你生活中的哪些部分是你想要繼續擁有的？甚至是希望多增加的？」

在每次結束晤談時，若能幫助當事人立即找到可以開始具體作為的一小步，成為回饋提議的建議或任務，將能夠讓當事人願意嘗試突破現況，並從行動中習得適合自身生活的生命智慧；這也是行動導向的SFBT相當堅持的晤談療效所在。

五 朝向目標的承諾

引導當事人形塑良好構成目標所具備的另一個意義是：諮商師無法替代當事人練習或學習如何改變，或取代當事人過他該走的人生，所以諮商師雖是一個開發當事人目標與資源的專家，但更應協助當事人成為自己生命的專家。SFBT不像傳統的諮商派別，其不以諮商師的專業知識為主要素材，諮商師只是一位輔佐者。若諮商師能看到自身角色的意義與限制時，

往往會更能集中火力在自己可協助當事人之處——如何讓當事人在其生活脈絡更能自我決定地自助（許維素，2013，2014）。

為了要使當事人真正能朝自己設定的目標前進，在持續對話的過程裡，提升當事人朝向目標前進的「承諾」是很重要的。Berg 提出引發當事人能對目標增加承諾的一些其他原則（引自許維素，2014），包括：

1. 諮商師需具備使用「要……」（而非「不要……」）的語言習慣，並影響當事人也如此使用。

2. 尊重與運用當事人的語言，並讓當事人知道，諮商師從他的話中聽到了他的渴望與在乎之處。

3. 於每個段落處，以當事人的語言清楚地重述當事人的目標，並在特定目標上，與當事人重複確認。

4. 多詢問當事人所有相關的行動細節，以提高行動意願（例如：要「如何」進行、要「做什麼」等）。

5. 重複提醒當事人他已經做到的每個步驟，並將問題的變化與結果進展，列為改變脈絡的里程碑。

6. 與當事人不斷地重新約定與確認此時此刻的目標；這也是晤談中常見的事。

當然，對於當事人的目標，諮商師不能比當事人更為熱切、樂觀或在意，而是要能與當事人同步前進。SFBT 相信，當事人乃擁有權力來形成目標與決定達成目標的速度與方式，但是，激發當事人對達成目標的承諾，是諮商師的重責大任之一。

結語：築夢踏實的奇幻之旅

SFBT 是一個「建構解決之道」的晤談，而非致力於探究成因來形成策

略的問題解決取向。由於 SFBT 諮商師關注解決之道的本質勝於問題的本質，也相信解決之道不見得與問題有直接的關聯，因而所介入處理的就不是傳統諮商派別定義的「過去的」、「深層次」問題，而是「深入探究」當事人「現在的」日常生活以及希望生活中想要的「變化」與「目標」；而此歷程也將促使當事人開始思考更多生命可能性的存在（de Shazer et al., 2007）。

在整個SFBT晤談過程中，諮商師即是緊扣著當事人當時對問題的主觀知覺與描述，透過未來與目標導向的問句提問，促使當事人更理解、確認、聚焦自身的願景與目標，其如：單次晤談目標、後續諮商之期待、希望改變的方向與願景、內心之真正需求與深度在乎，或至少需要改變的底線等。SFBT的目標中往往還會含括系統與人際中的改變，以便能幫助當事人在現實生活中落實更佳的解決之道，並擴大了當事人的選擇權與可能性。透過願景與目標，諮商師還會積極協助當事人用不同的角度來實現與看待自己、行為、人際模式或身處情境，並從已發生或可能發生的生活經驗中尋找解決之道的訊號，以便能充分運用既存的優勢與能力，發展出有效的解決之道。

明顯可知，針對當事人口語表達出來的所欲目標進行諮商工作，對於當事人來說就是一種深度信任、尊重與賦能的行為，但是，如何讓當事人從問題困擾中釐清其真正想要的目標，並非易事，因為這會是一個精細的「同步與傾聽」，且目標的形塑也往往是一個「不斷確認」的「變化歷程」。更重要的是，這些在晤談中提出的目標不等於諮商師要積極鼓勵當事人一定要執行的任務，因為諮商師無法在當事人的生活中隨時監控他們。這種正向具體人際情境化的諮商目標討論歷程，只是將「或許會發生」的可能性思維帶入當事人的知覺中，讓當事人在離開諮商室後自行去追求或執行類同的方向，而不一定是全然一樣的目標與行動；接續帶來的下一個目標，也會因為前一個嘗試的結果，再做接續的修正。

是以，SFBT 的諮商師是對當事人懷抱希望與信任，SFBT 非常看重當

事人自身設定的目標，尊重當事人認為解決問題的步驟與流程，並從這項引導、澄清當事人之目標與步驟的過程中，協助當事人認識自己、覺察生活脈絡、發展自我決定與提升賦能感。同時，SFBT 諮商師還會促使當事人在「採取行動使情況更佳」以及「注入希望感」兩者之間，不斷創造出建設性的正向循環（Fiske, 2008），而使當事人能真正逐步落實、創建、穩定其所期待的美好人生！

☕ 案例對話與反思活動

諮商師：今天來到這裡，妳希望諮商能幫上妳什麼忙？〔成果問句：目標導向的開場〕

當事人：就是我跟先生已經離婚了半年，他到現在還一直來吵我。我覺得很煩。

諮商師：妳對於他一直來吵妳，特別煩些什麼？〔運用當事人的用字，理解當事人主觀看法〕

當事人：我就是希望他放手啊，我們個性不合啊，他很愛批評人，跟他在一起很痛苦。我知道他愛我，但他來找我時，又把我這個人大肆批評一番，還說我很沒能力，一個人活不下去，尤其這麼久沒有工作了，會很慘的，一定會回頭找他什麼的。弄得我很煩。我在想，我真的像他講的那樣差嗎？我真的沒他過不下去嗎？

諮商師：我聽到妳希望他能放手，也聽到妳很在乎他對妳的一些批評。〔反映當事人的在乎，企圖推進目標的形成〕

當事人：是啊，是啊。我就是不希望是這樣子。

諮商師：那麼，妳希望情況可以有什麼不同呢？〔引導當事人以正向所欲的語言表述目標〕

當事人：嗯，怎麼說……這個……不知道怎麼說啊。

諮商師：或者，我這樣問，妳今日來希望我們可以先討論如何讓他放手，還是希望他不要再批評妳了，還是想去討論他批評的內容或者其他？〔目標確認：從多中選一〕

當事人：你這樣問我比較清楚。應該是……讓他不要再理我，我就天下太平了。我知道他一定會糾纏我一陣子。他就是那種要世界按照他的遊戲規則運作的那種爛人。

諮商師：被人糾纏與批評，確實是常讓人心煩的情況，但也聽得出來妳很了解他的性格，對這情況已經有分析與準備。〔重新建構，讚美當事人的優勢〕

當事人：我認識他太久了！我太了解他了！他實在很煩人。

諮商師：那麼，妳剛說的讓他不要再理妳，就會天下太平，妳可以多說一點嗎？〔嘗試具體化目標的設定〕

當事人：聽你這麼講啊，我突然覺得我應該要先談的是，他來煩我時，我如何不被影響。〔再次修改目標〕

諮商師：不被影響的意思是？〔運用當事人的關鍵字探索重視之處〕

當事人：他講的不是沒有道理啊，我這麼久沒工作了，我真的能活得下去嗎？

諮商師：所以，妳會擔心他說的話，也在思考這些現實的問題。〔自然同理，重新建構，再確認當事人的在乎〕

當事人：是的，是的，尤其，我都已經離開他了，不想過得更慘。跟他結婚已經很慘了，難道我的人生沒他會更慘？

諮商師：所以，不要過得更慘是指？〔嘗試設定正向目標〕

當事人：我也不知道。就是我別那麼煩或擔心……

諮商師：當妳不會那麼煩或擔心時，妳是什麼樣子呢？

當事人：就是……平平的，我也不知道怎麼講。

諮商師：那麼，我可以問妳一個有想像力的問題嗎？如果今天晚上
　　　　睡覺的時候，奇蹟發生了，妳今天帶來跟我晤談的這些問
　　　　題都解決了。但是，因為奇蹟發生在妳睡覺的時候，所以
　　　　妳不知道妳的問題已經解決了。那麼當妳明天早上醒來的
　　　　時候，妳會發現有些什麼不同，讓妳可以覺察到奇蹟真的
　　　　發生了？〔奇蹟問句，嘗試建構當事人的願景〕

當事人：嗯……嗯，我醒來時，不會想到他的批評、詛咒，我會比
　　　　較穩。

諮商師：當奇蹟發生了，妳會比較穩了，妳怎麼知道自己比較穩了
　　　　呢？〔引導目標由正向抽象概念轉為具體表現〕

當事人：就是，我相信自己啦，我才不要讓他的詛咒成真呢。我不
　　　　要這樣子。我一定、一定要讓他刮目相看啦！

諮商師：所以，當妳比較穩、相信自己而且可以讓他刮目相看時，
　　　　他又會看到妳是什麼樣子？〔用關係問句，讓當事人的目
　　　　標更為人際情境化〕

當事人：養得起孩子，甚至未來還可以擁有另一份幸福喔。對啦，
　　　　對啦，我就是想變成幸福的樣子，不是苦哈哈的。

諮商師：哇。變成幸福的樣子。〔重複當事人新的大目標〕

當事人：對！

諮商師：當妳變成幸福的樣子時，誰會最先看出來呢？

當事人：一直在鼓勵我的那些好朋友、好姊妹。

諮商師：那麼，他們會看到妳跟現在有什麼不同？〔運用關係問句，
　　　　繼續讓願景正向明朗化〕

當事人：不再這麼擔憂、氣憤。

諮商師：看到妳是幸福、不是擔憂、氣憤的樣子，那麼他們會看到
　　　　妳的反應是什麼，或者，會開始做些什麼事？〔讓願景正

向行動化〕

當事人：會笑啊，會多跟他們出去啊，不再聊我那個前夫的事情了。

諮商師：還有呢？

當事人：開始講講我新認識的朋友啊，新開始的生活啊。

諮商師：還有呢？

當事人：差不多這樣吧。

諮商師：離婚後這些年，什麼時候妳的姊妹淘看到妳會笑、與朋友出去、不再聊前夫的事情，甚至開始聊的是新認識的朋友和生活，有一種幸福的樣子？〔嘗試尋找既存的例外資源〕

當事人：我不知道啊。很少吧。想不起來。

諮商師：如果以 0 到 10 分來評估，10 分是妳很穩、相信自己、會笑、會跟好朋友多出去、不再聊前夫、看起來擁有新的生活與幸福的樣子，0 分正好相反，妳覺得目前的自己在幾分的位置？〔複述當事人在意的願景細節用字，提高當事人對完成目標的承諾〕

當事人：嗯……嗯。5 分吧。

諮商師：已經有 5 分了，妳看到了什麼，所以會打 5 分？〔肯定已經做到之處，企圖使個人優勢意識化〕

當事人：我有好朋友啊，他們常找我出去、安慰我啊。我也已經開始在找工作了啊！

諮商師：還有呢？

當事人：沒了，我還是會氣餒啦。

諮商師：那我可以問一下，妳的那些姊妹淘怎麼能夠一直找妳出去、安慰妳？妳在她們心目中具有什麼樣的重要性？〔促使當事人更加覺察既存的人際資源〕

當事人：她們人很好，很關心我。我不能辜負她們啦。所以我有聽

她們的話，開始找工作了。

諮商師：妳是怎麼決定聽她們的話，能夠開始找工作的？〔引發當事人的自我讚美〕

當事人：總得養活自己、養活孩子啊。

諮商師：如果有機會問妳的那些好姊妹，她們對於妳這段時間的遭遇，會最佩服妳的是什麼呢？〔嘗試從重要他人的觀點，找尋因應能力〕

當事人：可能就是……嗯，我也不知道啊。

諮商師：妳猜猜看啊。

當事人：就是很有毅力，雖然會哭，但是，沒有回頭。還願意帶著孩子，沒有放棄。講到這裡我很想哭。

諮商師：想到什麼？

當事人：其實我已經很不容易了。我只要像我的那些姊妹們相信我自己一定可以擁有一個美好的未來，我就不怕前夫來找我、糾纏我。

諮商師：相信妳自己可以擁有一個美好的未來，就會產生面對前夫的勇氣。〔跟進當事人的表述，再次確認當事人形成的新目標〕

當事人：是的，這很重要。

諮商師：那麼以 1 到 10 分來評估，10 分是很相信自己可以擁有一個美好的未來，1 分是很不相信自己，現在是幾分呢？

當事人：3 分而已。

諮商師：但是，怎麼說能有 3 分呢？

當事人：就是剛剛講的那些堅持沒放棄啊。也不知道怎麼講。

諮商師：所以，當發生什麼事情時，對自己的相信可以再進 1 分？〔發展更具體的小目標〕

當事人：嗯，真的找到工作。但是很不容易，我已經沒工作很久了。

諮商師：是的，的確是不容易，但是找到工作對妳相信自己很重要，也能讓妳面對前夫的挽回與批評，以及讓妳更靠近妳的美好未來願景。〔再次複述當事人目標的重要性，以提高承諾〕

當事人：是啊，是啊，我一定要找到工作。

諮商師：但是妳不僅很有毅力，也很有現實感〔讚美當事人〕，知道馬上找到工作並不容易。妳想需要開始做些什麼，讓妳比較容易找到工作呢？〔嘗試形成第一小步〕

當事人：你這樣提醒我，我想，我應該要更勇敢一點啦，我一直沒有讓親戚知道我的情況，怕被笑話。我想，其實我有一些親戚是可以給我一些工作機會的，我一直愛面子，不敢去提。我想，我應該要更勇敢一點。

（繼續討論如何勇敢的跨出第一步去請親戚幫忙，並增加成功機率……）

諮商師的自我反思 ▶

1. 於上述的案例對話中，關於設定良好構成目標的原則，我能觀察到哪些？

2. 對於奇蹟問句引發願景的效果，我個人的看法為何？個人的經驗又為何？

3. 在上述的案例對話中，持續於理想願景的建構，對於當事人有何幫助？

4. 我個人是否曾經體會過，從所欲願景連結到過去成功例外的經驗，進而形成第一步的行動？這樣的原則，可能會有何幫助？

5. 我如何積極訓練自己，放下自己的預設，能尊重關注當事人的在乎，與之同步發展願景，再協助當事人形成良好構成的目標以及第一小步？

6 生命的亮光──
焦點解決短期治療的
例外架構

SFBT全名為「Solution-focused brief therapy」，前兩個字正是強調SFBT晤談歷程是「以解決之道為焦點」。而SFBT的解決之道，常以當事人已經擁有的優勢、方法與資源為基礎，再向上建構（許維素，2013）。

然而，這樣的觀點矛盾嗎？如果當事人真的已經擁有優勢、方法與資源了，何以當事人還需要來諮商？──那是因為當事人往往不知道或一時忘記自己已經擁有了，所以需要諮商師引導其發掘珍視（Walter & Peller, 1992）。

SFBT相信，每位當事人都是獨一無二的，都是其生活環境中的專家，擁有與生俱來的力量與現今生命脈絡的資源來幫助自己，因此SFBT晤談特別重視當事人優勢力量之開發與運用。SFBT亦認為：促發當事人改變最重要的關鍵，是來自當事人的能力及潛力；當事人所認同自身的優勢力量，若能持續一致地受到重視，那麼當事人原本對問題所持十分嚴重或不可改變的知覺，將會化解、鬆動，改變的動力也將會隨之增加（David & Osborn, 2000; Lipchik, 2002）。

在SFBT中的「例外」可謂是優勢、資源、力量、成功的統稱，其存在於問題發生以外的時段，即為問題沒有發生、問題較不嚴重、問題發生次數較少等時刻，或者生活中平順、成功、美好的時期。持「優勢觀點」（strengths perspective）並看重如何引發當事人「自我賦能」的SFBT（許維

素，2009a；De Jong & Berg, 2007）十分強調：例外的思維，即是找尋優勢、方法與資源的放大鏡；例外的內容，則是形塑自我賦能與解決之道的重要素材（Corcoran, 1998）！

 例外的力量無所不在

即使當事人現在的生活中有著諸多挑戰，但諮商師仍可嘗試提出這些問題：

- 今天發生什麼事情讓你不禁微笑起來？
- 今天看到了什麼樣的景象，讓你覺得生命是有意義與價值的？
- 最近發生了什麼事，讓你再次恢復對人的關懷？
- 你最近有什麼學習，是讓你覺得很享受的？因為這個學習，你有了什麼改變？
- 最近，在哪些方面，你會覺得你的工作是更有成就的？你是運用了你個人身上的什麼優勢力量來達成這樣的成果？
- 最近在家庭中，有發生什麼讓你感到驕傲的新事件，即使它很微小？而你又是怎麼能做到這件事的？
- 在最近的生活中，有什麼訊號會讓你覺得情況是朝著你想要的方向在發展的？什麼樣的人事物催化了這份推進？你如何更能掌握這些資源？

或許不是每個問題都會有答案，但是，當能產出任何一個問題的答案時，對回答問題的當事人可能會產生些微的意義與影響是什麼？這些問題所探討的主題是什麼？是的，那就是常被我們忽略但卻又真實存在的「例外經驗」！

SFBT 相信，沒有一件事會永遠都是負面的，例外總會存在：生活中的

困境，對當事人的影響力也有比較小的時候；經常暴怒的家長，也有平靜處理事情的時候；即使是藥物濫用的當事人，也都會有數日或數小時沒有用藥的日子；以及，有幻聽的當事人也會有不受到幻聽內容影響的時候。亦即，問題有時有其重複的行為運作模式，而例外也存在著既定的出現方式，但是因為問題吸引了當事人所有的注意力，例外便退為背景的存在，即使被當事人注意到了，也常輕易被其忘記（Ratner et al., 2012）。所以，積極幫助當事人探討過去生活，及個人身上隱而未覺的例外及其運作方式，是 SFBT 優先強調的重點方向之一。

　　例外的探討充分展現了諮商師的支持、熱忱與欣賞，相當有助於諮商關係的建立與維持，特別是對非自願前來以及自信低落的當事人而言。例如，當一次業績做得不好的當事人來找諮商師哭訴時，諮商師除了支持他、與他討論改進的方式外，還可以提醒當事人前幾次的業績是如何提高的，而幫助他找回信心去立即嘗試可能有效的工作策略。由於這些既存的方式是當事人曾經做過的，因此，將會減少當事人摸索適合自己行動策略的時間，而且，鼓勵當事人「回憶」、「恢復」使用它們的速度，將會比「學習」新的方法要快速得多。也由於這些例外都是既存的、都是當事人已經會的方式，因而，再次複製或擴大應用它們的容易度，會比當事人再開始學習新的策略簡易許多（Corcoran, 1998）。所以，當諮商師在面對當事人問題時，與其急著與當事人探討新的策略，不如先探討、擴大、鞏固當事人已經會的方法。亦即，當諮商師優先去引導當事人回憶曾有的小小成功經驗，從中提取造就成功的方法與策略，並應用於目前的困境上，將會使諮商師輔導當事人的時間、精力與成效事半功倍，並能快速增強當事人的自我效能感。

　　所以，例外可謂是「產生『差異』的訊息」，乃可視為「已經開始行動」之處，而可能會成為潛在的、可繼續建構的解決之道（De Jong & Berg, 2012）。十分重視例外的 SFBT，對例外的信念為（許維素，2014）：

- 問題不會一直在發生，總會有例外時刻。

- 諮商是協助當事人再認出自身的優勢，並能用於解決之道及未來生活中。

- 問題應出現而沒有出現的例外時刻，可以被當事人與諮商師善加運用以共同建構解決之道。

- 鼓勵當事人去增加現今有效行為出現的比率；有效就多做一點，無效就做些不同的事情。「量」多往往會帶來「質」變。

- 聚焦於例外內容之後，快速改變是有可能發生的。

- 相信當事人及其重要關係者都是擁有某程度的各項勝任能力。

- 例外的探詢使當事人獲得有效解決之道的線索，而能面對生活中的挑戰，重獲控制感。

這樣的輔導哲學觀若以圖 6.1 表示，即為：當事人的狀態可能起起伏伏，問題有時發生、有時沒發生；重視問題探討的諮商派別是探討低點（長方形）的部分，希望去除問題，而SFBT的晤談重點在於尋找與探討當事人

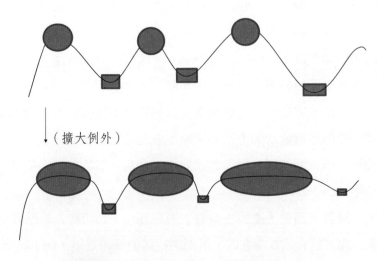

（擴大例外）

圖 6.1　以例外為焦點 vs. 以問題為焦點

在意目標下的高峰例外點（圓形），進而探討如何能增加高峰之處，而使得正向的部分增加、延長、擴大，自然便會取代了發生低點（問題）的比例與程度（許維素，2014）！

　　非常重要的是，諮商師需要信任當事人的例外經驗的「存在」，那麼，諮商工作就有可能如「淘金」一般，引導當事人從諸多困難中，看出一些生命中的可貴方法、資源、力量、優勢的微量光芒。別輕忽，這些微量光芒，有時將成為足以燎原的點點星火！

 ## 例外優勢為解決之道的基石

　　任何的例外都會是有用處的，不管這些例外是偶發的、片刻的、微小的。由於例外「已經是發生過的事實」，值得認真慎重看待！

　　探討微小而未被認可的例外是很重要的工作。SFBT諮商師幫助當事人更為意識化地多加應用這些製造例外的知識，實地以小步驟的行動增加例外發生的次數，甚或多做這些有效的模式取代無效的行為。如此一來，將可能在最短的時間內減低問題的負面影響，帶來改變與希望。換言之，例外的引導與詳細討論，有時就有可能會引發當事人改變的動機，或找到足以提供改變的小小線索；而這些方法、動機或小小線索，將可成為建構解決之道的重要基礎，甚至成為當事人可以立即採用的解決策略（許維素，2014）。

　　一如晤談前的改變，兩次晤談間的進展，或者兩次復發中間的平穩，都展現著當事人的自發復原能力，也是例外資源所在。所以，對於當事人能夠有一些晤談前改變、晤談間進展或一段平穩的時期，SFBT諮商師會大大強化之，同時，深究的重點為：當事人到底如何決定與判斷要去執行這些改變的行動，執行時的人事時地物的歷程為何，以及這些小改變對於自己與別人的相互影響是什麼。深入細緻地檢視這些進展的改變歷程，一如

探討過去例外，為的是要讓當事人能夠並願意、有意識地再次複製與擴大相關行為。在此同時，當事人對於問題與自身處境的看法，往往也將會開始有所不同。

　　舉例而言，一名憂鬱傾向的青少年一星期中有三天上學遲到，探究這三天造成遲到的原因是常見的諮商方向，然而，倘若運用例外的觀點，諮商師則可逆向思考地特別關注：何以有兩天他能夠準時上學？他如何選擇哪幾天不遲到？哪些既存的人事物能幫助他準時上學？這些資源可否再次被啟動？至少，在這兩天中，當事人所展現的自我控制力是已經存在的，他是如何具備的？如何願意再次發揮？……這樣的思考與引導方向，諮商師與當事人便容易發現一些小小的例外線索。倘若諮商師可能注意到當事人在第一堂課是英文課的那一天會準時來上學，那麼，英文課可能對此當事人具有高吸引力，或英文老師可能對他具有較高的影響力；而諮商師也可鼓勵當事人思考英文課對他的重要性，或如何增加與英文課的連結，而請英文老師多幫忙關懷學生或可成為一個系統介入策略。再例如，對於一時不知如何處理妯娌衝突的當事人，若能先了解當事人與哪些妯娌或親人是相處得宜，並追問當事人是怎麼做到的，將會協助當事人因為發現自己的人緣不是那麼差而較冷靜後，再進一步反思：自己平日是如何在判斷和選擇與人互動的行為表現？自己擁有哪些控制自己、增進人際關係的方法？進而，諮商師可再引導當事人確認，希望和妯娌建立的那種關係型態下，哪些現成的自我控制以及已有的人際策略，是可優先再次執行以協助達成所設定的這個關係型態。

　　明顯可知，在 SFBT 中，當事人的優點與資源不只是拿來安慰當事人、鼓勵當事人而已，諮商師乃需透過解決式談話，將其建構成為化解問題、達成目標的方法與策略；因而，那些能協助當事人達成正向目標的各項例外，會是最為重要的、最需要優先開發的。可貴的是，在探詢例外優點與資源的過程中，當事人的自尊往往會提高，進而提升願意改變的動力，間

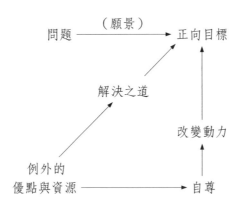

圖 6.2 SFBT 協助當事人改變的可能路徑

接協助他改變自己，願意嘗試採取達成所欲目標的行動。如圖 6.2 所顯示的路徑圖，呼應著 SFBT 的晤談階段與流程，是 SFBT 當事人改變的可能過程，也提供諮商師輔導當事人時，可參酌的著力方向。

　　例外乃散落於晤談歷程中，需要訓練有素的諮商師之耳加以傾聽、察覺、確認與珍視。不管是問題沒有發生或較不嚴重的時候、問題曾經被解決過的階段、晤談前的一些改變與努力，也不管其發生在現在或過去，諮商師如何貼近與當事人談話的脈絡，從過去的每一年到最近的每一刻，三百六十度的迴轉觀測，才能敏銳而彈性地探測出小小的例外所在。

 多元例外的細膩探討

　　探討例外的向度是多面向、多層次的。除了傾聽觀測，更依賴諮商師如何發問。例如，了解問題何時「沒有」發生、「較少」發生的例外問句（exception question），可以如此應用在與同事常有爭執的議題上：

　　「你和同事哪一天沒有爭吵？那時在聊些什麼？是用什麼方式溝通？」

若當事人說每天都會爭執，則可再問其他層次的例外：

「何時爭執的情況比較不嚴重？」
「何時爭執的時間比較短？」

或者改問：

「當你用什麼方式來跟同事溝通時，他會比較能接受？」
「當你同事用什麼方式跟你溝通時，你也比較能聽得進去？」

換了不同向度、詞彙時，將催化當事人聯想到不同的、被遺忘的例外經驗。

「以前當你陷入低潮時，是什麼力量讓你活下來？」
「你擁有什麼樣的力量與優勢，可以幫助你在最近難過的時候，再次冷靜下來？」
「我知道這些日子你心裡是容易波動的，但是在這幾天中，有沒有覺得有一些較為平靜的時刻（或與家人比較親近的、對自己的工作稍有滿足的時候）？發生了什麼事？當時你在做些什麼？」

多元、多層次的例外仍會存在於遭遇困境的日子中，對於處於低落情緒或高度危機中的當事人，諮商師可嘗試詢問的例外問句包括（Fiske, 2003, 2008）：

「這幾天裡，在你目前對未來感到無望與痛苦的情況下，是否曾閃過對未來一絲絲的期許？」
「在你感覺到這樣絕望感受的前一天，在那一天，有沒有讓你覺得有一點點興致去做的事情？」
「最近有沒有一些時候，雖然情緒比較高漲，卻沒有產生自我傷害

是一個選擇的這類想法？」

「你何時想割腕，但卻選擇沒有去做？你是如何做到的？」

「最近，何時比較能控制想割腕的念頭？什麼人事物幫助了你？」

「當自殺的念頭來臨時，你注意到它會停留多久？你又是如何使這些念頭消失離去的？」

「還有呢？」

有時，諮商師還可以反向地思考：當事人是怎麼做到沒有讓目前所謂不當的行為（如：上網）成為生活的全部？或者，曾經有過這樣的機會，當事人可以選擇去做更糟的事情（如：傷害別人、偷竊），但當事人卻選擇沒去做？當事人何以能有此決定？這反映當事人身上具備了什麼樣的優勢力量？這樣「情況何以沒更糟」的思維角度，將能引導當事人看到自己的內外在資源與自我控制力，而更能為自我負責。

情況何以沒更糟，即是當事人因應能力的一個指標。於例外經驗範疇中，探討當事人如何「因應」困境，是非常重要的向度；困境越艱險，當事人的因應能力越是相對應存在。特別是對於負向情緒高昂、有慢性疾病，或處於危機情境的當事人，SFBT 諮商師會優先以因應問句關懷當事人：是如何面對困境、如何在困境中還可有所作為。例如：

「對於這樣的難題，你何以能一直堅持面對？」

「在這樣痛苦的情況下，你怎麼還能考慮到不要讓孩子捲入？」

而重新建構、一般化正向詮釋出所處困境的正面意義，以及當事人言行背後所反映的努力、改變、在乎、期待，也是一個尋覓例外優勢的方向。當然，深度肯定並賦予價值，是諮商師持續展現的態度。

「看起來你對業界裁員的擔心焦慮幫了你的忙；它激發了你積極檢視你的工作歷程，並願意開放地反省與加強。」

「分手這個階段的痛苦，雖然很辛苦，但這痛苦也幫助你一點一點地在接受他選擇離開的事實。」

評量問句也是找尋例外的重要工具。例如在 1 到 10 分的量尺上，10 分的位置表示奇蹟已經發生的狀態，1 分表示相對的位置，請當事人去評量現況何在，而 1 分與現況間分數的差異，將引發對例外經驗的覺察。當然，也可從重要他人的觀點，嘗試發掘與確認當事人例外的存在、成功要素及其影響。例如：

「1 到 10 分，10 分表示你覺得自己在父母的角色上做得很好，1 分正好相反，你會為自己打幾分？」「何以有這些分數？」「這些分數代表著你已經擁有哪些能力？」

「你的孩子又會打幾分呢？」「他何以會打這個分數呢？」「他看到你做了什麼？」

「你猜孩子會說，在你做的這麼多事情裡，哪些事是對他特別有幫助的？」「哪些是你之前知道，但是卻沒有特別看重的？」

「你猜你的先生對於你處理孩子問題的過程，會最感謝你的是什麼？」「他會特別觀察到你的什麼態度與方法，對管教孩子特別有用？」

有時，直接請當事人列出（list）一定數量的優勢或例外，也是催化當事人看到自己擁有的優勢的方法。例如，邀請當事人列出結婚這幾年 10 個值得留戀的地方、20 個目前孩子的優點，或者繼續累積考試超過 60 分的次數到 50 次為止等細細數算生命例外，是一個美好的具體諮商任務（Ratner et al., 2012）。

SFBT 諮商師不僅僅是關注當事人的小小成功而已，會更特別注意當事人嘗試的方法、已經做到之處，及其所反應的能力與力量。為了完成此重責大任，諮商師將以多元層次或各種向度，來協助當事人發現與認可自己

已經擁有的正向優勢力量，進而了解這些優勢力量是如何能記得被再次提取、如何得以持續運作與展現的（David & Osborn, 2000; Lipchik, 2002）。

 ## 四 例外的擴大與意識化

由於 SFBT 對例外所堅持的信念是：在當事人來晤談的當時，他們已然帶著解答的素材或位於解決的起點，只是他們不知道自己已經擁有了這些，所以，諮商師的重責大任就是協助當事人尋找例外存在的實證，包含所欲未來中期待出現之處卻早已在過去發生的部分，進而協助當事人更為覺察如何發生的歷程，並有意識地擴展應用（Corey, 2013）。

舉例而言，面對研究所考試而緊張的當事人，諮商師可引導當事人詳細回想當時如何度過大學聯考時期的壓力，如每一日是如何度過的？當心情不好時會做些什麼事情？在旁的父母手足會看到他做了什麼有用的事情？這些行動何以能對自身是有幫助的？還有什麼樣的人事物可能有幫助？其中所代表的重要要素是什麼？經過例外的停留與討論，當事人可能回想起自己擁有一些成功經驗、承受壓力的特質或有效的方法，而帶來信心與力量感。接著，諮商師則可引導當事人思考，如何復甦自己哪些特質讓他再創佳績？哪些有效的策略仍可穿越時空，對於目前的困難有所幫助？或者，過去的各項經驗提醒了他可以開始嘗試的方向為何？

重要的是，探詢例外時，不僅是讓當事人覺察到例外曾經存在而已，諮商師還需好好帶領當事人，充分回想發生例外時美好景象的「細節」；因為，例外細節的回憶容易帶來愉悅的感受，例外細節的確認容易激發後續行動的形塑，是創造改變的基石，是經滋潤可成為解決之道的種子（Ratner et al., 2012）。所以，一旦發現了例外經驗，諮商師要記得加以停留探討，除了有效方法之外，也需要多多探討當事人的感受、想法、行動，並催化其間的相互連結（Korman, 2011）。對於當事人的任何小小例外，諮商師最

常會優先使用讚美及振奮性的引導，激發其歷程的意識化，例如：「功課壓力這麼大，你仍然沒有放棄，真不容易，你到底是怎麼堅持下來的？」

對於例外細節深入探究的向度，也可包括（許維素，2014）：

- 何以能有此例外發生？什麼人事物是重要的？
- 當事人是如何幫助自己做到的？
- 對當事人來說，這些例外的意義與價值為何？
- 若當事人知道自己的例外所在以及達成這些例外的方法時，會有何不同？可能會發揮什麼作用？

Murphy 與 Duncan（1997）整理文獻，認為以下「5E」可統整對例外的覺察與擴大探討的方向：

1. 引出（Eliciting）：運用傾聽、觀察、發問來發現例外。如：「你何時覺得自己比較能應付這樣的狀況？」「何時你生氣的時間是比較短的，即使只有縮短一點點？」

2. 探究（Elaborating）：詳細了解例外的細節。如：「你在何時何地去做這樣的一件事啊？」「你怎麼知道這樣嘗試可能會是對的選擇？」「你當時說了什麼話？」「有誰在旁邊？」「他們的反應是什麼？」

3. 擴展（Expanding）：嘗試將例外效益擴大或類化至其他情境。如：「當你用比較客觀的字眼來描述家裡的狀況時，你先生的反應是什麼？」「跟以前有什麼不同？」「你覺得多與孩子一起活動，還可以發揮什麼作用？」「除了一起看電視之外，你們還可以一起做些什麼？」

4. 評估（Evaluating）：針對可能產生的差異，詢問量化或質性問句。如：「你覺得你多去散步的話，會變得更好還是更糟？」「如果你每週多跟你的姊姊碰面聊天一兩次，你想對你的情緒穩定，會從這量尺目前的 3 分進步到幾分？」

5. 賦能（Empowering）：類似振奮性的引導，催化當事人意識自己如何自

助地創造例外。如：「在這麼混亂的情況下，你當時是如何堅持決定要立刻送他到急診室的？」「你那時怎麼能靠自己完成這麼艱鉅的一項任務？」「之後，你打算如何提醒自己再次做到？」

常見例外可分為兩種，一種是當事人在意識下去執行的「意識化例外」，另一種是當事人未注意如何發生的「偶發型例外」；以諮商的目的來說，因為前者為當事人已然認同的例外，其效益是更高的（Berg & Reuss, 1998; Pichot & Dolan, 2003）。所以，促使當事人對例外產生的過程更為意識化，以便能再次多加應用，是 SFBT 重要療效所在。倘若當事人真的無法意識有效的偶發型例外何以能發生，則於晤談結束的回饋階段，鼓勵當事人於生活中多加專注觀察這些例外何以能發生，以便能將其焦點轉移至正向行為的關注，並從中得知如何再製例外的方法，而帶來連鎖效益的改變（Berg & Reuss, 1998; Pichot & Dolan, 2003）。

五 尊重當事人對例外的運用

例外常會與願景、目標有所連結，也是解決之道的前驅之身或重要改變的關鍵基石。當發現了當事人的小小例外時，諮商師常會接以詢問如何再次發生或繼續維持的細節，或以 5E 方式接續探問，以促進當事人更有意識地製造與擴大例外。然而，除了探討例外的成功之法，諮商師還需要特別連結例外與目標之間的可能關聯。

由於例外經驗的開發，當事人常產生對目前情境觀點的轉變，而此又將帶出當事人修正下一步目標或想要努力的方向。或者，在諮商師的專心傾聽之下，深入探討例外之所以能夠發生的原因，是其中存有著當事人真正在乎的人事物（如：親子的關係、夫妻的互動、家長的叮嚀、希望有畢業證書、害怕被司法單位監禁、不要失去工作、繼續來談展現不放棄特定

目標等），當有這些發現時，諮商師可尊重地與當事人再次定位晤談的方向，是剛來時所持的問題，還是現在發現的這份在乎（許維素，2009a，2009b；Froerer & Connie, 2016）。

關於例外與目標的連結，諮商師對於當事人所覺察的例外，需要先詢問當事人這些問題：此刻，當事人是否想要這些例外再多發生？現在的他是否願意多做？若多發生這些例外，會否會對來談問題（或正向目標）有幫助？這樣的確認，乃是基於對當事人個人、目標以及改變方式一份深度的尊重。換言之，當諮商師發現當事人的例外存在時，千萬別立刻建議當事人以該例外直接作為問題解決的策略，也不要比當事人更為樂觀，而是要同步且好奇地先探問：例外發生的細節、當事人對於該例外所知覺的意義與重要性，然後再確認當事人現在是否願意嘗試將該例外作為解決之道的要素。倘若當事人不接受以這些被發現的例外方法作為目前可優先嘗試的方向，表示當事人不認為這例外中有發展正確解答的可能，或者認為這例外已不再有效，此時，諮商師就得不堅持地尊重其選擇，再繼續重新開發其他例外（許維素，2009a，2009b；De Jong & Berg, 2007）。

雖然並非每一個例外都會受到當事人的珍惜，但是，諮商師仍要相信：只要有正確的解答在其中，當事人乃有能力從例外看到可能的解決之道。SFBT諮商師千萬不要走在當事人之前，或者嘗試說服當事人目前還未相信與接受的例外，以免變成另一種對當事人的壓力。類似的，倘若當事人一直堅持是別人造成該例外時，則該例外就不適用於協助當事人目標的達成，此時，或可進而轉用奇蹟問句、假設問句與評量問句，來發展當事人本身可以做到的行動與未來的目標（Berg & Reuss, 1998; Pichot & Dolan, 2003）。

因此，為了要能發現當事人的優勢力量，需要有當事人與諮商師一起合作探索例外的過程，但是，對於當事人期待如何應用這些優勢力量，以及認為需要什麼才能改善生活的論點，諮商師並不具有最後的決定權；因為，每一個例外的價值與意義不是等同的，只有當事人本人才能予以判斷

評定。

 結語：例外是希望的種子

　　人們總會製造一些例外，這些例外創造的細微差異，將使人們看到希望所在；當能珍惜並善用這些例外來產生小改變，將逐步遠離問題困境，於是，短期內造成改變也就不無可能。

　　例外導向是SFBT的一大特徵，諮商師會積極發現當事人較少經歷負面症狀的時段，或者努力聚焦於確認當事人生活的正向層面。例外的聚焦與深入探討，往往會帶出正向運作的晤談氣氛，讓當事人更信任諮商師是一個幫助他而非指責他的角色，彼此的合作關係也更為容易建立與維持。透過對話共構歷程來探討例外經驗，常會幫助當事人：更為堅定欣賞自己已有符合目標需求的豐富力量與資源、知道自己已經做了什麼有效的行動，以及可以多做哪些有效方法，來一步步地穩住現況或達成目標。在當事人更能意識化地解釋例外何以能發生，或者更覺得意識化的例外發生是在自己的掌控下時，其改變的意願、決心與信心將會大大增加，而於未來再次創造例外或進展的可能性。

　　換言之，當諮商師能提醒當事人被自己遺忘的資源時，當事人將會對自己產生正向信念、對自己自發的問題解決能力產生信心、對改善的可能性產生期待，也會信任自己一直在往解決問題的方向前進，而大大減低擔憂問題嚴重性或自責的負向情緒，甚至會對自己、他人、現況、現實、界線、限制等，更為接受、理解及願意進行反思。亦即，於諮商歷程中，例外探討越多，當事人與諮商師越能了解哪些成功經驗可以與目標達成有所連結，如此，將會提升當事人建構解決之道的動力，也會促使並強化當事人對問題處理的主控感、自我負責及力量感，甚至還能激發當事人開始轉化負面經驗、減低困境的負向影響、從困境中有所學習成長、探究自我照

顧的方法與背後的正向力量，進而當事人將更能有決心與動力面對困境，發展出後續實際可行的明確目標與應對行動，以便能掌握自己的過去、現在與未來（許維素，2009a，2009b）。

探討例外，將創寫一個新的、可能存在的故事，讓當事人從自身成功經驗中有所學習，覺察與修正之前對生活所設想的悲調，並且能有意識地懂得運用這些能力與資源，來幫助自己解決問題、達成所欲未來。擴大應用例外，可謂是諮商師和當事人共同創造另一個持續前進的故事，而這個故事甚至可聲稱當事人已然開始實現他的奇蹟願景了（Nelson & Thomas, 2007）。是以，探討例外並不是對當事人的生活創造一些虛擬的美麗故事，而是營建一個可以「成為可能」的事實，而此事實對當事人來說，是可以被看見及從中學習的，是一個已然在某處等著他的故事。即使這些例外的探討與擴大，沒有立即成為當事人願意作為嘗試的行動，但這探究的過程本身以及所獲得的內容，往往也會成為當事人生命未來「希望」的可能種子（Berg, 2003）。

案例對話與反思活動

「我不知道我要怎麼讓我的孩子可以更有動機、更有成就一點？」一位從事園藝設計、相當有名氣的父親氣憤的說。

「更有動機、更有成就一點是指什麼？」諮商師試著具體澄清父親的目標。

「更有動機學習啊，我都已經把他拉拔到大學了，但是，他……他好像對未來也是一片茫然，成績還可以，但不是頂尖，那，這樣畢業時，不好找到好的工作啊！」父親流露出憂慮的表情。

「看來你很關心孩子，希望他提高現在的學習動機，也希望他能有一個好的未來。」諮商師輕輕讚美著。

父親點點頭。

「所以好像你覺得你的孩子目前動機比較低一點，但是有能力學習的，是嗎？」重新建構地詢問父親。

「是啊，這孩子很聰明，能考進這所大學也不容易。」父親激動的講著。

「那麼，你覺得你的孩子當時是怎麼考上現在這所大學的？」諮商師嘗試尋找孩子的例外經驗。

「唉，他就是沒像別人那麼努力。他如果更努力，可以上更好的大學。就是……唉……怎麼說呢，他也不是沒有認真讀書，我就是希望他別浪費自己的資質，可以更認真一點。」父親有些欣慰、有些感嘆。

「你期待孩子更認真努力，因為你知道孩子是聰明的，也知道他是有做到一定程度的努力。」諮商師企圖同時讚美孩子與父親。

「這就是讓我生氣的地方啊，他那麼聰明，卻沒有認真發揮！」父親皺起眉來。

諮商師說：「你希望孩子能充分發揮自己的聰明才智，並且更加努力。」複述著當事人的在意。

「是啊，可是他跟我說他已經很努力了，還說我都不懂。」父親無奈的說。

諮商師點點頭。

父親繼續說：「我覺得一個人要有屬於自己的技能以及努力的動力，這樣以後他才能靠自己過日子啊。」父親有感而發的說著。

「可以多說一點嗎？」諮商師好奇欣賞地探問父親認為重要的觀點。

「我就是這樣成功的例子啊，當年，我很努力、很努力培養自己的一技之長，所以才能有今日的成就啊。」父親流露為自己感到

驕傲的眼神。

「哇，這真不容易。在你年輕的時候，你是怎麼願意這樣努力、培養自己一技之長？」諮商師就例外優勢的讚美，進行振奮性引導。

「那時家裡窮啊，好不容易上大學了，一定要珍惜！」父親回憶著。

「懂得珍惜，是如何成為你持續努力的動力呢？」繼續探問父親的成功祕訣。

「認定自己不努力就無法翻身啊，就會有很高的動力！」父親如何做到的心路歷程更為清晰了。

「你這麼難得的體會與經驗，你的孩子知道嗎？」諮商師再次回到當事人前述的在乎。

「我講了啊，他就默默的聽，我也不知道他在想什麼。不然就是說，我們這一代又跟你們不一樣！」父親困惑的說。

「這一代跟你們不一樣是指什麼？」諮商師追問著孩子的想法。

「他沒多說，我沒多問。但是，我知道，他很堅持這樣的想法，老是掛在嘴邊，說時代不同了。」父親回答。

「那麼如果有機會，你猜孩子會怎麼說你們的年代與他們的年代有何不同？或者，你有注意到，你和孩子成長的年代有什麼不一樣？」企圖透過孩子的角度，試著擴大父親的知覺。

深思很久，父親開口說：「唉，當然不一樣。我的孩子不是成長在窮苦的年代，日子過得很安穩啊，我們能提供他的就盡量提供啊。不像我們這麼有動力想要翻身，或者說，也沒有所謂翻身的需要。」

「這樣說來，你的孩子成長的環境跟你很不一樣；而你的成功，讓他成長在一個更為安穩的環境。」凸顯兩人的差異，並輕輕肯定當事人的付出與成功。

　　父親思索一番後同意：「這樣講，也是有道理啦。是啊，我們自己的同年齡朋友，也常這樣講現在的孩子跟我們當年生活環境很不一樣啦。」

　　「那麼，如果換個角度來問，孩子因為你的成功生在安穩的環境，那他有沒有擁有一些你那個年代的人所沒有的優勢？」以例外的角度試著探測可能性的存在。

　　「當然有，當然有。嗯……我想想。我孩子比我有信心，比我更知道自己的興趣何在，對未來是不焦慮的，整個人有他的大器。」

　　「哇，你也很能看到孩子的優點啊！這樣的發現，對你有意義或幫助嗎？」讚美父親，深化助益。

　　父親繼續思索著：「這很有意思的角度喔。嗯……就是，我們很不一樣，我擁有的是他沒有的，他擁有的是我沒有的。」

　　諮商師在其同意下，繼續追問：「我岔開問一下。我很好奇，你在做園藝設計的工作時，你都是怎麼把一個區域的園藝設計做得很好呢？」探問當事人的優勢能力。

　　「就是得先評估那區域的土質、氣候、水分來源，就現有的資源做最大化的發揮，接受區域的地形限制或大小的限制，然後……」父親繼續分享著他的專業經驗。

　　諮商師尊敬的讚美與提出一個連結：「你在園藝設計真的很有專業知識與經驗啊！你覺得這些專業知識與經驗，跟教養孩子可能可以有些什麼關係？或者說，可以提醒你些什麼？」

　　父親突然抬頭：「接納孩子的限制，幫助他發揮優勢！」

　　諮商師驚喜的讚美著：「你是怎麼想到這樣的連結呢？」

　　父親說：「我有看過一些親子教養的書這樣寫啦，我當時還沒有讀懂。」

　　諮商師讚美著：「哇，你很用心呢。」

父親哭笑不得卻又大大領悟的說：「這真的是一個教育園藝的大工程。」

「是的，接納孩子的限制，幫助他發揮優勢，真的是一個教育園藝的大工程。但你是一個擁有很多專業知識與經驗、又很願意用心付出的父親。」諮商師再次肯定父親的覺察與優勢。

父親深深嘆一口氣地說：「我得重新認識孩子，或者說，應該先接納孩子目前的狀況。」

諮商師再次欣賞地鼓勵父親自發的、持續的目標發現，並推進：「重新認識孩子、先接納孩子。嗯，如果你看到自己有什麼改變，就知道自己做到了？」

父親閉眼沉思：「不再焦急、不再亂罵人。」

「那麼你孩子會看到你是什麼樣子？跟過去會有何不同？」嘗試將目標正向化。

「我想我們會有更多的討論，我也會鼓勵他去做他想嘗試的。我以前沒有追求自己願望的空間，但是，現在我可以給他。」父親觸動的說著。

「這對你和孩子都很重要嗎？」諮商師深入探問。

父親說：「當然，對我很有意義，這是當年我父親做不到的。而現在我的孩子就是很想做自己。」

諮商師讚美著：「你怎麼能這麼快的從自己成長的經驗中得到這樣的想法？」

「其實，我是希望自己真的做到啦，就是我太太有提醒過我。我也是有這樣做，只是以前就是表面上肯定孩子，但是一直生氣提醒著他的不足。希望之後，我真的能更真心的肯定孩子，平和的提醒他的缺點，也更讓他可以嘗試去做自己想做的事情。」

「哇。那如果你太太知道你有這些體會與新的決定，你太太可

能會怎麼說呢？」嘗試以關係問句帶出重要他人對當事人能力的改變的欣賞。

「她就是會說，早該這樣了啊！她應該會很開心吧？」當事人笑了。

「那麼如果我問你的太太，她對你的新決定，會有多大信心相信你做得到？如果以 1 到 10 分的量尺來評量，10 分是信心很高，1 分是信心很低的話。」

「7 分，7 分，因為我是一個說到做到的人，因為我很愛孩子。」當事人也更有信心的說著。

「當你能給予孩子嘗試的空間，持續這樣肯定孩子、提醒孩子，你想，對你孩子在未來有成就、至少能獨立生活這件事，又可能會有什麼樣的幫助？」將當事人可能的行動扣回來談的期待。

「至少這樣做，我們關係可以更好，才有對話的機會。希望這樣也可以讓他好好發揮自己，找到適合他的成就……」父親繼續構想訴說著。

諮商師的自我反思 ▶

1. 我對 SFBT 的例外架構意義，理解為何？

2. 從上述的案例中，我看到覺察例外優勢的力量與效益是什麼？什麼樣的技巧可以幫助例外的覺察與效益的擴大？

3. 在平日的生活或工作中，當我覺察到自己擁有的例外優勢時，我的感受是什麼？會獲得的力量是什麼？

4. 在平日的生活中，我如何能練習意識化例外的發生以及個人優勢的運作？這對我有何幫助？

5. 身為諮商師，我如何學習引發與捕捉當事人的優勢與例外，並於諮商中，懂得在合適的時機協助當事人更加能掌握？

7 身後一步的引導——
未知態度的代表問句

在諮商中，問句已經成為重要的介入工具。問句的使用不僅只是在收集資料而已；有治療性的問句將會引入一定程度的可能性、理論要點或世界觀等，而發揮介入的效益。由於SFBT建構解決之道歷程的三個重要要素包括了：良好目標的形塑、對例外覺察的增加，以及對未來希望感的滋長（Smock et al., 2010），因而，SFBT諮商師邀請當事人進行建構解決之道的必備晤談技巧，乃與問題導向的派別，在問句與介入技術上便大有不同。SFBT認為諮商師問句是透過對話歷程共同建構出來（co-constructive）的，是根據前面的對話內容才會有下個問句的產生。而SFBT具建構性的問句也多是在詢問當事人生活的正向層面，而非無能之處。亦即，SFBT過程欲催化當事人能保持正向敘說；除了形塑技巧之外，SFBT代表性問句也包含著對當事人的能力與專家地位的肯定，特別能引發當事人的成功發展與正向改變，並有助於與當事人建立關係（McGee, Del Vento, & Bavelas, 2005）。

當然，焦點解決短期治療協會也特別強調，SFBT不是一組技術的組合而已，諮商師也非嚴格的遵守某一組固定的晤談步驟；SFBT更像是一種臨床的思維以及與當事人互動的方式（Solution-Focused Brief Therapy Association [SFBTA], 2006）。尤其，一如不同諮商師的差異性，每位當事人都是獨一無二的，配合當事人的需求及發展階段，SFBT的晤談與相關技術應用是極富彈性與變化的（Kelly et al., 2008）。

未知態度的開放式問句

在一般助人歷程中，諮商師需要適時提出適當的開放式問句（open questions），以具體了解當事人所言內容及其處境的相關資訊，同時也讓當事人有機會澄清或探索自身想法和感覺，而不只是被動地獲得一個明確的答案（林美珠、田秀蘭譯，2000）。當然，諮商師要避免一連串問太多的問句，因為這會給當事人一種被詢問、被挖心事的感覺，而減少了當事人的自我開放（林家興、王麗文，2000）。

除了傾聽同理、摘要等外，SFBT 諮商師的工作當然也包括提出基本的開放式問句。不過，於一般助人過程對開放式問句的界定十分之多，卻沒有一個定義能全然符合所有情況。SFBT 最有興趣的是「未知態度的開放式問句」，即是諮商師提出問句以便能獲得尚未知情的訊息，但是，諮商師雖然會有提問的好奇方向，但卻不會預設答案的內容應為何，並且確實會很尊重與相信當事人回應所提及的內容。對於 SFBT 來說，未知的開放式問句乃使諮商師更能聚焦停留在當事人的參照架構上，並能在回應當事人關鍵用字的同時，透過相關細節的引出，擴大當事人的知覺領域；而且，在當事人表述個人主觀知覺之後，諮商師不會用「是的……但是」（yes-but...）來否認當事人，而會以「是的……而且」（yes-and...）的概念來連接當事人與自己語言的關係。亦即，SFBT 諮商師提問問句的引導方向，不同於問題式談話，乃以辨認、開啟以及強化可能性的效益為聚焦焦點；透過這些持未知態度的問句，當事人將會敘述與建構出不同的故事敘說，甚至是發展出不同的後續行動（Korman, 2011）。

預設性的語言是 SFBT 問句中一個非常鮮明的特徵。例如，諮商師詢問：「你想要先解決 A 問題還是 B 問題？」這簡單的問句暗示著：問題是可以被解決的、當事人是有排序能力的，以及當事人是有想要的目標等預

設立場。又例如，當諮商師詢問：「我知道這一週，跟之前一樣，會讓你上班時覺得難受。不過，有特別注意到，在這一週當中，除了上班外，何時你覺得是好一點點的？」此時，諮商師引導當事人聚焦的是：「這一週、除上班外、是好一點點的」等等重點；一旦當事人能回答時，他便接受這問句中設定「應有較好時刻存在」的預設立場，並開始聯想這個較好時刻的記憶，因而此較好時刻的相關資訊，便進入晤談互動之中了。

預設語言是交流的一種形式，當你對事物產生了假設卻又不直接的陳述出來時，它們即是「內隱的、無意識的提議」。諮商師可以運用預設語言，來催化當事人產生觀念的轉變（Henden, 2008）。當然，當事人握有著回答問題內容的主權，即使面對有特定預設立場的問句，仍然可能給予的是不同於問句聚焦方向的答案。例如，針對關注較好時刻的引導，當事人的回答是：「沒有啊，而且你知道嗎，講到工作我更氣，因為我同事對我的不尊重……」雖然當事人不跟隨問句的引導方向，但其回答的內容更值得諮商師整理與思考：何以這樣的問句方向讓當事人會聯想到這些資訊，而使這次問答成為再次理解當事人主觀世界的新機會。當對話持續下去時，諮商師與當事人的問答內容，也會繼續成為諮商師與當事人之間建構新的、共同的「理解基礎」（Bavelas et al., 2010; Hearling & Bavelas, 2011）。

問句中隱含的預設立場會對既有的事件創造另一個角度的思維版本。這些具治療性的問句（therapeutic question）何以會發生效用，是因其會邀請當事人展開訊息的分享、責任的負起、改寫主流故事、重新建構經驗等行動，而促進了當事人改變的發生。治療性的問句常具有四個特徵：

1. 鄰近性的答案：在問與答的過程中，接話者的內容是緊鄰前述內容或前一個問句的。

2. 預設立場：常在問句中隱含著，並不易被覺察，其乃是傳遞提問者的觀點與立場的（因為若直接提出預設立場，容易被傾聽者駁斥）。

3. 橋樑性的訊息：被詢問者回答問句，提供答案，讓對話繼續進行。

4. 共同理解基礎：透過問與答的過程，持續累積參與者的共識內容，並透過原有的共同理解基礎，回應了新問句及其預設立場，而繼續累積新的理解基礎。之後，再次循環前面步驟。

針對未知態度的問句，McGee 等人（2005）提出其具有十個步驟要素，這十個步驟要素常同時發生於幾分鐘甚至是幾秒內，而且一直在相互影響：

1. 提出一個問句，這個問句明確要求當事人要用鄰近性的答案回應之。

2. 當事人必須理解這是一個問句，以及知道這個問句想要問些什麼，而由當事人運用邏輯或想像力，來創造答案的意義與內容。

3. 這問句會引導當事人觸及生活經驗中的特定層面。

4. 為了要回答問句，當事人必須在當下專心進行相當程度的回顧與思索工作，甚至是做出評論與結論。

5. 當事人通常是不會特別注意或評論問句中已隱含嵌入的預設立場。

6. 問句中的預設立場是可以被修正並隨時調整的，如當事人沒有配合問句的預設立場回答時，諮商師需要再形成新的問句及其預設立場。

7. 當事人回答問句的同時，即是接受了隱含嵌入的預設立場，而這預設立場也成為共同理解基礎的內容。

8. 答案的內容由當事人提供並擁有，而非是諮商師持有的。

9. 於當事人回答問題後，對話的主動權便回到諮商師身上。

10. 當對話快速在進行與發展時，要回到早先的問句預設立場，其難度亦是不斷增加。

所以，諮商的療效性即是發生在：基於共同理解基礎，諮商師如何選擇問句及其預設立場，讓當事人能基於共同理解的基礎下，理解問句的意義，並配合問句中的預設立場，分享個人經驗中的相關訊息，而產生治療性的觀點；這循環過程是累積進行著，對話自然地發展著，但兩個人並沒有公開的討論此一問答歷程。

簡言之，SFBT並不認為開放式問句僅僅是為了資料收集而已，開放式問句還將開啟當事人與諮商師相互作用的序列；而提出問句及回答的這些行動，將會共同影響與建構晤談對話歷程。通常開放式問句包含了提問者一個未言明的聚焦重點以及預設立場，在當事人回答問句時，便會就這個預設立場去思索相關經驗，也間接地接受了問句中的預設立場；當事人不會去挑戰這個預設立場，於是當他們回答開放式問句並抽取舊有經驗時，會依據該問句的預設立場，以不同的組織方式來呈現，甚至會創造出不同的意義及新觀點。因此，這個問與答的連續歷程將會影響當事人、雙方互動、晤談聚焦層面與發展方向，而治療性的效益便於過程中累積地產出。

代表性問句之簡介

在SFBT晤談中，於傾聽當事人的描述後，特別是當事人的描述開始有所重複時，SFBT的諮商師常會向當事人表示，或許此時可以開始進行不同方向的思考，而大量運用「改變導向」（change-oriented）、具預設立場的SFBT代表問句，好讓當事人的注意力能放在之前未曾關注的經驗。雖然當事人在訴說困難時，諮商師要理解、認可並賦予內容與情緒價值，但是如果諮商師一直去臆測當事人說話內容有何弦外之音，或暗藏玄機，那麼便無法專心聽當事人訴說，諮商師的知識便凌駕當事人之上成為主導（Ratner et al., 2012）。所以，形成SFBT各種問句最簡單且重要的通則是：從當事人最後或較早的回答內容中，來構成與選擇下一個問句；當然，諮商師也會考量晤談整體的「理解基礎」以及SFBT的理念，發展出下一個合適的問句（Bavelas et al., 2010）。諮商師需盡可能關注當事人的回應，在避免重複提出相同的問句時，也能提出時機合宜的問句；而SFBT諮商師所提的問句，正顯示了他是否有理解與接納之前當事人所說的內容，同時也會反映出諮商師在所有晤談歷程，是否一直在傾聽、建構、選擇新問句的狀態。

有一個哲學性的說法是，SFBT 甚至認為：「在當事人回答問題之前，諮商師不可能知道自己所問的是什麼樣的問題。」（de Shazer et al., 2007）

　　為發揮諮商效益，諮商師需要彈性地依據當事人的獨特性，量身訂製地使用諮商技巧。如同所有的諮商技巧一般，SFBT 的技巧亦是容易理解但卻不容易熟練的；特別是，SFBT 的問句雖然看起來簡單，但在實際運用上，仍需要十分貼近當事人的整體主觀知覺，考量語言的選用及其暗示性，併入當事人的關鍵用字，再發揮前述 SFBT 種種精神與架構，才得以彈性選擇或組出能發揮功效的合宜問句。而關於 SFBT 主要代表問句的類型與功能，分別說明如下。

(一) 成果問句

　　成果問句是 SFBT 諮商開場階段常會使用的技巧。此技巧用來理解當事人的來談動機與初步期待，也開始引導當事人往正向、未來及解決導向的晤談方向前進。例如：

　　「今日你來到這裡，覺得我們討論什麼主題會對你最有幫助？」
　　「在晤談後，你的生活有了什麼改變，才會讓你覺得來這裡晤談是一個明智之舉？」

(二) 奇蹟問句

　　奇蹟問句引導當事人進入想像：當問題已經獲得解決時的偏好未來美好、圖像細節以及正向影響為何；之後，再結合其他問句帶領當事人思考如何由目前的處境向此願景靠近一步。奇蹟問句不只包含了目標的建立，也包含如何達成目標、生活會有什麼樣的改變、如何確定改變已經發生、其他人如何發現、他人會有何不同反應、他人又對改變造成何種意義等。因此奇蹟問句能給予當事人一種深層的相信與想像：他們的生活是可以改

變的，如此，將能鼓舞當事人擁有希望，也讓當事人願意思考可能改變的結果及好處。例如：

「你的想像力好嗎？我要問你一個奇怪的問題。（停頓）今晚你回家睡覺時，有一個奇蹟就這麼發生了，你前來諮商的這個問題就解決了。（停頓）由於你在睡覺，所以不知道奇蹟已經發生了。當你隔日起來，你會注意到什麼，便知道奇蹟已經發生了？」

「當奇蹟發生後，你會有什麼不同？」

「你的家人會看到你有什麼不同？」

「他們會有何反應？」

(三) 假設問句

假設問句以假設性語句（常以「如果」、「假定」之詞開頭）探問當事人在未來於某特定情境下，可能的想法與積極作為，特別是關於當事人偏好結果或達成目標時的情景，而非針對過去既存的事實進行若未發生的假設。此外，若當事人很難用正向的角度來看待問題或想不到例外時，諮商師也可以用此具預設立場的假設問句來創造可能性。

「如果可能，你目前最希望發生的、最理想的結局是什麼？」「會跟現在有何不同？」

「如果有一天，你度過現在可能退學的危機，在畢業的那一日，你會對大家講的話是什麼？」

(四) 例外問句

例外問句引導著當事人覺察問題不發生或比較不嚴重的時刻，進而探討這些較好時刻如何發生，以便能回憶過去成功的解決方法，並判讀可否

運用於現在或如何促使這些例外多加發生。當注意到有例外存在時，諮商師會詢問足以促發例外的人事時地物等有用資源與互動歷程細節，並適時摘要重複提醒當事人的優勢與成功之處。所以，例外問句促使當事人有意識地注意過去成功之法，而讓當事人從注意問題的嚴重性，轉而思考問題可以如何解決的可能性與具體策略，而提升當事人的自信心與賦能感。例如：

「過去什麼時候，你與同事之間的相處是像你期待的那樣，比較能平心靜氣地討論工作上的事情？」「那時是怎麼發生的？」「如果多發生，是你想要的嗎？」

「以前你在生活上有沒有遇過類似的困難？」「你那時是如何處理的，而讓情況沒有變得更棘手？」「那時處理的方法，適合用在現在的這個情況嗎？」

🌱 (五) 因應問句

因應問句探究當事人一些很小的、被視為理所當然的自發行動策略與動力來源。因應問句能在同理支持當事人感受的同時，又激發當事人看到自己已在發揮的功能，而邀請當事人從關注困境，轉移注意力至確認自己如何能持續承受或對抗此一困境的種種優勢，而減少被困境擊垮的挫折感。因應問句還可找到當事人目前度過困境的小小有效方法，若優先多加運用這些方法，將有助於維持現況不至於更糟。例如：

「我很好奇，在婚姻這麼辛苦的過程中，是什麼力量支撐你走過這麼多年？」

「在最近心情這麼不好的情況下，你都是怎麼讓自己還能每日外出散步的？」

「朋友是你很大的支持力量，多與朋友接觸對你可能會有什麼幫

助？」

💙 (六) 評量問句

　　評量問句是以 1 分（或 0 分）至 10 分量尺，請當事人就其經驗進行評量。常將大的願景或正向目標的描述置於 10 分的位置，詢問當事人目前的現況所在分數，對照兩者差異，並詢問再進 1 分後與現在的不同，以及如何邁進 1 分的方法。評量問句促使當事人了解在問題情境以及解決之道之間並不是非黑即白的二分法，而是一個連續的線段，如此，將能協助當事人發現已經擁有的例外，並檢索出下一步的行動，往 10 分邁進。

　　評量的過程是配合當事人的表述與經驗。評量的向度可以包括當事人內在特定感受與態度、在乎之處、已經做到之處、自信勇氣與動機程度、與人的關係親密程度、不同時期的特定狀態、行動選項的適合度或可行性、必要的安全性評估，以及身邊不同重要他人對同一評量的差異觀點等，都可幫助當事人捕捉意念、擴大知覺、表達自己。評量問句特別能協助年幼或不易表達的當事人，也可改為圖片（如臉譜、線條）的方式，使當事人更易回答。例如：

　　「以 1 到 10 分來看，10 分是你剛說的，全家處於最理想的狀況，1分是相反的狀況，那麼你覺得現在你們在幾分的位置？」
　　「何以能在這個分數，而不是更低的分數？」
　　「如果問妳先生，他會覺得需要什麼才能夠再進 1 分？」

💙 (七) 關係問句

　　與人連結，會使人產生價值感與提高尊嚴。關係問句即是詢問當事人猜想生活中重要他人對他的肯定欣賞或對特定事物的觀點，而將當事人的

重要他人觀點含括至互動脈絡中，促使當事人覺察現實與外在資源，並能在人際互動觀點中，思考於生活情境中自己與別人想要的不同，而啟動了目標的發展與解決之道的產生。關係問句有助於在「當事人想要的目標」、「願意去做的目標」以及「別人對他的期待要求」之間取得平衡。有時，對於特定的當事人，關係問句可以提供當事人與諮商師之間一個安全距離，因為當事人可以不用先談自己的看法，而是先說出別人的意見。例如：

「如果你的好友在這裡，他對這件事情的看法是什麼？」

「如果你的老師看到你有什麼不同了，就不會再一直要你來輔導了？」

「就你太太的角度，她會認為，什麼人事物會是支持你的重要力量？」

(八) 讚美

讚美的向度主要是針對當事人執行對他自己有助益或有助於朝向目標達成的優勢與行動。讚美是依據當事人表述與經驗而來，以「現實為基礎」（reality-based）。SFBT 的讚美是一種非評價式表達，也存有讓當事人可以選擇接受與否的空間。

讚美可以結合假設問句、關係問句形成「間接讚美」，或以振奮性引導使當事人「自我讚美」。亦即，除直接讚美外，諮商師所給的最有效讚美，是透過提問問句，讓當事人在回答過程中，能自我讚許地吐露自己的能力、自覺與善意，並同時使成功方法更為意識化，而提升個人自我價值。例如：

「你怎麼能夠在同事惡意批評你時，還是很冷靜地、和他就事論事地討論？你是怎麼做到的？」

「如果詢問你的好朋友，她會說她看到你一路走來，是付出了什麼

努力？」

❤ (九) 還有呢？

這是一個看似普通但卻非常重要的問句。一旦諮商師與當事人確認並探討了奇蹟、例外或進展的存在時，都要記得再多詢問幾次「還有呢？」（what else）。這問句邀請當事人對於自己的描述自行增加更多內容，是一種擴大與加深當事人所言的問句。當事人在持續回應這個問句時，將會發揮聯想力，平行擴大思考，進而帶出一連串的記憶，而激發當事人更多的連鎖思考及答案。

擴大知覺而非顛覆框架的提問意圖

SFBT的問句具有預設立場的設計以及對當事人答案的未知態度，所以相較於一般諮商或其他取向的問句意圖，也可以有以下幾點的獨特特徵。

❤ (一) 以「澄清式自我揭露」與「溫和挑戰」取代傳統面質

一般諮商中的自我揭露（self-disclosure），是指諮商師對當事人表白自己過去一些經驗，其目的是提升當事人的洞察，並促進當事人對自己的想法、感覺、行為，及相關議題的了解；有時也可用來挑戰當事人，處理所謂當事人的「抗拒」（林美珠、田秀蘭譯，2000）。然而，SFBT 卻不建議諮商師告訴當事人有關自己的過去經驗，尤其是個人之前的慘痛故事，或針對當事人體驗提供個人建議，因為諮商師個人故事的自我揭露難免會影響當事人，造成當事人模仿，或是讓當事人有自嘆不如的感受，如此，將會削弱當事人建立他們自己解決方法的意願與勝任感。

但是，這也並不表示SFBT諮商師不能揭露自己的看法；若當事人說話

內容中有矛盾或不一致時，為了幫助諮商師了解當事人對他們生活的知覺，此時告訴當事人諮商師當下的困惑，是重要的（De Jong & Berg, 2007）；但是，SFBT諮商師的這種自我坦露是以「澄清」的「提問」方式來詢問當事人，並仍扣著目標導向與優勢觀點在進行（許維素、鄭惠君，2006）。例如：

> 「你剛說你痛苦欲絕，但是，你又能記得照顧你的孩子，『我很困惑』，這兩件事如何能夠同時發生？『我很驚訝』，你是如何能夠兼顧的呢？」

這樣澄清式的自我坦露，將催化當事人於面對自己掙扎的同時，仍能從中看到自己的優勢力量，繼而願意往解決導向的路線前進。當然，有時當事人會十分堅持想知道諮商師的個人故事，那麼SFBT的諮商師則會先詢問當事人認為獲得這樣的資訊會有什麼幫助，然後再針對當事人的需求與目的，非常簡短、就事論事地回應當事人，並且再盡快回到SFBT的晤談軌道上（Berg & Reuss, 1998）。

再者，不少傳統的諮商派別會針對當事人不一致的言行或所謂不合理的信念進行面質（confrontation），以促使當事人面對自己想法的扭曲（林美珠、田秀蘭譯，2000）。然而，SFBT卻認為，面質的技術可能導致當事人難堪，並使當事人對自己更加否認與懷疑；甚至，有研究也發現，面質還讓當事人的問題（如酒癮）更為嚴重。由於SFBT相信當事人任何的想法在其生命脈絡中一定其來有自、有其道理，值得諮商師尊重與嘗試理解，因此，SFBT諮商師並不贊成強烈面質當事人的不一致，或以此方式處理當事人所謂的抗拒行為，反而，會選擇採用類似前述較為溫和的澄清式自我揭露，來表達諮商師所發現當事人的矛盾之處及理解其存在的主觀詮釋。最多，SFBT的諮商師會以問句進行「溫和挑戰」（gentle challenge）的態度與技巧來催化當事人產生反思，例如：

「我知道你不認為你的脾氣是一個問題，但是，當你想表達你的不滿及不同意時，你會希望你的太太聽懂的是什麼、不希望你孩子看到的是什麼？」

若當事人能回答時，便已經承認了當前的困境，並已有所反思；即使當事人沒有直接坦承自己的錯誤，但是在回答與反思的同時，常已產生「自我面質」的更佳效果。這樣的方式不但可以避免使當事人產生負向感受，亦可以避免諮商師藉自我揭露之名而滿足了自己的需求（de Shazer et al., 2007）。

往往，當一個人被迫改變時，願意改變的程度很少，但是當他是自己願意改變時，則改變的幅度將會增大（de Shazer et al., 2007）。當然，由於 SFBT 視當事人為專家，諮商師會虛心地向當事人學習如何幫助他，並時時跟隨著當事人的思維，因此，並不需要提出面質性高的問題而讓當事人害怕回答，反而所創造的正向運作氣氛，會更加引發當事人自發的自我反省與面對現實（許維素、鄭惠君，2006）。

❤ (二)重視「行動」成效體驗，不以「解釋」產生頓悟

在一般諮商中，當事人常疑惑於事件發生在他們生命中的意義；有一些諮商師會加以反映並提供一個解釋（explanation）架構給當事人思考；亦即，解釋技巧意圖「超越」當事人已經提供或承認的陳述，給予當事人一個新的定義或架構，促進當事人以新的觀點來看待自己的想法、行為、感覺及問題，而產生「頓悟」（insight）之效（林美珠、田秀蘭譯，2000）。然而，社會建構論卻認為：「在關注發生了什麼事之時，『找尋解釋』乃是一個錯誤」（Fiske, 2008）。SFBT 擔心，有時諮商師的解釋會對某些當事人產生暗示的作用，反而誤導了當事人主觀感受或意義詮釋，或取代當事人的「聲音」。因而 SFBT 非常強調諮商師需要以當事人的整體知覺為基

礎，不以諮商師的語言來詮釋當事人的故事，如此才能真正同理與理解當事人，並落實「當事人才是專家」的原則。

　　舉例而言，有些當事人認為困擾的解決需要「別人」做些改變。在一些諮商取向中，可能會認為那是一種所謂的防衛機轉，用來掩飾當事人的焦慮，因此一般諮商師會教導當事人，應在晤談過程中以自己為焦點，才會獲得良好的自我了解與治療效果（林家興、王麗文，2000）。然而，由於 SFBT 看重當事人的知覺，包括其談論別人需改變的看法，因此，SFBT 諮商師會尊重當事人期待別人改變的知覺，但不會過度解釋其是否為當事人的焦慮或防衛機轉，反而視這樣的期待為當事人目前如何看待他們生活方式的表徵。不過，若要使當事人從無力感轉而擁有賦能感，當事人的確需要「轉換其思考的焦點」──較少期待他人的改變，多加思考自己在目前困境中所欲的目標，以及能夠為問題解決做哪些努力。而轉移思考焦點的方式即是透過提問問句，直接或間接地引導當事人將焦點轉回到自己身上，此時，也將行動與改變的責任歸回於當事人（De Jong & Berg, 2007, 2012）。例如：

　　「如果我問你老闆，他會說，當他看到你有什麼不同時，他就不會或沒必要再一直指責你？」

　　再者，社會建構論還認為語言的存在乃包含著某種「活動」（如寫作、閱讀），而思想與行動本身之間很難有所區隔（如下棋時的思考以及舉棋落棋），因此當事人的描述、意義、經驗與行動之間會有交互建構與相互循環的作用。在此交互循環中，SFBT 十分重視行動的力量，認為先有行動改變了現況後，當事人的感受與想法將會隨之改變（許維素、鄭惠君，2006）。所以 SFBT 的晤談方向，在探索當事人生活中的例外資源及期待生活中有什麼樣的改變之後，會將晤談對話朝「有效行動」移動，並開始邀請當事人思考，如何以實際作為落實所希望擁有美好未來的選擇與努力。在當事人

實際行動之後，依據行動結果，當事人自然會產生諸多「頓悟」，如：原來認為的問題其實沒那麼難、原來這個目標目前無法達成、原來之前的方法不適合對方等；這些「行動後的頓悟」往往更為可貴、更為實際，也將再激發當事人修改接續的目標設定與行動設計。

亦即，SFBT 晤談除了會了解問題發生的基本狀況外，更想深究的是當事人如何達成目標的相關背景與環境的資訊，而不會積極停留於問題成因分析或尋求解釋頓悟。SFBT 堅信，當事人知覺的轉變應由他自己本身來創造，而且，頓悟並非一定要發生在行動之前。反之，一如行動研究，當事人往往在行動之後，才可能對於自己的過去與行動有更多頓悟，而且，在行動後的頓悟所促發的知覺轉變更為真實適切，也更能促使當事人產生更多的選擇空間。

是以，SFBT 看重日常生活中的具體行動成效；在配合當事人能夠接受及願意接受的前進方向與速度下，心理諮商應充分發揮與達成「改變」此一必要成分的治療效益！

❤（三）關注晤談的過程並同步於當事人的非口語訊息

在諮商過程中，為了要理解當事人的處境，需要就當事人表達的內容（content）和過程（process）來進行探索與彙整。「內容」指的是當事人的口語訊息、所說出的資料；「過程」則指當事人在表達資訊的方式、立場與態度，也就是當事人提供資訊時，同時所傳達出的個人感覺及評價（De Jong & Berg, 2007）。

諮商師可選擇對當事人表達的內容或過程的素材，來進行介入；SFBT會特別尊重當事人口語表述的「內容」，但仍會大量兼顧「過程」的訊息來進行晤談。例如，SFBT 諮商師對於當事人所言，都會展現支持了解的態度，但同時在與當事人的互動中，諮商師會觀察當事人特定的人際溝通與表達能力，併入其獨特的語言使用習慣及世界觀，再依據當事人口語及非

口語的反應，調整諮商師回應的速度與語調。所以，SFBT 講究的是「同步」（pacing）的藝術。

當事人之非口語訊息，就是「過程」類別的一個重要線索。非口語訊息含有個人獨特性及文化差異性的意義，同時也是一種自我呈現的方式。一般的諮商師除了要注意自己的非口語行為，也需要時時觀察當事人的非口語訊息，然後再選擇是否要探究其非口語訊息背後的意義（林美珠、田秀蘭譯，2000）。SFBT 也認為非口語訊息會因為當事人的脈絡、文化及個別差異，而產生不同的意義。然而，在SFBT晤談中，對於當事人非口語訊息的介入，則與一般諮商取向不盡相同；例如，SFBT 諮商不會面質當事人口語與非口語的不一致，或直接停留於非口語訊息工作。SFBT 反而會是參考並同步於當事人非口語訊號，但更看重語言的運用。諮商師會做的是，兼顧當事人表達之「內容」和「過程」的各種訊息，用之於後續問句的提出，但並不企圖面質或直接分析之（許維素、鄭惠君，2006）。亦即，SFBT 諮商師不會依賴非口語行為對當事人進行解釋，或是據此分析與探索諮商關係，反而是參酌當事人的非口語行為，確認晤談對話是否有捕捉到當事人的知覺或可能性徵兆，進而繼續修正提問問句或回應方向。這是因為SFBT 看重的是諮商師未知態度的開放式問句並努力理解當事人參照架構中的答案，希望在此晤談問與答的往返過程中，能創造出當事人改變的可能性；而當事人之非口語行為的種種訊號，將能指標性地反映出諮商師的陳述和回應是否尊重了當事人，是否看重當事人的資源性與主控性，以及是否有以當事人的參照架構在工作。

綜言之，SFBT 諮商師是於諮商互動中整體觀察與理解當事人的。若當事人所言的內容和過程的資訊互相吻合時，SFBT 諮商師會簡述和摘要內容，以確定諮商師與當事人對其處境有相同的共同理解基礎。如果當事人表達的內容和過程並不相符，SFBT 諮商師則會特別透過澄清或溫和挑戰來提出這些不一致，或者，先暫且擱下，於稍後的晤談中再提出。當然，若

諮商師覺得當事人透過非口語訊息，表現出投入晤談的意願降低，諮商師則會重新檢視晤談的目標是否為當事人所要，並再進入當事人的參照架構中，了解其目前所欲探究的真正方向。因此，對於應該如何進行下一步，諮商師會以「對當事人產生最好效益的方向」來進行選擇判斷，好讓當事人能體會到晤談正朝向一個有建設性的方向前進（De Jong & Berg, 2012）。

❤ (四) 提問後的等待

於一般助人過程中，當諮商師提出問句後，若當事人不知如何回答時，即會沉默。當事人會沉默的原因很多，其中一種可能是當事人正在沉澱、靜思、琢磨剛剛的談話內容（林美珠、田秀蘭譯，2000）。

由於SFBT的提問多為引導正向思考問句，其思路不為當事人所熟悉，常需要當事人費心思索後，才能將他們的反應訴諸言語，因此當事人在面對 SFBT 諮商師所提的問句，也易陷入思考或沉默，因此，SFBT 甚為強調諮商師應增加他們對當事人沉默的包容度。不僅如此，諮商師的沉默也是一種主要反應。當諮商師能發展出維持沉默的能力並以沉默回應，當事人反而會認為是該自己這方進行思考與回答，並且很快就會學到：諮商師不會幫他們回答問題，他們需要為尋找自己的答案而更加努力。亦即，當諮商師更能夠忍受當事人沉默時，當事人就有機會醞釀出答案，且其答案經常會讓當事人本人驚豔不已（De Jong & Berg, 2012）。

諮商師需要特別覺知到，自己說什麼或不說什麼，本身都需有治療性存在（Korman, 2011）。諮商師要學習增加對當事人沉默的忍受度；唯有接受當事人的沉默，諮商師才不至於產生焦慮，也才能給予當事人足夠的空間進行思考，以建構屬於他自己的解決之道。而此過程，也是SFBT促發當事人自我賦能的重要方式之一（De Jong & Berg, 2007）。

四 結語：問句是催化改變的重要賦能媒介

　　SFBT 是一個與當事人「對話」的取向，SFBT 問句只是帶動當事人改變的一個重要媒介。於諮商過程，非常需要諮商師參酌晤談的共同「理解基礎」來提出合宜的問句，如此，將會創造出當事人與諮商師共構的語言體系，當事人也能體會到諮商師對他的認真關懷，對於目前種種痛苦的訴說能接納理解，甚至是擁有一種被佩服欣賞的感受。這不僅能使晤談關係更為堅固，也會使當事人更願意跟隨諮商師的問句而思索回答。

　　所以，SFBT 諮商師需要置自己於「身後一步引導」的位置，一方面嘗試理解當事人，確認自己對當事人理解的正確性，另一方面還會思考著如何讓當事人於回答問句時，能夠引發如自我讚美的「自我賦能」重要效益（Corey, 2013; Macdonald, 2007）。要使當事人在諮商歷程中能經驗到自我賦能，諮商師提問問句的語調與方向需要暗示當事人擁有力量和自由的選擇空間，並展現珍惜當事人表露的態度（Lee, Sebold, & Uken, 2003）。亦即，為了賦能當事人、讓當事人負起決定責任，以及善用當事人的力量，諮商師必須有技巧地運用賦能的語言（language-empowerment），以及有力量的辭彙（lexicon of strengths）來創造改變的對話，以促使當事人釐清關於自己所欲生活的知覺，並開始採用不同的語言談論他們的生活，進而產生不同的意義（Ratner et al., 2012）。

　　為整合 SFBT 的整體晤談效益，Kim 與 Franklin（2015）彙整了 SFBT 的改變歷程如圖 7.1 所示，顯示 SFBT 透過代表問句，運作著焦點解決晤談歷程、架構、專業價值，而帶動當事人各種改變的相互循環增強，包括外在行為的改變（如強化有效方法、擴大解決選項、練習新行為等）、正向情緒的增加（如希望、幸福、愉悅），而帶動整體思想──行動功能的提升（如對新觀點與行為改變的開放接受、增加勝任感並減低負向思考與情緒）！

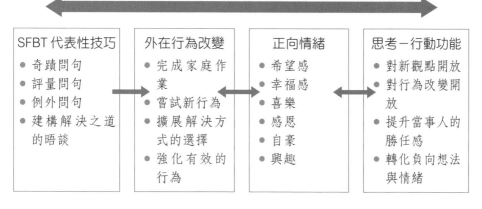

建構解決之道的歷程
- 自我決定的目標
- 對未來改變的願景
- 承諾改變
- 朝向目標的一小步
- 留心進展
- 提升維持改變的復原力

SFBT 代表性技巧	外在行為改變	正向情緒	思考─行動功能
• 奇蹟問句 • 評量問句 • 例外問句 • 建構解決之道的晤談	• 完成家庭作業 • 嘗試新行為 • 擴展解決方式的選擇 • 強化有效的行為	• 希望感 • 幸福感 • 喜樂 • 感恩 • 自豪 • 興趣	• 對新觀點開放 • 對行為改變開放 • 提升當事人的勝任感 • 轉化負向想法與情緒

圖 7.1 SFBT 改變歷程（Kim & Franklin, 2015, p. 34）

☕ 案例對話與反思活動

諮商師：妳今天來，是希望我可以怎麼幫上妳的忙？〔成果問句〕

當事人：我來的目的非常明確，我希望可以跟一個很怪異的室友處得來。

諮商師：怪異是指？〔以當事人用字問開放性問句〕

當事人：我們大一剛進來，六個人住在一間，有一個室友啊，她會動我們的東西，亂拿亂放。然後，我們在準備期末考時，

大家都會相互幫忙，她就拿我們的筆記看，但是卻說自己沒有什麼準備。還有她還會在背後挑撥離間，對我們五個人分別講另一個人的壞話。我們最近五個人才剛講開。

諮商師：這室友造成你們生活上不小的困擾。

當事人：是啊，氣死了，她真的很可惡。但大家住在一起，一定得想辦法相處得來。

諮商師：考量到現實，妳覺得必須跟她相處得來。如果可能，妳希望你們的相處可以變得如何呢？〔假設性問句〕

當事人：我們都希望她能多少有點改變啦。

諮商師：例如是什麼樣的改變？〔開放性問句〕

當事人：至少尊重我們的界線，不要再動東西、不要再傷害人。我也不敢奢求說要她懂得分享資源之類的啦。

諮商師：看來妳對她應該如何改變有一些想法了，而妳也知道要她全部馬上改變，並不是一件容易的事。

當事人：搞了一年，我們終於認清她了。

諮商師：認識一個人，也需要一些時間與嘗試。

當事人：是啊。還好我們五個人講開了。

諮商師：這很不容易？

當事人：當然不容易啊！

諮商師：那麼，你們五個人是怎麼講開的呢？〔自我讚美〕

當事人：有一天我終於受不了了，我就跟隔壁床的室友說，我聽說妳說我不關心妳，可是我很關心，妳怎麼會這麼說呢？她就說：「誰說的？我沒這樣講啊！」然後，我就說那個可惡的室友講的啊。然後，一直確認下去，我們就講開了，就發現是她搞的鬼。

諮商師：聽起來妳很能直接溝通啊，妳和室友們之間也有一定程度

的感情啊。

當事人：對啊，還好沒被她都破壞了。她真可惡。

諮商師：你們現在五個人都已經講開了，也有一定的情感。那麼，關於希望她改變這部分，你們曾經試過什麼方法嗎？〔開放性問句〕

當事人：沒有，因為我們怕我們去說開了，說服不了她，怕她反駁，她很會說話的，我們怕寢室的氣氛會變得更糟。

諮商師：其實你們有想過要跟她說，但你們也能夠設想到講開後，可能會有的挑戰。

當事人：對。我們沒有信心。她們四個說再看看好了，但是我覺得不能這樣等下去。

諮商師：怎麼說呢？妳考量的是什麼？〔開放性問句，了解當事人的知覺〕

當事人：難道我們要假裝都不知道，而且她又來動我們東西或講另一個人壞話時，難道，我們繼續裝不知道，這太奇怪，也太難受了。

諮商師：所以妳希望也認為情況應該立刻要有些改善。

當事人：當然啊，我是很想去直接跟她講開，像你講的，我是很直接溝通的人。但我室友講的也對啦，沒弄好反而更糟，弄得我也很沒有信心去講。

諮商師：那麼我可以了解一下嗎，如果以 1 到 10 分來說，在一個 10 分的量尺上，10 分是很有信心可以成功跟她溝通、說服她，1 分是信心很低，你們的分數是幾分？〔評量問句〕

當事人：我想……我們每個人的分數不會一樣啊。

諮商師：那麼你們各會是幾分？

當事人：我 5 分，他們有人 3 分吧，有一個人是 6 分。

諮商師：你們各自的理由是什麼呢？

當事人：我是覺得五個人對一個有什麼好怕的，但是有人擔心會被她暗算，事後更糟，有人則是覺得她應該沒那麼壞。

諮商師：你們的想法真的不一樣。

當事人：是啊。

諮商師：對於你們五個人的想法不一樣，妳有什麼看法或打算？

當事人：是啊，其實我今天會來，我是想說，可能我們五個人得先有一致的想法與作法，再去講，可能比較有勝算啊。

諮商師：妳沒有放棄妳的想法，但是更周全地把室友的考量納進來。

當事人：對。也可以這麼說。

諮商師：所以，如果你們能有一致的想法與作法，會有什麼幫助？〔假設問句〕

當事人：我就不會這麼煩惱，也不會掛心，不然，我怕到時候我們五個人會內訌。攘外必先安內啊。

諮商師：看來妳考量的面向不少。

當事人：是啊，我對事情可以想得很遠的。

諮商師：妳怎麼能夠想得這麼遠？〔讚美〕

當事人：沒有啦，就是本來的個性。不過，我還是覺得我們就是要針對各種狀況沙盤推演一下之類的，才安全啊……唉，我也不知道。我煩惱了好一陣子。

諮商師：嗯。煩惱好一陣子了，那這一陣子妳都是怎麼幫助自己度過的？〔因應問句〕

當事人：哈哈，也沒什麼啦，就是煩惱一下，然後跑去打球，或者跟一兩個國中同學談過。

諮商師：妳一直有行動力。這些朋友給了妳什麼意見嗎？〔關係問句〕

當事人：他們說，怕什麼，哈。還是說要跟大家直接講開啦。我也是這樣想啦。

諮商師：我看你們五個室友的感情不錯。如果妳能跟妳的室友說了妳這麼多的考量或煩惱，妳想她們可能會有什麼反應？〔假設問句結合關係問句〕

當事人：嗯……嗯……，她們應該會安慰我吧。

諮商師：安慰，怎麼說？〔開放性問句〕

當事人：就是說別那麼擔心，大家可以一起想辦法啊。

諮商師：嗯哼。當妳聽到她們這樣講時，妳會有什麼反應？

當事人：開心吧，不過，我不知道怎麼跟她們直接討論如何處理那可惡室友的問題。

諮商師：我不太了解，妳覺得困難的地方是……？

當事人：除了室友講的以外，我還想到的是，我不是一個想要去故意傷害別人的人，我擔心其他寢室的人萬一知道了，會覺得我這樣做好像在聯合別人對付她。

諮商師：妳還考量到妳不希望處理的方法是違反妳自己的原則，也不希望落人口實。妳的考量真的很周密。

當事人：還好啦。想太多了一點。

諮商師：或者，我換個方式說，如果妳四位室友知道妳考量的是：大家能有一致的想法、增加勝算、至少不要起內訌，再沙盤推演各種可能結果與應對，目的是要她有些改變，至少不要動你們東西、傷害人，而不是要故意傷害她，也不想落人口實，妳想她們會有什麼看法？〔假設問句結合關係問句〕

當事人：嗯……嗯……我想想……她們可能比較容易開始討論。

諮商師：怎麼說呢？〔開放式問句〕

當事人：因為這些理由對我那四位室友是具有說服力的，哈哈。這樣我比較知道怎麼跟她們講了，我考量太多打結了，說話會不清楚。我得列點下來一個個講，這個我會。

諮商師：那這樣的說法對妳來說是妳可以接受的嗎？〔開放式問句〕

當事人：如果我自己能把握方向在於改變她，不是惡言攻擊，不是失控，我就會安心。

諮商師：還有？

當事人：但是，這個我需要室友幫我，提醒我。

諮商師：那妳希望室友用什麼樣的方式幫助妳、提醒妳？例如誰曾經用過的方式是妳接受的、對妳有用的？〔例外問句〕

......

諮商師的自我反思

1. 對於諮商中的發問技巧，我使用的頻率為何？

2. 對於應用 SFBT 各種代表性問句，我的掌握程度為何？

3. 對於使用 SFBT 各種代表性問句時，諮商師的未知態度以及非以面質與解釋為意圖等理念，我的理解與接受程度為何？

4. 於上述的案例中，對於諮商師使用問句的時機或選擇，我的觀察是什麼？

5. 對於上述的案例對話逐字過程，我還可以改為採用什麼不同的 SFBT 回應方式或問句？

8 正向開場的誠摯邀請

　　一些諮商取向常於開始晤談時有所謂的評估階段，包括當事人是否適合接受諮商，及其問題的相關歷史背景等。有時是諮商師所屬機構需要收集這些相關資訊，但是，SFBT 這個取向本身並不特別強調所謂治療前的評估階段，因為並沒有實證研究能證明當事人來談時的狀態、背景與問題的收集會與晤談成效相關。SFBT 還認為，當事人目前的狀況是其盡力達到的境界，而諮商師的職責則是在諮商歷程中尋找並完成滿足當事人來談期待的合適目標與方法，因此，對 SFBT 諮商師而言，每一次的晤談都是一場實驗的歷程，諮商師需要在心中持續自我詢問：「我可以成為一位好諮商師——能夠找到可以幫助當事人，及適合的有效方法，使他的生活能有所改變嗎？或者，能夠讓當事人產生某種變化，進而可以帶出更多的改變？」亦即，在催化晤談能朝向「可能性」的方向前進的同時，諮商師一直在辨認的是：當事人參與在晤談中嗎？所談的內容是有幫助的嗎？然後在 SFBT「有效就繼續做」、「無效就改變」的原則下，專注傾聽當事人的回答的同時，又不斷動態調整晤談的方向、速度與內容，而使晤談能同步於當事人，又能位於當事人的立場，並且導入可能性的改變（Ratner et al., 2012）。

　　SFBT 初次晤談的開場，會有一些簡單的社交談話（small talk），例如聊一下當事人從何處來、目前生活概況等基本資料，或嘗試多認識當事人的嗜好與專長，企圖在這些日常的事件中，可以直接接觸到當事人這個

「人」，並嘗試表達任何合宜的欣賞，以營建一個輕鬆自在、正向的氛圍。同時，如同一般的諮商歷程，除了基本的場面構成（如保密、時間及請假規定等），SFBT 的諮商師會特別專注傾聽與接納當事人自發敘說對他個人有意義的、重要的、深入的背景故事，也會協助當事人釐清個人與問題互動的脈絡（如發生的過程、頻率）及其對問題的主觀詮釋（如對事件的感受想法、如何發生、有何影響、何以有困難）。不過，在此同時，不同於其他諮商派別的是，SFBT 諮商師除了會持續自然同理當事人不同程度的負向情緒，但是，也會透過一些關於優勢與目標導向的引導，讓當事人的情緒產生初步的轉化，開始面對困境或萌生新觀點，甚至能夠肯定自己自發應對困境的能力與方式；尤其，SFBT 諮商師還會著手於聚焦當事人在意及所欲改變之處，並協助當事人逐步在考量現實條件下，更能為改變做預備（許維素，2014）。

SFBT 的晤談開場包含了一般諮商談話場面構成及其獨特側重的重點，並且在諮商師持續展現全然理解與接納的未知態度下，漸進與當事人建構共同理解基礎與合作諮商關係，並催化晤談能夠開始朝向形塑與達成諮商目標的方向邁進（許維素，2009a，2009b，2013，2014）。SFBT 開場階段有以下幾點重要具體步驟與原則。

 ## 以「我可以幫什麼忙？」作為起點

為了發展目標導向及解決式談話的氛圍，在晤談一開場時，SFBT 諮商師常以成果問句作為起點：

「你希望諮商如何能幫上忙？」

「你希望諮商師如何能對你有幫助？」

「你對諮商的最大期待（best hope）是什麼？」

「如果來接受諮商可以有用，你希望能有什麼改變？」

「你希望生活中能有哪些小小的改變？」

「你認為晤談可以帶來什麼不同？」

「當你覺得不需要再來諮商時，你希望那時你的生活是什麼樣子？」

「你希望能擁有的是什麼？」

「你現在擁有的哪些人事物，是你希望能繼續擁有的？」

　　以成果問句作為開場時，首先邀請當事人思考的是「結果」（outcome）而非問題；在當事人描述遠景的過程，因視覺化美好的未來，而激發與提高當事人改善的動力。以成果導向開啟晤談，相當凸顯 SFBT 的「向前行」（toward）特色，也會置諮商師於一個未知好奇、開放不預設的立場，尊重且專心傾聽出，當事人在現今困境的遭遇與痛苦中，「他本人」希望透過諮商獲得的協助為何；而不是由諮商師從當事人「想要的改變」中，以專家的知識詮釋與設定他「應該需要有何調整」（De Jong & Berg, 2012; Ratner et al., 2012）。亦即，成果問句展現了諮商師一種開放的態度，表示諮商師願意從當事人想要討論的話題開始，顯現當事人擁有決定諮商內容與方向的權力，如此，將會提高當事人更主動投入於諮商過程的可能。若當事人能夠從他想要的目標開始談起並確認出此刻的目標何在時，常使當事人會最具有關注力與改變動能，諮商工作的成效自然事半功倍（許維素，2014；Ratner et al., 2012）。

　　成果問句也常會輕微地挑戰當事人，尤其對身陷問題化思考的當事人，激勵他們能夠「開始」思考前來諮商的目的與可能性。這成果問句的方向也傳達了一些訊息：對自己的未來，當事人是可以有一些掌握的，即使目前這掌握感看起來很微小；對於改變，諮商師只是輔助的角色，當事人需要為自己的生命負責，因其是他個人生命的專家、解決問題的負責者。這樣的訊息傳遞，容易催化當事人負起主控思考之責，也會促使當事人較願

意為問題解決負起行動責任。當然，詢問當事人，諮商或諮商師如何能幫上忙，有時會讓當事人落實地思考：諮商或諮商師究竟能幫上什麼忙？是否其困難真的是諮商或諮商師此一角色所能幫上忙的？而此，將十分有助於檢核與建立對諮商的合理期待，也可有具體指標的評估自己目標的達成度與里程碑（許維素，2014；Ratner et al., 2012）。

在當事人回答成果問句之後，諮商師會針對當事人所用的關鍵字加以凸顯及具象化，以探討與確認當事人每次晤談的目標。對於當事人一開始任何的表述，SFBT諮商師的工作重點，仍然是特別注意當事人的知覺及其用於描述問題的方式與字句，並嘗試詢問與了解：

- 什麼事物或什麼人對當事人來說是重要的？
- 當事人會想看到的改變為何？
- 當事人看到第一個改變的徵兆可能會是什麼？

再次強調，由於SFBT認為需要在當事人思考邏輯與價值運作的參照架構內工作，盡可能理解與尊重當事人所使用的語言，並採取真誠好奇的姿態來詢問、傾聽，以及確認當事人的主觀觀點，所以，從一開場，SFBT諮商師便會傾聽當事人「這個專家」的觀點，不預設自己已然了解當事人的目標與資源，或不要自陷危險的假設自己已經知道當事人的特定觀點或設定某經驗對當事人的意義，而是抱持著「未知之姿」（De Jong & Berg, 2007; Fiske, 2008）。

以「問題如何影響你？」了解當事人如何與問題互動

有些當事人前來尋求解決問題時，會主動訴說他們的問題或滔滔不絕地抱怨所處的困境。由於當事人的思維是流動的，SFBT諮商師會先使用開

放式的問句或沒有預設立場地回應往返澄清、確認理解了當事人所描述的內容。在此傾訴與理解的過程，當事人也會有機會反思自身的觀點與情況，並會探索、回應、再思考，以及努力地將他們的想法置入於文字中，而使諮商師及自己都更能了解目前問題對本身的影響與意義，以及自己與問題的互動情況。

換言之，於SFBT晤談中，一開始，諮商師仍需要了解當事人來談議題的概況，所以，在理解支持的態度下，簡易的詢問諮商師認為必要的一些問題：

- 發生什麼事情？情況大致為何？
- 何時開始？持續多久？出現的頻率有多少？
- 問題嚴重程度如何？安全性為何？
- 有何變化歷程？何時較好？何時較差？
- 曾做了什麼處理？效果如何？
- 周圍的人有誰注意到？特別在乎的是什麼？
- 誰說或做了什麼？影響為何？
- 這事情的影響是什麼？正面或負面？
- 何以這會是一個問題？何以是個困難？
- 周圍的人同意這是一個問題否？

有時當事人在描述來談議題或回答諮商師的其他問題時，或許就已經說明了一些背景資料；重複提問當事人已經講過的背景資料，有時會讓當事人對諮商師的專注傾聽能力大打折扣。仔細傾聽的諮商師可以選擇必要且重要的向度，再邀請當事人確認或回答其他相關背景資料：

「你說到，這樣的想法好像會特別明顯的出現在你的腦袋裡，也已經持續一段時間了。可以告訴我，這樣的情況有多久了？」

「看到孩子割腕的行為，一般父母都會很難受，而你的感覺是什麼？或特別難受的地方是什麼？」

「對於太太想用自己的生命來抗議，你認為是什麼原因？你的解釋是什麼？」

「現在這一切讓你感到低落失望的程度為何？」

「近來，你感到自己已經到達身心極限的程度，這樣的感受有多麼的頻繁？」

「你曾經如何處理此事？在此刻，你覺得你還可以怎麼應付這件事？」

在諮商師與當事人開始互動並逐步理解困境的過程中，因著SFBT的技巧介入，常會開始出現一些輕微扭轉當事人想法的因子（De Jong & Berg, 2007）。亦即，在問題描述階段，除了獲得事情發生多久、頻率次數、程度、人事時地物的細節等背景資料外，諮商師還會開始初步了解當事人的主觀解釋以及想改變之處等參照架構，並同時引發其對目標與資源的覺知（De Jong & Berg, 2012; Hansen, 2005），例如：

「你怎麼得知這是一個問題？」

「你怎麼判斷這是一個需要現在改變的情況？」

「你認為你的生命何以在此刻出現困擾？」

「對你來說，控制自己的情緒何以會是個困難？」

「歷經地震如何改變你的人際關係（或生活的環境、你對未來的選擇）？」

「這些改變帶來的影響是什麼？」

「這些改變帶來的學習是什麼？」

「你沒有因為此危機事件而改變的是什麼？」

「歷經了這個傷痛的事件，你仍然保有的是什麼？」

「何以能保有著？」

「你怎麼能有這些分析？這很難得的。」

「你的這些看法與解析，可以如何幫上忙？」

之後，SFBT 諮商師可能會採用以下三類大方向的開放性問句，邀請當事人繼續建構其主觀意義（De Jong & Berg, 2012）：

1. 詢問當事人過去做了些什麼，或者，考慮未來做些什麼，會是有效用、有幫助的。

2. 尋求當事人對「未來可能性」之詮釋意義，例如：「如果有一個奇蹟發生，你希望可以讓你的生命有些什麼不同？」

3. 詢問互動的意義，例如：「你認為如果這樣做，會讓你和家人之間，產生些什麼變化？」

透過這些未知態度的問句，希望能引導當事人說出晤談後的願景，或包含著認知、行動與情緒的未來改變，而此也正是 Korman（2011）所強調在晤談開場後，需先與當事人建立符合倫理、可實現的「晤談大方向」。在建立晤談大方向時，當事人便已開始建構著未來可能行動的意義與預備，而此更易催化當事人找到真正符合其價值的解決之道（De Jong & Berg, 2007）。

當然，有時當事人會詢問諮商師要如何說明自己的狀況，諮商師可以回應：「你覺得如何訴說你的故事，會更有助於我來幫助你？」或者，諮商師可以引導當事人思考：在晤談有限的時間內，如何表述自己的故事，才會對自己、對諮商師最有幫助。如此將使訴說問題成為一個「自助」與「自我決定」的歷程。

此外，在晤談後段、欲暫停給予回饋前，諮商師還可詢問當事人：「在結束晤談前，還有什麼要讓我知道的？」「有什麼是你認為讓我知道是很重要的？」這樣的確認將給予當事人一個補充說明的機會，而使諮商師更為知

道當事人看重的資訊。在此時，當事人對問題的描述內容，往往會更簡明扼要些（Korman, 2011）。

 欣賞信任地詢問：「你嘗試了什麼方法？」

一旦當事人能完整表達自己，且諮商師有機會展現理解與關心後，諮商師會開始詢問當事人：曾經使用過什麼方法來處理所提及的困境。

通常，當事人來晤談之前已經嘗試過一些方法了，當中或多或少有一些成功經驗，即使不太持續或顯著。因此，詢問當事人到目前為止對其問題已做的嘗試，將可讓當事人體會到他不是只處於「挨打」的狀態，也是有主動出擊的時候，甚至會因此聯想到一些有效的資源。例如：

「對於目前這個你很關心的情況，你曾經試過什麼方法？」

「你做了哪些事來因應目前這個情況？」

「為了不讓情況變得更糟，你採取了哪些行動？」

「你曾經做了哪些努力，讓你自己可以有些穩住，甚至可以有些不同？」

「你曾經跟誰討論過這個問題？」

「你獲得了什麼幫助？」

「我們都知道結束生命會是你最不得已的最後一個選擇；但是，我想知道，之前你曾經試過哪些方法來穩住自己，或是曾經稍微能抒解心情的？」

詢問「對此問題你曾試了什麼方法」的問句，乃傳遞了當事人有能力勝任處理問題、有意願促使好事情發生，或擁有一些資源的來源。有些當事人會因為說出嘗試處理的方式而開心，但通常當事人會感慨於這些方法並沒有把問題或危機「立即」「全面」解決掉。不過，透過諮商師訝異地

表現出佩服當事人已經為自己、為情境所做的嘗試與努力時，即使沒有立即成功的經驗，亦能在開場的問題描述階段中，開始製造有關當事人力量與優勢的話題，進而增加了開啟解決式談話的可能性（De Jong & Berg, 2007），例如：

「你怎麼能夠想到要用這樣的方法去嘗試呢？」

「有沒有為自己所做的感到驚訝？」

「是什麼讓你願意為家人去做這些嘗試的，即使在這麼有壓力的情況下？」

「你的家人會如何感謝你的不放棄？」

「從你的這些嘗試中，其實看到你對家人有很多的了解。你是怎麼能對他們有這些了解的呢？」

除了讚美當事人擁有的優勢之外，更重要的是，諮商師可以與當事人善用這些優勢，並將執行行動的結果作為重要參考，以便再修正設計未來可能有效的策略；諮商師可於合適的時機詢問：

「在這麼多方法中，哪一個方法效果是比較好一些的？」

「何以能夠產生那一點點的效果呢？」

「還需要發生什麼，這效果就可以再增加一些？」

「之前你覺得直接用罵他們的方式效果不好。根據你對家人的這些了解以及過去相處經驗，你覺得他們可能比較會接受的方式是什麼？」

「從你嘗試的方法中，你也看到你先生罵孩子背後的關心，這份關心，你覺得可能具有什麼樣的重要性？」

「如果他能知道你看到了他的用心，他會有什麼不同？」

如果當事人一直訴苦於所努力的一切都沒有作用時，諮商師則可嘗試協助當事人意識到自己所做努力的貢獻之處，例如：

「如果你沒有去嘗試這些方法，現在情況又會有什麼不同？」

「即使至今沒有太大的改變，但誰會感謝你曾經試著處理這個難題？他會感謝的是什麼？」

所以，當諮商師採取「未知」的姿態時，將可從當事人的表述中窺知這些小小的、可貴的經驗，以及以往促使他們產生微小成功的力量與方法，而可將其運用於接續的談話中。但是，須特別注意的是，這裡所謂的成功或資源，並非是把所有問題「全部」解決的方法，而是指當事人在來晤談前已經擁有的「小小的努力、嘗試、意圖、用心，或一點點有效之處及方法」。這些微小的成功或資源是已經存在的，值得當事人有所覺知，並持續保有或多做一些。對於這些微小成功或資源，諮商師或可進一步深究其要素所在，進而用來擴大協助當事人建構解決之道。

四 以「你希望有些什麼改變？」來開啟目標形塑的對話

在晤談過程剛開始的目標形成階段，SFBT 諮商師必須秉持著一種思維：當事人會特地來到這裡與諮商師晤談，他心中認為自己目前的生活需要有什麼改變呢？因此，「你希望有些什麼改變？」的這類問句，將會大大幫助當事人「有機會表達」或「開始去想」所渴望的目標及其達成方法，而逐步開啟「形塑目標」（goal formulation）的對話（De Jong & Berg, 2007），例如：

「對於工作上這麼多挑戰的情況，你最希望可以有什麼轉變？」

「你很生氣他們這樣對待你，所以你希望他們不要再這樣繼續下去了。那麼，你想要他們改用什麼樣的態度來對待你呢？」

「你說你什麼都不在乎了，這讓你覺得沒有意義。所以，你會希望

自己可以擁有能夠在乎、覺得有意義的人事物嗎？那是指什麼？」

1989 年 Berg 曾強調，若要幫助一個人改變，需要先獲得他的注意力，而要獲得當事人的注意力，則需要能捕捉到對當事人而言是相當重要的、在意的、有意義的、真實存在的人事物，並善加運用推動之；這對處於危機中想自殺的當事人更是如此（引自 Fiske, 2008）。

常見當事人的問題描述會混雜了「問題的原由」以及「問題與當事人如何相互影響」的內容，而有多重的軸線。SFBT 諮商師會在認可接納當事人多樣問題的複雜度與難度之同時，仍會直接地詢問與確認：

「在你的生活中，你希望第一個需要改變的是哪一個？」
「這些事件中，你認為最重要且最需要先發生改變的是哪一樣？」
「對你來說，孩子的功課和先生的憤怒，先處理哪一個比較重要？」

如果當事人回答：「幾乎都是」，諮商師則會接著提問：

「哪一個問題先改變，會有助於其他問題的解決？」
「哪一個環節先解決了，其他部分會比較容易接著處理？」

這類的問句反映著各項系統相互影響的系統觀，並仍秉持著尊重當事人的觀點及由他決定何謂合適的處理流程，而逐步協助當事人釐清可以著手處理之處：值得優先改變的目標，特別是找到能帶來後續正向連鎖效應者。

若當事人可以回應出他想要的目標是什麼時，諮商師便可使用假設問句繼續追問；倘若當事人能夠回答這些假設問句，晤談便開始朝解決式的談話邁進，此時，也容易與當事人形成本次晤談的「共同大方向」（Korman, 2011）：

「如果你的問題解決了，那將會是怎樣的情況？你會與現在有何不

同？」

「那時你會做些什麼不同的事情？這樣做又會帶來什麼變化？」

「別人如何能得知情況已經好轉？誰會先察覺你的改變？接下來又是誰？」

「還有什麼其他的事會改觀？」

「還有呢？」

亦即，諮商師對於當事人回答成果問句的答案，會再積極邀請他們以動態情境描述之，而使這些想要的改變是「可以在當事人生活中出現的變化」。SFBT 相信當事人想要達成的目標常有其特別重要的好理由，常需要透過與諮商師對話，才能逐漸釐清晤談可以共同努力的方向，當然其必是符合諮商師合法的角色設定（Korman, 2011; Ratner et al., 2012）。

明顯可知，SFBT 堅持的一個信念是：當事人所遭遇的困境或危機的嚴重性，並「無法」成為預測當事人能否開始建構目標的指標，即使當事人的情況甚為嚴重，也並不表示他們失去了建立目標的意願與能力，因此 SFBT 的諮商師「不會」以來談事件的嚴重性及當事人出現的症狀為主，來進行對當事人的診斷與假設。不過，從當事人回答目標的過程中，對處於危機中的當事人，諮商師仍然需要「評估」（assessment）其本身安全性，並設法運用「目前既有」的資源與支持來立即建立安全網；或者，諮商師會嘗試確定「此時此刻」當事人最在意的目標，以提高生存意志，並同時評估當事人是否有能力去執行目標形成的運作。當然，先與當事人討論如何增加「目前」「一定能夠馬上」執行的因應策略，常是對危機當事人優先考量的選擇（De Jong & Berg, 2007）。

五 持續合作的邀請

　　由於每位當事人來到諮商室時的個人狀態不盡相同，對諮商也持有不一樣的態度，但是SFBT諮商師並不會對當事人的狀況進行分類與標籤，因為分類與標籤常會造成不適切的認識與期待。反而，SFBT的諮商師會特別關注當事人剛到諮商室的狀態及其脈絡（包括何以現在會決定前來、由誰安排與決定諮商等），抱持著一貫的理解接納及尋找可能性的開放態度，以找到合適的方式，成功地邀請當事人與之合作、投入於諮商晤談，而使諮商能真正幫助到當事人。亦即，於晤談一開始，SFBT諮商師會觀察與思考的是自己和當事人之間所建立的諮商互動關係或共同理解基礎為何，而能貼近當事人的狀態來與之互動，如此，諮商師不會因為對當事人錯誤或不合理的期待，產生失望，也才能對當事人穩穩展開賦能化的協助（De Jong & Berg, 2012）。

　　針對當事人來晤談時與諮商師之間的互動狀態，De Jong與Berg（2012）提出常見的三種情況，也提出可以嘗試邀請當事人合作的一些方法。

　　第一種，於晤談一開始，當事人便對晤談有著明確的需求，可以和諮商師一起很快地界定出所在意的議題，或迅速發展出希望的未來圖像。對於解決之道的建構與執行，當事人認為自己是有責任、是可以有所貢獻的。通常，這樣的情境發生在當事人自願前來尋求服務。對處在這樣情境的當事人，建立合作關係多可十分順利；但是，諮商師需要提醒自己，記得配合上目前當事人願意解決問題的高度動力，而非以所學各種特定階段理論來思考所謂當事人該深入的課題，而拉慢了當事人的前進。

　　第二種則是當事人與諮商師雖然可以一起界定出在意或困擾之處，但是卻無法確認當事人在建構解決之道中所需扮演的角色。亦即，晤談對話顯示出，當事人可以在細節上描述困擾，也能說明解決之道的重要性，但

是，當事人並沒有體認到自己是構想與執行解決方案的一個環節；或者，只是想要來此傾訴一番，甚至認為，若要解決困擾，乃需要他人（配偶、小孩、僱員、朋友或同事）先行改變，而期待諮商師能去「修理」（fix）某人，是另一個常見的期許。

對於這樣的當事人，「強烈面質」當事人目前的知覺並非是最好的選擇，因為這容易使目前處於此情境的當事人更快離開諮商室。SFBT 諮商師會試著尊重當事人的觀點，並同時將晤談焦點從那些令當事人困擾的人物，轉回當事人自身，並且就他在意的突破方向，回到他目前願意嘗試努力之處，以便能將晤談置於有助當事人產生正向改變的話題上。亦即，透過 SFBT 問句，特別是例外問句，可邀請當事人從問題式談話轉移到解決式談話，例如：

「你很希望孩子能乖乖自動自發讀書。孩子何時會自動讀書呢？」
「你曾經做了什麼幫助他養成自動讀書的好習慣？」
「當他不自動讀書時，你曾經做過什麼處理，會比較能讓他願意再次自動讀書？」

若當事人仍不願意接受邀請，諮商師可以定期詢問下列問題，而引發當事人負起觀察生活的角色，並開始思考與運用生活中可能的資源：

「我們有多少機會可以發現解決之道；以 0 代表沒有機會，10 代表非常有機會，在 0 到 10 之間，你覺得現在會是幾分？」
「你希望我可以如何幫你，才會對你是有幫助的呢？」

如果當事人一直淹沒在其困擾裡，諮商師則可轉向「因應問句」：

「在這麼長的時間面對婆婆的挑剔，妳是怎麼熬過來的？」
「你是怎麼支持自己走了這麼艱難的一段路？」

　　第三種，當事人一開始晤談時便表示他們沒有興趣和諮商師一起工作，對於諮商師是暫時處於不信任的位置。通常，被機構（如法院、社工機構、學校或父母）強迫來接受諮商的當事人較傾向會有這樣的開場。對一些新手諮商師來說，屬於較具挑戰性的情境。

　　對於目前無意於使用晤談服務的當事人，SFBT 諮商師仍然採取著未知的姿態以及身後一步引導的方式，來與當事人工作。其持續抱持一貫的態度為：

- 任何當事人對自身及對所在環境的知覺，在當事人的參照架構之下，都是有其道理的。
- 相信當事人是有能力精確地覺知周遭的一切，並且對他們的知覺進行有意義的陳述。
- 信任當事人是有勝任能力的，即使他們所告知的觀察是一下子令人難以置信的資訊。

　　SFBT 諮商師目前的工作，即是對當事人尚未讓諮商師理解的所知覺之處，尊重地提出問句，好讓當事人有機會向諮商師負責任地解說他個人的知覺；其中，當事人對他們本身和外在環境的知覺或理解，以及當事人對於他們想要什麼目標的知覺，是最為重要的。例如，針對當事人說：「我書讀得少一點的話，在學校的表現會比較好。」諮商師則可回應：

　　「當你書讀得比較少時，發生了什麼事，而讓你知道你的表現是比較好呢？」
　　「書讀得比較少，是如何幫助你的呢？」

　　如果當事人想要的目標，明顯不利於他們時，諮商師仍以一致的態度，納入當事人的語言來回應：

「你的生活中發生了什麼而告訴你，『繼續賭博』對你是有好處的？」

「是什麼告訴你，『為孩子出面動手打對方』，對你的家庭會是有幫助的？」

或許也可以藉由關係問句的詢問，激發當事人再次思考什麼是他真正想要的：

「假設我問你的妻子，如果你繼續喝酒，對你的家庭會有什麼好處，你認為她會怎麼回答？」「你的小孩又會如何回答？」

「當你太太知道若你真的立刻去辭職時，她會有什麼反應？」「她可能會做什麼？」「這對你又會有什麼影響？」

「如果你不來上學了，你的好朋友會有多想你？」「他們會有多擔心你？」

當然，諮商師也可以從改變會對他人產生的正面影響，來提醒、鼓勵當事人：

「如果你決定不休學了，誰會最開心？」「他何以會最開心呢？」「他的開心對你來說重要嗎？」

「如果你決定不辭職了，你的同事會有多開心？」「他們的開心對你又有何影響？」

由於這些重要他人是當事人所看重的，連帶他們的意見與反應，也會是當事人重視的；與重要他人之間可以產生的正面連鎖改變，也常會是當事人所期待的，因而關係問句較易拓展當事人的思考範圍，讓可能性的思維開始進入，並打動當事人本來執著的心。有趣的是，當這些意見是從當事人透過重要他人立場說出時，效果往往最好；而這些意見若是諮商師直

接提出來的話，反倒會使當事人認為是諮商師在「找麻煩」。

注意到當事人是如何進入這個諮商服務系統亦是很重要的事，因為這對當事人會如何看待問題，以及認為什麼事或人需要改變，乃扮演了一個很重要的角色。被周遭的人要求來見諮商師的當事人，時常會伴隨著某種被給予的命令，並要求他們完成特定事項，如停止賭博或喝酒、找到工作、當個好太太、去上學等。有些當事人會覺得，他們沒有被給予空間來選擇目標的內容或達成目標的方法，並視這些命令是沒有理由的懲罰、不公平的，或是某人試圖找碴的證據，所以，對於被迫來談的反應自然是：抗戰、抗拒以及產生想要破壞其他人企圖控制的舉動。而由於這些反應是 SFBT 諮商師可想而知的，在理解有其道理之下，自然展現關懷接納的常態化態度。當然，若當事人有機會先談被轉介歷程的不悅，而非自身錯誤，是較為容易展開對話的；而此方式也是面對當事人回答不知為何來談的好嘗試。

在此同時，轉介者的目標，尤其是具有法律效益的規定，往往具有不得不服從的強制性，因而談論轉介者目標以及如何幫助當事人開始面對之（如討論「需要變成什麼樣子，就可以再次獲得自由的權利」），會使諮商師的角色功能更被當事人所悅納。例如：

「那麼，是什麼想法讓你的母親要你來這裡與我談話？」

「她認為這是對你有用還是對她有用呢？」

「你被送來這裡是因為他希望你能有什麼不同呢？」

「他對你的關心，對你來說重要嗎？」

「對你來說，他的關心是重要的，那麼，他需要看到什麼才會安心？」

「他會覺得，如果發生了什麼事，會對你是有幫助的？」

「若發生了什麼，他就會真的相信你已經有所改變了？」

「你要如何可以離開這裡、不用再來？」

「如果你至少有什麼改變時，送你來的人就會同意你不用再來？」

「你必須有些什麼改變，就可相信自己不用再來了？」

雖然當事人與諮商師都需要理解強制轉介者的目標，不過，諮商師需特別注意：千萬不要太受到轉介者的期待而變得躁進，或者處於一直要當事人遵照轉介者目標的立場，因為這很容易讓當事人更堅信諮商師是轉介者的盟友，或為「官方派來的間諜」。諮商師需要站穩「中立」的位置，並從當事人憤怒或不合作的表達中，同理地傾聽到當事人「一點點的同意之處」，如：當事人今日會出席的考量，或當事人自身表示願意先談的方向，都會是一個好的開始（許維素，2009a，2009b，2014）。

「你同意老闆要你來晤談的理由嗎？」「怎麼說呢？」

「在法院要你改變的項目中，哪些你也覺得如果有改變了，對你、對孩子是比較好的？」

當然，諮商師也可以直接提出相關機構或轉介者的結案標準（如照顧好孩子的生活、生命安全，不再鼓譟同學鬧老師等），而讓當事人在了解後容易提高願意合作的程度，也促進當事人的現實感。當然，此時諮商師要記得，其所提出的標準需是正向、所欲的、可具體評量以及當事人做得到的結案標準，而且若能從這些結案標準中找到當事人同意之處開始推進，將易激發當事人自身願意改變的動力；而諮商師當然一本誠懇的態度，持續表示願意協助當事人如何預備自己、改變自己到可以達成結案的標準。所以，當事人的目標與機構轉介的目標是可以同時共構（twin-tracking）或找到共同交集點來開展的，而此也會是一個突破晤談僵局的介入選擇（Berg & Steiner, 2003; Ratner et al., 2012）。

結語：晤談開場是輕敲解決式談話的大門

晤談一開場便詢問當事人：「今日來想要有何不同？」「最想先改變什麼」等的問句，即是 SFBT 與其他諮商派別的差異之一。SFBT 不會沉溺於問題導向的談話，即使對處於危機或高度困擾的當事人來說，問題導向的談話不見得一定會帶來情緒抒發的效果，反而有可能會讓當事人整個陷入憂慮的思維中或覺得被該事件淹沒了。實際上，詢問當事人「在目前如此痛苦的情況下，希望此刻能有的一點小改變為何（即使是很小很小的改變）」之目標導向問句，一如詢問當事人「你希望我如何可以對你有所幫助？」的問句一樣，皆同時傳遞著當事人對自己的未來仍可擁有一些掌控力的重要訊息；這對一個處於困境或危機中的當事人來說，是非常重要的，也往往是他們立即需要獲得的穩定力量。

明顯可知，對於所有的當事人，特別是看似抗拒或無意改變的當事人，於開始晤談的工作，SFBT 最重要的共同指導方針是：

- 相信當事人目前的狀態與諮商師的關係會隨時改變；若當事人找到自己目前想要先行突破的目標以及看到自身擁有的資源時，也將會漸進地投入於諮商合作之中。
- 假定當事人有一個重要或好的理由會做特定的思考和行動。
- 使用未知態度的問句；存在於未知態度的問句的暗示性是：諮商師有意願接納對方對於這個問句的觀點。
- 記得問當事人，就他的知覺，什麼是他最關注的焦點，或什麼是他最想要的，並接納當事人的回答。
- 保留諮商師的評斷；對當事人知覺背後的謹慎與自我保護，表示接納與理解。
- 傾聽和回應當事人所使用的語言，而不是試圖以諮商師的說話方式

去修改當事人的語句。

綜言之,於開場階段,在理解、支持、同理當事人各種主觀知覺與反應的同時,嘗試使用資源導向及目標形塑的未知態度問句,將能協助當事人開始知覺與形成生命的各種可能性,並能提高當事人的自信與情緒穩定度,而願意採取行動改善問題。由於SFBT信任當事人擁有知道自己想要什麼的能力與動力,也具有可應對困境的韌性與優勢力量,因而面對來談的當事人,諮商師並不會自動跳躍到理論上認為應該如何推進當事人改變的方式與方向,也不會一味引導當事人建構諮商師自行設定的主要目標,反而會很「同步」地跟隨當事人「目前」的狀態,探問當事人「此刻」心中的願望而尊重之。SFBT期待透過盼望及行動的元素,以及逐步建構解決之道的歷程,讓當事人逐漸重拾對生命合理的掌控感與希望感(許維素,2009a,2009b,2013,2014)。

案例對話與反思活動

諮商師:今天來到這裡,如果諮商能讓你有所收穫,你最大的期待會是什麼?

當事人:我覺得我很心煩啊,睡眠也不太好啊。

諮商師:所以你希望你的心煩與睡眠能有所改善。

當事人:是啊,老睡不好,人也煩躁。

諮商師:老睡不好、人煩躁是指什麼樣的情況?可以再多說一點嗎?

當事人:就是我工作回來,然後該睡了,也睡不著,就一直在床上翻來翻去。睡著了好像也沒睡好。

諮商師:一般人沒睡或沒睡好都會被影響。對你來說,特別會影響你的地方是什麼?

當事人：我沒睡飽，隔天遇到工作的事情會特別心煩，然後容易發脾氣，亂罵我的祕書。我覺得很不應該。

諮商師：所以，你不希望目前睡眠的情況繼續，也希望自己在工作上的情況能夠改善。

當事人：是啊，我是總經理啊，這麼沒風度。而且，我也開始擔心我的身體會不會不好。我想睡眠改善後，心情啊，工作啊，應該就會順利些。

諮商師：你對自己的工作、身體、心情有很多的觀察與思考，好像也已經知道這跟睡眠的改善很有關係。那麼，你注意到自己沒有睡好有多久了呢？

當事人：嗯，已經有三個月了。最近這三個月比較嚴重。

諮商師：你其實很能關注到自己身心的變化，很敏銳的。

當事人：是啊，我很想保持好狀態。

諮商師：那麼對於你睡眠的情況，你曾經嘗試過哪些方法呢？

當事人：當然有啊，我就是試著放音樂啊，先泡澡啊，喝牛奶啊，什麼的。

諮商師：喔，你嘗試了一些方法呢。你怎麼會想到去做這些方法呢？

當事人：就是上網查，也問了一些朋友。

諮商師：你很有行動力啊。

當事人：我一直是這樣的人。

諮商師：那這些方法效果如何？

當事人：也不是說沒有啦，就是效果不大。

諮商師：那是怎麼樣的效果呢？

當事人：我有放鬆些。但是，我越放鬆就越會想到工作的事情。

諮商師：工作的事情？

當事人：對啊，我都躺在床上了，還一直想工作的事情，然後再爬

起來做筆記要交代、要完成的事情，然後就更不容易入睡了。唉。

諮商師：但是，也看到你很有責任心，很想把工作做好。

當事人：沒辦法啊。人在江湖，身不由己。

諮商師：要當總經理還真是不容易的事情啊！

當事人：這倒是真的，我們公司一直在擴大，事情很多。

諮商師：那我先岔開一下話題。我可以了解一下你是怎麼當上這個總經理的？

當事人：嗯……我很努力，我以前日以繼夜的工作啊。

諮商師：喔，你很努力、付出很多。那麼，在老闆眼中你是一個什麼樣的員工，願意提拔你當總經理？

當事人：啊，沒想過。喔……認真負責吧，然後我單身，工作時間可以很長。

諮商師：你能花長時間投入你的工作，很認真負責。我想也一定很有能力、能勝任吧。

當事人：是啦，應該吧。

諮商師：可以問一下你都幾點回家？為了保持良好狀態，你認為幾點該睡覺？

當事人：我都得工作到十點多，我是公司的總經理，常得加班或應酬，回來弄一下，十二點、一點了，只是，我不想再像以前一直熬夜傷身體，我想一點左右也該睡了，但就是睡不著。

諮商師：你工作時間很長呢，但你也開始懂得保護自己身體，覺得應該改變一直熬夜的習慣。

當事人：是啊，長時間熬夜總是不好。就是人很緊繃，隨時隨地待命狀態，人總不能長久這樣。

諮商師：所以你覺得什麼樣的狀態比較長久呢？

當事人：嗯……嗯，總要能休息、放鬆，才能彈性處理事情，才有爆發力。

諮商師：如果你變得能休息、放鬆，才能有彈性，才有爆發力，在上班的情況會有什麼不同？

當事人：會更有效率、更有表現！

諮商師：所以，放鬆休息後，會更能有彈性、爆發力，然後更有效率、有好表現。

當事人：是啊。

諮商師：那麼，這一段時間內，有沒有睡眠比較好的時候呢？某一晚也行。

當事人：應該就是有做點放鬆的事情時，是有好一點，但是，還是就那麼一點點。我知道我應該要徹底改變，但總覺得做不來。老師，你看我有沒有得什麼焦慮症啊？我可不可以先討論一下這個部分啊？

諮商師：是什麼讓你覺得你有焦慮症呢？

當事人：我上網查的啊。我睡不著，很焦躁啊。

諮商師：你真的是很能面對問題、很有行動力的人。

當事人：是啊，這是我個人的一個優勢呢。

諮商師：那麼當你看到自己有什麼不一樣時，就知道不用再擔心自己會有焦慮症？

當事人：就是不會一直擔心工作，不會睡不著覺。像剛剛說的，能休息、能放鬆、不是一直掛心工作。

諮商師：我們來整體地歸納一下你的狀況。如果能休息、能放鬆、不會一直掛心工作，在一個 10 分刻度的量尺上，是代表 10 分的位置，1 分是你擔心自己過於焦慮、也睡不好、心

煩，那麼你在幾分的位置？

當事人：4分。

諮商師：怎麼說4分呢？

當事人：我還是有睡，我有試了一些方法，剛剛說的那些，有點用。我也一直提醒自己要放鬆啦。

諮商師：那麼，當你變成5分時，你會注意到自己有什麼不同？

當事人：就是不那麼記掛工作的事情。對，老師，我太記掛工作了。

諮商師：看起來，記掛工作包括交代屬下、在乎表現與升遷等。好像睡眠、心情、脾氣、身體、記掛工作，是相互影響的。

當事人：是的，是循環的啊。

諮商師：那你覺得這些相互影響的問題，哪一個問題先處理，會對其他問題更有幫助？

當事人：講到這裡，應該是記掛工作。對，這個應先改變。

諮商師：發現這個對你有些什麼意義呢？

當事人：就是我掛心工作，我就會自己打斷睡意，爬起來做事。

諮商師：掛心代表你在意你的工作。但是，你希望自己的掛心工作與睡眠調整成什麼樣子，你會覺得比較好呢？

當事人：就是白天好好上班，晚上該睡就睡。但是……我突然想到，因為我老闆最近說會從我們這些經理等級的挑人調至新公司再拔升，我很希望自己不要錯過這機會，這讓我更放不下工作。

諮商師：這個機會你很在乎，你也注意到這影響了你。

當事人：是啊，唉，我知道我自己太在乎工作的表現，以及工作的升遷了。這實在太影響我的睡眠了，何必呢。

諮商師：這是很重要的發現？

當事人：是啊。

諮商師：但是，你剛剛也提到，有好的睡眠才有好的體力、彈性、
　　　　爆發力，也才會有好的表現。

當事人：我知道，對……可是這次的升遷我有些擔心，競爭的人太
　　　　多了，而我的年資最輕，已經升遷最快了，我擔心自己被
　　　　比下去……

諮商師的自我反思

1. 在晤談一開場，擔任諮商師時，我曾經遭遇什麼困難？後來如何有
　 效突破？

2. 在上述的案例對話逐字稿中，我看到哪些晤談開場的各項原則？哪
　 些原則對現在的我在進行諮商開場會有一些幫助？

3. 針對上述的晤談開場過程，我還可以採用什麼SFBT不同的回應技巧
　 或開放式問句來推進建構解決之道？

4. 根據上述的案例對話，我還可以使用什麼SFBT的技巧接續晤談下去？

5. 面對與我不同諮商關係的當事人，什麼會影響到我與他們的互動？
　 我如何對所有當事人保持信任與開放姿態？

9 創造改變的動能——
讚美的充分運用

　　欣賞是 SFBT 晤談的基調；讚美是 SFBT 核心技術之一（Trepper et al., 2010）。讚美是一種手段，也是一種目的（Thomas, 2015）。

　　為了協助當事人解決問題，當事人身上既存的優點、過去的成功等例外經驗，是最能優先用來幫助他自己的優勢資源；而讚美技巧的使用，賦予當事人經驗的價值所在，並能幫助當事人覺察、意識、強化這些個人的既存優勢。往往，當諮商師能先讚美當事人的優勢，再來討論當事人的問題或困境時，當事人就能站在自身例外資源的基礎之上來面對問題，便不易產生深陷於困境或被痛苦淹沒的窒息困頓感，反而會讓當事人更有能量去承擔痛苦並發展解決之道。奇妙的是，在當事人能看到自己的優點、資源、成功時，其知覺會有所轉變，例如：自尊感的提高、面對問題的困難感或改變的恐懼感降低、對問題產生新的正向觀點等，進而擁有較高的信心及希望感，更願意針對來談議題與目標，意識化的多方啟動資源與善用優勢來突破目前困境，真實地提升個人的合理控制感（許維素，2013，2014；Thomas, 2015）。

　　發掘並關注當事人的優勢資源，是 SFBT 的必備成分。扣著 SFBT 例外架構的重要性，關於讚美的功能與重要性、進行讚美的原則以及技術，是 SFBT 諮商師最為基本且核心的重要專業智能與態度。

透過讚美，建立正向運作氣氛及合作諮商關係

　　話題的順序常是很重要的。想想看，在一開始進行晤談時，諮商師好奇關切的是當事人的優點，那和一開始就直接點出當事人問題，會有什麼差異？差異在於輔導氣氛不同，諮商關係也不同。若諮商師能在晤談之初選擇先讚美當事人，當事人容易感受到諮商師的善意與欣賞，往往更容易信任諮商師，也會有更多的表露與傾吐（許維素，2013）。

　　SFBT 諮商師的讚美自然而至，且無所不在。在諮商一開場，諮商師可以先詢問當事人一些生活中例行的、簡單的日常事物，如居住的地點、任職的機構，讓當事人容易回應；開啟興趣、嗜好、人脈等的話題，如對藝術的鑑賞、運動的愛好，會讓晤談的氣氛輕鬆有趣；尤其，從當事人願意吐露的主題為起點，常使當事人體會一份關懷尊重。凡此種種，不僅能讓諮商師了解當事人看重的人事物，又能立即找到可以讚美當事人之處；這樣開場，將會創造一種「正向運作」的氣氛，而有助於後續晤談的順利進行（Steiner, 2005）。

　　具體提出讚美的方式則如：詢問當事人喜歡做什麼運動？會跟誰一起去？何時去？彼此的默契如何？然後再詢問：在球友眼中，他是一個具有什麼樣優點的人？或者，可問當事人有哪些喜歡的電影明星，詢問他喜歡的理由，再稱讚他的品味與眼光（De Jong & Berg, 2012）。諮商師還可以對非自願來談的當事人說：「知道你很忙，如果你不被叫來這裡，你會做些什麼事情呢？你喜歡做什麼事情呢？」（Berg & Steiner, 2003）諮商師或可直接邀請當事人分享一些關於他的正面表現（如業績、專長）是如何做到的（Macdonald, 2007）。必要時，諮商師也可以於基本資料表格中加入一些成功向度清單，讓當事人預約時即直接填寫關於個人成就、休閒、解決壓力等內容，而在晤談開場時，再與當事人一一討論；對於理解程度較弱的當

事人,則可將表格清單清楚列出選項,讓當事人直接標示有無或程度高低,然後再邀請其分享填選的理由。

倘若諮商師已與當事人有過互動的經驗,諮商師也可以在開始討論當事人的問題行為之前,讚美當事人「平日的」、「之前的」良好表現;這除了可以增進當事人的合作之外,也有機會嘗試了解當事人這次所謂犯錯行為背後的理由。例如:「你平日是一個很有義氣、理性的人。今天會與人爭執,甚至會動手,一定有特別的原因,你可以告訴我嗎?」一如物質濫用的當事人,能夠再次走進諮商室,諮商師並不會以檢討上次戒癮何以失敗為開場主軸,而是會以「當事人願意復原或願意再次面對自己」的框架,欣賞地開啟晤談。來晤談之前當事人已經有的「晤談前的改變」也是一個重要的開場選擇;因為若能於會談前就在預約電話中邀請當事人記錄晤談前的改變,並在第一次會談中以讚美進行討論,將有可能增進晤談的成功。尤其,非自願來談當事人的態度有時會令諮商師特別難受,然而,諮商師不要忘了,在當事人屬於非自願接受輔導的狀態時,很有可能是把諮商師視為「對立的敵人代表」,所以,當事人需要時間來信任諮商師或同意接受諮商專業的協助,而先讚美當事人,將可大大展現諮商師的善意。只要當事人有「願意嘗試合作」的態度,諮商師就可以大大給予強化,而此一行動,便已經在「開始」進行諮商輔導了,無須期待或等待親密關係建立後,才能開始工作。這樣的信念,也正是SFBT強調建立合作關係的重要關鍵。

所以,讚美是SFBT的核心思維;讚美對當事人常產生令人驚奇的戲劇性效果。啟動輕鬆、容易回答的對話模式,製造讚美當事人的話題,創造正向和諧的氣氛,催化合作關係的發展,引發當事人更多的投入,都是SFBT晤談的重要開場要素。當然,這樣的方式不僅是一種策略,更是對當事人表達了全面性的認識、接納、理解、尊重與關懷。即使諮商師在處理當事人所謂犯錯或不當行為時,仍要能記得當事人原有之好,這不僅可避免負向標籤,也可提醒當事人是有能力為自己負責的。

二 充分讚美的可貴

SFBT 諮商師不是以點破惡性循環為目的，而是逆向思考地致力於推動、擴大當事人改變的正向循環，而自然地停止了惡性循環。所以，SFBT 諮商師多會優先開發當事人「何以能做『對』」等例外的相關決定歷程、方法步驟、過程細節、結果效應，並加以大大深入讚美！

然而，許多人在看到他人的優點或進步時，多會一語帶過。例如，面對該月業績第二名的當事人，上司可能說這次表現得不錯，但是下次還可以加油變成第一名；面對考五科 100 分、一科 60 分的青少年當事人，家長在匆匆讚美一句「有五科 100 分很難得」後，就會急於跟當事人檢討何以有一科會 60 分。又例如，周圍一些人經常會以「你已經很努力了，但是你目前的人際關係還是不好」的這種方式來表示讚美。即使這一類表達方式不能不算是讚美，但被讚美者聽到的常常可能會是指責與諷刺，因為這類的讚美並沒有「充分地」讚美——沒有充分讚美已經做到的美好。

值得思考的是，如果一位學生今日打人，周邊的成人會找他來教訓一番；十天後這位學生又打人了，大家也多會生氣地再次找他來輔導。但是，在這十天中，周圍的成人會有什麼反應或處理？——是的，常沒有反應。然而，這十天，這位學生是停止打人的，這樣算不算是一種「進步」？倘若諮商師及周圍的人並不視當事人沒有打人為理所當然的行為，而能改為視其為進步，並大大加以讚美與強化，那麼當事人又可能會有什麼轉變？或者，如果能深入了解當事人在這十日何以做得到不打人的內外資源，或曾想打人卻能控制自己不動手的有效策略，又會對他有何助益？

所謂「充分地」讚美，就是對當事人「所有的」努力與優勢，都能「對等的」讚美之。要能做到充分的讚美，諮商師需檢查自己認為值得讚美的向度與程度為何，也需要反思如何能夠看到如「停止做錯，就是開始做對

的第一步」這種小小的美好表現。

讚美當事人其實並不容易，而要觀測到可以讚美的向度，也需要不斷練習。例如，當事人抱怨說：「我很擔心我爸媽這樣吵下去。我已經是大學生了，我看得懂他們在吵什麼。這樣吵對家庭、對他們的婚姻都很不好。我爸爸幾乎都住在公司裡面不回家了。這樣下去還得了。我之前是不想管啦，但這次過年回家覺得他們太誇張了。我知道自己為人子女也沒有做得多好，但是我想應該要找他們談一談。不過我擔心的是，我爸媽還把我當小孩子，認為我沒有發言權；之前他們就說過，大人的事情小孩別管。但是，他們有像大人嗎？真的是讓我很擔心啊！」諮商師可以嘗試讚美的向度如：

- 讚美當事人能對問題有初步的看法或個人的分析。
- 肯定當事人對特定人事物的用心或關懷。
- 讚美當事人能從問題找到了一個重要的思考方向，儘管暫時還不知如何做。
- 肯定當事人的在意與目標是有其意義的。
- 支持當事人提出的議題與感受，是特定情境下常見的反應。
- 肯定當事人的擔憂有其道理存在。
- 肯定當事人能看得到困境存在之敏銳度以及想要突破的意願。
- 肯定當事人雖知道自己並非完美，但很真實的面對自己。
- 支持當事人持續思考與觀察，或可成為後續行動方向。

「多做對的，就沒空做錯的」——倘若當事人懂得如何多做對的行為，不當行為的發生比例常會因被取代而減低，因而在證實當事人擁有的力量及新近成功的同時，SFBT諮商師會接著多注意與提醒當事人還有什麼人、事、物及行動，可能會幫助他適應與因應目前的困境，而提議當事人「繼續多做」能夠穩定或改善目前情況的各種有效行動。SFBT諮商師還常會加

以關注與探索當事人行為細節的小小改變並脈絡化地加以讚美，因為，當事人的小小進展及其展現的優勢容易為眾人所忽略，但卻可能正是其改變的大大契機。

三 不同讚美型態的靈活運用

讚美常使人有一種自由性，可以恢復被讚美者的尊嚴，並且有助於確認與肯定自己的需求。對 SFBT 而言，讚美的功能非常多，特別是能強化目標、例外，及其與解決之道的關係，諸如：

- 讚美乃肯定當事人本身，對其為建立有效解決方法所做的努力，表示佩服。讚美將能支持與證實當事人的成功，並鞏固這些成功。
- 直接肯定當事人做了一些有助其達成目標或降低問題嚴重性的有效行為，而表達了諮商師對當事人勝任能力的假設與確認。
- 讚美不僅能創造希望感，也暗示當事人：他們對目標的答案，是藉由他們自己成功的例外和力量來執行且由他們自己發現的。
- 讚美除了表達對當事人的肯定、指出讓諮商師印象深刻之處，也會表示諮商師認可了：對當事人來說，什麼是重要的目標或好的選擇，即使他目前是處於危機中。

特別重要的是，透過讚美，將更容易讓當事人覺得諮商師是看到並懂得他們的立場，而更容易接受諮商師所傳遞的治療性訊息。亦即，讚美大大有助於諮商關係的建立，而當具有共同理解基礎的諮商同盟感建立時，再透過讚美，當事人會顯現有如被催眠的類似放鬆效果，並處於一種較容易開放接受關於解決之道的各種新線索與微小徵兆之心向中（Thomas, 2015）。

為發揮讚美的效益，讚美的形式至少有以下三種。

🌱 (一) 直接讚美凸顯優勢所在

「妳真是一個負責任的母親」，即是一種直接讚美；但若能將內容改為：「哇，妳即使離婚了也一直把孩子帶在身邊，真的是很不容易，是一位很負責任的母親，因為一個人帶孩子很辛苦……」可能更具說服力。常見直接讚美的基本格式為：

- 表示驚嘆（語言或態度的肯定）。
- 舉出客觀事實（有力的舉證）。
- 加入正向形容詞（需符合當事人在地文化與價值觀）。
- 「這是很困難的，因為……」（凸顯難能可貴之處）。

一般當事人會傾向於對諮商師的讚美充滿好奇而感到愉悅。對於非自願前來的當事人，讚美其願意前來以及截至目前已經做的努力，是表達善意的開場。對一直訴苦的當事人，指出在他們的經驗中，有一些可以作為提供解決的關鍵和線索，顯示了他們的智慧，也將轉化其憤怒苦惱的意義。而對處於危機中的當事人，先真心讚嘆他們已經做到令人佩服的努力、目前的情況已為難得的成果，常會產生理解當事人及寬慰人心的效果，甚至會讓當事人開始放鬆、深呼吸、落淚（De Jong & Berg, 2012; Macdonald, 2011）。有時，對於極度受苦的當事人（如受到虐待者），除了可以直接讚美之外，還可以把當事人表現出優勢之處，當場用紙筆逐條寫下來，藉此強化與暗示這些被讚美之處是如此重要、如此有效，同時，也表示了當事人的努力是特別具有意義、存有價值，以及特別值得肯定（Berg & Dolan, 2001）。

當然，為了表示尊重當事人、引發當事人思考各種可能性以及讓當事人收下讚美，諮商師也常用一種不確定的方式來表述，例如：「我不太確定……或許我想會是……是嗎？」並接著有機會讓當事人與諮商師交換與確認

訊息（Thomas, 2015）。如果當事人對於直接讚美的反應不是很正面，諮商師也可降低讚美的強度，以間接的方式表示：「這樣的結果有讓你覺得驚訝嗎？」或者，改以客觀平靜的指出當事人已經做到的行為，但不夾帶任何形容詞：「我看到你做到了……」這樣會讓當事人至少知道諮商師已經關注他身上的特定行為。這些經調整的方式或可增加當事人接受讚美的可能性。

(二) 自我讚美促發意識化的後續行動

有些當事人也常從外界獲得讚美，但是何以讚美的效益無法維持或發揮更大作用呢？這可能是因為：當事人在面對別人的直接讚美時，並不認為這優點是什麼了不起的事；或者，讚美的內容並不符合其次文化的價值，而不被其所同意與認可；或者，當事人可能猜想對方只是日行一善，並沒有把這些讚美放在心上。因而，直接讚美的內容常容易被當事人在心中駁回。

為了真正發揮讚美的效能，諮商師可以試著針對發掘到當事人的各項小小優點與進步，在直接讚美的格式中，再加上一個振奮性引導問句，詢問當事人：「你是怎麼做到的？」「你怎麼知道這個適合自己？」並持續邀請其清楚回答做到的方法、步驟或背後的信念，或者採用好奇性的姿態詢問：「對於這樣的變化，如何使它變得有意義呢？」凡此，即是一種「自我讚美」的技巧（De Jong & Berg, 2012）。

諮商師可以試著比較「直接讚美當事人」和「引導當事人自我讚美」的效果差異。諮商師將會發現，當事人為了回答「你是怎麼做到的？」，必須先同意諮商師所提問句的預設立場，即是，當其能說出自己在內心或行動上是如何執行時，就會從心中真正收下諮商師之讚美而產生被讚美的效果。同時，在當事人說明了自己如何能做到某種有效行為的方法與背後信念時，這份思索與說明的過程，不僅再度強化當事人所提及的信念，也將促進當事人於日後更易有「意識地」再次使用這些提及的方法。亦即，自我讚美的方式，能提供當事人對其有效行為產生回顧反思的效益，以及提

高再次複製的可能性，甚至會讓當事人對於自己的優勢創造出個人化的意義。

舉例而言，諮商師針對平日容易向同事發怒的當事人，讚美地問他在這次與同事的互動中是「怎麼做到沒有發怒的？」，若當事人的回答是「想到家人會擔心生氣」等，則可肯定當事人開始可以想到後果而產生一種克制力。然後諮商師可接著詢問當事人：「家人擔心生氣，對你何以這麼重要？」那麼就可以深入了解當事人在乎的力量而再多加強化，使當事人克制發怒的可能性再提高一些。當然，SFBT 諮商師還會停留詢問當事人如何產生此克制力的具體策略，以便能於日後再次意識化應用。

需特別注意的是，自我讚美的引導問句最大的意義就是把功勞與掌控感歸給當事人；若當事人認為自己的改變是來自別人的功勞，諮商師記得將焦點轉回到當事人身上及其貢獻之處。例如詢問：在這件事情上，別人（上位者、上帝、藥物）及當事人各自的功勞為何（Thomas, 2015），而讓當事人更能把握自己所能掌控之處，也更懂得尋求資源。

是以，發揮讚美效益最有效的作法之一，就是多採用振奮性引導詢問「你是怎麼做到的」以強化自我讚美。諮商師若能在當事人有良好表現、有所進步之處，充分停留與探討相關人事時地物的細節，將能讓當事人感受到諮商師對他這個人是善意的、想幫助他的，對於他的優點與進步是真的關心、有興趣的。更可貴的是，在此番讚美的過程，多半會提升當事人的自信心，也常能促使當事人更加關注自己的優點、更加明白自己何以能有此表現，如此一來，當事人重複表現良善行為的比率、推進進步的可能性，將會大大增加！

❦（三）間接讚美誘發鞏固優勢的人際力量

在探詢當事人優勢或發現當事人有小小進展時，諮商師還可以從他人的眼光，來間接讚美當事人一番：

「如果你的父親知道你在學校願意開始讀書了，他會有多開心？」
「他會稱讚你些什麼？」

「對於你的業績進步，你的上司會如何嘉獎你？」「這對你的意義是什麼？」

「如果你的太太知道你這麼盡力在找新工作，她會覺得有多寬慰？」
「當她知道時，她對你的反應會有什麼不一樣？」

「你同事看到你不再輕易發怒了，對你的看法或態度可能會有何改變？」「你們的相處，將會有何不同？」

萬一當事人不認為別人能理解、欣賞他，諮商師則可加入使用假設問句，嘗試引發當事人的優勢覺察與改變意願：

「如果你的同學有一天終於認識你內心對他們的關懷，你想他們會有何不同？」

「如果你有一天擁有一位知心好友了，你猜他會最欣賞你什麼地方？」

「如果你家養著一隻金魚，總是安靜的在水族箱裡觀察你，你猜牠會說當你一個人獨處時，你身上什麼優點是表露無遺的？」

此外，諮商師若看到當事人有其優勢與優點時，可問其從何處學來，如此將可能找到對當事人來說，相當重要的支持者：

「你很會做菜，是跟誰學的？」
「他如果知道你這麼會做菜，他會開心地說些什麼？」

或者，諮商師可以直接問，誰與當事人的關係最好、最理解他、最欣賞他，以便能選用適合的對象來發展後續運用關係問句的間接讚美。例如：

「誰對你的改變會十分開心，早就一直等待你能夠做到？」

「有誰一直相信你一定可以走過來,所以對你今天的改變一點都不
會覺得訝異?」

若顧及當事人會覺得他人的讚美太過強烈或不見得接受,或可改用別
人可能會注意到他已經做到什麼行動、認為他目前哪些作為是對他本身有
益處的,或者感謝他做了哪些努力,也是一種變化式的間接讚美。

「如果訪問妳先生,他說他知道妳為這個家所做的付出,妳猜他會
列出哪些?」

是以,除了詢問當事人他是如何做到之外,諮商師也可以運用關係問
句來引導當事人思考:從別人的角度,他們可能會看到的改變、會表達的
讚許,以及兩人後續關係的互動變化。往往,這個重要他人比諮商師更了
解當事人,且其與當事人既有的關係與情感,會促使當事人更容易接受且
感動於這份讚美。亦即,間接讚美會引動當事人與重要他人兩人的互動情
感,讓當事人好不容易擁有的優點與進展,能因在乎的重要他人之看重,
而有所鞏固,並能成為維持當事人繼續改變的意願與動力。

(四) 讚美需合於現實與倫理原則

當回想被讚美的經驗時,絕大多數的人都是愉快的,因為讚美會使人
提高自尊,而自尊是一個人基本的需求(De Jong & Berg, 2012)。一個人的
自信高低以及快樂與否,常取決於他在生活中被讚美的次數;而且,成功
經驗與被讚美的體會,甚或會成為一個人生命強度的保護因子。

然而,不少人會擔心,讚美當事人,是否會造成當事人的驕傲自大,
或者錯誤增強當事人的不當行為。所以,如何讚美當事人是一門藝術,並
且具有以下幾個注意事項(許維素,2009a,2009b,2013):

❤ (一) 符合事實且不浮誇

「哇！你的業績很好，你一定是『全世界』最棒的推銷員！」的確，這樣的讚美雖然帶來鼓舞效益，但是有浮誇的危險，可能讓當事人變得自以為是，或者可能使當事人覺得這份讚美只是在敷衍他。

「你的業績很棒啊，在我們公司是排在前三名的喔！很不容易！」會是較佳的選擇。讚美要如何實在呢？——即需根據現實客觀的「事實」，平實地加以描述，如此，才能說服當事人相信讚美的事項是存在的，當然也才能使當事人真正認識客觀的自己，而不至於驕傲自滿。

諮商師的讚美要誠實、有具體事實，並且，還與當事人來談目的有關。當於讚美中舉出具體事實後，諮商師千萬不要漏掉探問發生的細節；詢問細節，將幫助諮商師更加確認發生的事實，也會協助當事人回憶起成功的感受並再次復習運作優勢的詳細歷程。

❤ (二) 非未來期待式的表達

「哇！你的成績很不錯喔，以後一定可以賺大錢！」這樣的句型到底算不算讚美？——只有一半是；前半句是讚美，後半句是期許。期許，不算是純然的讚美，是一種認為當事人未來能夠或應該表現得更好的表達。對有些當事人來說，他們會將這樣的期待解讀為一種看重；但是，對另一些當事人來說，期待反而意味著對方認為目前的他還不夠好，而易產生內心的壓力。

因此，SFBT 讚美是以當事人「已經」做到的表現、「已經」存在的優勢，來作為肯定的素材，而非遙指尚未發生的未來成就。

❤ (三) 具有文化敏感度的讚美

「你做事會『瞻前顧後』，讓我覺得你真是一個『保守』的人啊！」

「你寫錯字時都會擦掉重寫，讓我覺得你真是一個『完美主義』的人！」像這樣的讚美方式，由於其用字遣詞的內容在文化上的意涵之故，反而像是一種譏諷。「你做事都會『三思而後行』，讓我覺得你真是一個『謹慎』的人」、「你做事真的都很盡力做到最好」等，會是在決定讚美別人時一個比較好的選擇。所以，在讚美當事人時，諮商師可以先斟酌該形容詞在其文化上的意義，以免弄巧成拙。

亦即，在選擇讚美當事人的用語上，諮商師需要檢視是否受到自身價值觀的影響，而忽略當事人所看重的。例如，對父母讚美孩子喜愛冒險或很有自主性，但對一些正處於擔憂青春期衝動孩子的家長與教師，或許會更令他們擔心（Thomas, 2015）。因此，諮商師需要配合當事人的遣詞用字，更為彈性多元地思考什麼是「好」的標準，並且，就當事人的生活與文化脈絡，同時考量著在他目前的價值觀中，特別看重的是什麼。

然而，無論如何小心地給予讚美，諮商師都還是需要有心理準備，當事人此刻不見得會同意你目前給予的這份讚美。例如讚美青少年當事人能夠控制打人的衝動，但這位青少年的次文化是認為這其實是一種「懦弱」的表現。不過，對於讚美當事人，SFBT諮商師本就秉持一種尊重姿態，企圖展現另一種可能性的思維，讓當事人開展不同視野或默默地撒下希望的種子，而不是要強迫當事人非接受不可。

所以，當諮商師要讚美當事人時，需看看他們的反應，特別要注意當事人接受與同意的向度，以及不同意、不置可否的向度，進而再依據當事人及其文化脈絡對於讚美次數、強度與向度的接受度，修改表達讚美的內容與方式。畢竟，讚美最重要的是能傳遞一份希望與信任：諮商師相信當事人可以運用自己的例外與優勢來產生改變。而當諮商師能考量到當事人的價值體系以及文化內涵時，讚美的合宜度便能激發當事人美麗的動容（Ratner et al., 2012）。

❦ (四) 細膩同步於雙方情緒脈絡

對處在困難或危機中的當事人，要提出讚美時，千萬別忘了，有些當事人正處於痛苦的困境與情緒之中，所以諮商師除了秉持信任當事人相當有可能已經找到資源來應對困境的態度之外，還需貼近當事人高漲的負向情緒，持續緊密地跟隨當事人的情緒變化，關注著當事人面對挑戰的難能可貴之處，再謹慎地選用適合當事人目前情緒狀態的向度（包括樂觀程度）以及其能接受的詞彙，嘗試提出一個可能性的讚美，並觀察與尊重當事人的接受程度（Fiske, 2008）。例如，面對因先生持續家暴而終於決定離婚的媽媽，諮商師可以溫和堅定且和緩地說：「所以，這一次，妳真的……下定決心要離開這段讓妳痛苦很久的婚姻。」而不宜用「哇！妳是怎麼做到的？好厲害！」這樣的表達方式。

讚美的時機選擇很重要，而當事人的預備狀態及其與諮商師目前的互動關係也是提出讚美時的重要考量。SFBT 的讚美需要諮商師真心誠意的欣賞，而不是敷衍的寬慰。當然，諮商師無須勉強自己，也需要尊重自己的情緒狀態。如果真的認為當事人目前的特定表現不是一個優點，就可以選擇不說。或者，諮商師可以選擇一個自己也認同的層面與程度即可。例如，對於希望找到工作但卻一直未積極作為的父親，諮商師可讚美其存在的動機，如：「我看到你一直把養家活口『放在心上』，也一直『想要』找工作。」畢竟，「真誠」的讚美，才會真正具有激勵與強化的力量！

❦ (五) 合於心理健康、法律與倫理的規範

諮商師的讚美希望強化的是當事人某些具有「建設性」的行為，使之繼續產生。諮商師讚美當事人的角度應能多元化，以便看到當事人如優異成就以外的努力、掙扎、用心、嘗試、願意學習等小小例外，但是，若當事人所做的行為是違反心理健康、法律、倫理等時，仍不適合被強化讚美，

否則，讚美不僅變成一種諷刺，甚至會強化當事人不當行為的出現。

諸如：「你反應真快、好懂得如何捉弄下屬喔！」「你好有力氣、好會打架喔！」「你怎麼這麼厲害，怎麼割腕都割不死自己？」都是不當的讚美。相對於前述，諮商師可選擇讚美的方式是：

「你希望能提醒下屬，是很難得的。」

「你想要保護自己是有意義的。」

「顯然你並不想失去自己的生命，這是很可貴的。」

因此，如何在擴大讚美當事人以及選擇讚美的向度兩者之間，慎重考量是否要讚美、其合宜度為何及其可能效果，是諮商師需要多加思量與斟酌之處。亦即，諮商師的讚美是有「界線」的，不要讓當事人強化了他更加成為「加害者」或「受害者」的角色，也不可不當地增強了當事人不符合法律、心理健康、倫理的行為。

五 維持讚美的晤談基調

SFBT 諮商師會在晤談過程中及結束回饋時給予讚美；SFBT 的讚美可以是一種具體的行為，更是晤談的整體氛圍。讚美的策略包括摘要歸納當事人成功之處，肯定當事人目標的意義，引發當事人注意於自身優勢。諮商師可以用強烈直接的方式（如：「哇」）來表示，但更需要配合當事人的情緒狀態及語言用字來表現肢體與語言的強度和向度。讚美需要諮商師以一種未知的姿態提出：是暫時性的不決斷姿態，尊敬著當事人價值的非灌輸方式；此一不強迫接受的方式，展現一個可能性的邀請（Thomas, 2015）。

SFBT 諮商師需要常提醒自己多方真心讚美當事人，但是要維持讚美之心並不容易。Kremsdorf、Slate、Clancy 與 Garcia（2011）指出，諮商師在與連續多次來談的當事人晤談之後，可持以下幾種賦能導向的問句催化自己

進入焦點解決工作脈絡，並持續增加讚美當事人的機會：

1. 洗滌（clearing）：幫助自己用開放的心來與每一位當事人接觸，不讓過去的經驗影響自己，或對當事人產生預期或希望。

2. 賦能（empowering），其向度如：

   (1) 將焦點放在進展上：詢問「什麼變好了？」或「什麼進行得不錯？」進而了解當事人具體「做了些什麼」而讓這些進展得以產生，並將焦點放在這些「做了什麼」的細節上。

   (2) 了解當事人對於進展的想法。例如：「以 1 分到 10 分來評估，你覺得自己有多靠近你所謂的康復？你又是怎麼做到目前這個程度的？」

   (3) 大大強調「已經做到」之處。例如可回應當事人：「哇！自從我們上次談完後，你就開始去參加社區的活動了！」

   (4) 具體指出讚美的向度。如讚美次數增加來反應當事人的進步。記得使用具體的語言而非籠統的讚美。

   (5) 為下次的晤談設立目標。例如：「你現在自評為 6 分，如果再做些什麼，就會變成 7 分？」並讚美當事人想到的方法。

   (6) 持續與當事人對話，並秉持當事人是自己生命專家的信念。例如：「對於你能讓這些事有所好轉，你是怎麼想的？」「當上次被困住時，你做了些什麼來處理？」「當你能繼續做這項行動時，什麼人事物將會有所不同？」

   (7) 強化當事人的因應技巧：具體指出任何注意到的優勢，並增強當事人對現況所採用的因應技巧。

   (8) 認可肯定（validating）優勢：當事人提到最近的困難時，確認、肯定他的優勢所在。例如：「雖然在發生車禍後，你遇到了很多困難及不順遂的事情，但你到現在都沒有放棄。」

   (9) 展現對當事人的信心。例如：「聽起來這是一段辛苦難熬的日子。在過去類似這樣的處境中，我看到你都能度過了，所以我相信，現在

的你，也有能力走過這段日子。」

(10) 談論當事人看重的角色（valued role）：可能的話，與當事人談論他
所扮演、所看重的生活中各種角色。例如：「聽起來這個週末你花
了很多時間在陪伴你的孩子，讓他們開心。當你帶他們去吃披薩
時，孩子們有些什麼反應？」「我猜當你願意借車子給朋友時，他
們一定非常開心，對吧？」「當你……（朝目標一小步）時，你的
孩子／朋友／老闆／先生，會先注意到的是什麼？」

3. 討論優勢與技能：如果當事人認為自己需要額外的協助（例如：親職
教育、放鬆技巧），則提供他們容易取得的有用資源（例如：和復健師
會談、聯絡護士等）。如果他們不需要，則可深入討論：他們自身已
經擁有的優勢是什麼，以及如何善加運用？

尤為重要的是，SFBT 讚美欲發揮的例外架構的效益，所以，SFBT 的
讚美，不僅是用來安慰當事人而已，SFBT 其實想要從當事人的生活情境與
生命脈絡中，充分發掘當事人的優勢力量、有效方法、成功經驗、小小進
展，而使當事人能夠覺察並加以應用，以能真正促成當事人來談目標的達
成。換言之，當諮商師協助當事人發掘並讚美他的種種資源後，記得要引
導當事人更為「意識化」自己是如何產生或運作這些優勢力量與有效方法，
或者需要討論如何可再複製這些成功經驗或小小進展，以便能懂得持續鞏
固、掌握或發揮。接著，諮商師便可詢問當事人：若這優勢力量或有效方
法能夠多做、多發揮，或更懂得複製鞏固成功經驗、小小進展，對於當事
人的現況，會有什麼突破？可以改善當事人的來談問題嗎？對於達成他想
要的目標，又會有何幫助？若答案是肯定的，則鼓勵當事人繼續維持或多
做；若否，則需再探討其他優勢。

SFBT的讚美是在符合當事人價值與所看重的目標之下，強調當事人面
對困難的勇氣決心以及所做的努力，來支持當事人所做的有效方法，並讓

當事人更能覺察對他最好的、有用的資源，如此一來，這些資源與優勢，才能夠成為當事人懂得使用以迎戰目前生活困境、創造生活美景的有效工具（許維素，2014）！

案例對話與反思活動

（來談多次的當事人，穩定上學的困難，是其一開始的主訴問題）

當事人：……這情況……就是……跟我們之前談了很多次一樣啊。我有去考試啦。真的！但我一直害怕考試啊！像這次期末考，我一邊考一邊就怕死了。

諮商師：哇，那麼這次你是怎麼能讓自己一邊很害怕，但卻又能同時坐在那裡考試的呢？〔引發自我讚美〕

當事人：我也不知道啊，不然還能怎麼辦。我表姊就跟我說啊，就去考啊，亂寫一通，總比沒考沒分數好！（無奈狀）

諮商師：你表姊的意見對你有用啊！你很信任你表姊？

當事人：是啊，我們從小一起長大，她很了解我。這段時間我不是很能常去學校上課，她有空就會來看看我。（眼神變得溫柔）

諮商師：她很關心你、了解你。

當事人：是啊。

諮商師：那麼，如果我有機會問你的表姊，你這次是怎麼能坐在那裡考試的，你猜她會怎麼說？〔運用關係問句以間接讚美〕

當事人：她會說：「對吧，我之前說的沒錯吧，別想這麼多就對了！」

諮商師：還有呢？

當事人：我也不知道。

諮商師：嗯。我有注意到，你很願意接受你表姊的建議和鼓勵。

當事人：是的。（穩定些）

諮商師：那你這一次是怎麼決定要再次相信表姊的意見，例如，亂寫總比沒分數好啊，別想這麼多等等。〔自我讚美，並讓決定權及晤談焦點回到當事人身上〕

當事人：我怎麼決定？……意思是……

諮商師：你是怎麼判斷說，聽她的話可能對自己比較好、比較有幫助。

當事人：我想……她了解我，不會害我，一直想幫我。她比我更相信我自己。（感動狀）

諮商師：她了解到你的什麼，所以比你更相信自己？〔再次嘗試間接讚美，找尋優勢〕

當事人：我也不知道啊……嗯……她就是一直鼓勵我去考試啊，叫我別慌張。

諮商師：那麼，你那天要走進考場的時候，你有想起表姊的話？或是說，你是怎麼願意、甚至是勇敢的決定聽表姊的話，真的就走進去考試？〔再次嘗試引發自我讚美〕

當事人：我就是想著表姊講的，然後想，就是，死馬當活馬醫。

諮商師：可以多說一點「死馬當活馬醫」是什麼意思嗎？〔回應與深入關鍵字〕

當事人：就是，我想說，就算了，亂猜一下，搞不好猜對幾題。

諮商師：還有呢？

當事人：就是別再去想以前我的成績有多好多好了。

諮商師：還有別的想法跑出來嗎？還有哪些你覺得比較能幫上你真的進去考試的想法？

當事人：我還有閃過想法說，沒有期末分數，會很麻煩。（較平和

地）

諮商師：所以是更去看清楚現在的、現實的情況，而且先讓目前的情況不要更糟。〔直接讚美當事人的現實感〕

當事人：對對對，我表姊也是這樣講的。

諮商師：你知道嗎，要從以前成績很好，變成要去面對現在的狀況，並且先求不要更糟，這是需要很大的心理調整。〔直接讚美當事人的可貴改變〕

當事人：真的嗎？

諮商師：這真的是很不容易的。

當事人：也是，也真的很不容易。我還是很傷心，自己以前成績很好，現在變成這樣。

諮商師：所以，這次期末考，你是怎麼能夠將自己的傷心、害怕擺在一邊，而先採取讓情況不更糟的行動？〔彙整前述的轉變，再次引導當事人自己讚美其進展〕

當事人：其實，就是……不得不……接納了現在的自己。

諮商師：是的，雖然是不得不，但是，很不容易地，接納了現在的自己。〔直接讚美當事人的可貴改變〕

當事人：嗯。

諮商師：接納了現在的自己，你可以具體說說那是什麼樣子嗎？

當事人：就是想說，現在就是這樣還能怎樣。不知道怎麼講呢！

諮商師：嗯，那麼你有注意到接納了現在的自己，你有了什麼改變或對你有什麼幫助？〔強化進展的重要性〕

當事人：我也不知道。應該是……（思考狀）

諮商師：嗯哼。

當事人：至少是……不在原地踏步。（思考狀）

諮商師：如果有機會問你的表姊，她會說你接納你自己，除了不再

　　原地踏步了，她會看到你跟以前有什麼不一樣？〔再次嘗試間接讚美〕

當事人：笑得多一點，勇敢一點。

諮商師：當她聽到你更接納自己，看到你多笑一點、勇敢一點，她會有什麼反應呢？

當事人：這個……她常笑著說，你沒有什麼不好，功課不好，天又不會塌下來。找別的出路就是了。我猜大概就是重複講這些吧！

諮商師：當你聽到她這麼說時，你猜更接納自己、多笑一點、更勇敢一點的你，那時的反應會是什麼？

當事人：我希望自己能做到她對我說的這些話。

諮商師：你希望自己能做到。

當事人：就是……她之前也講過了，我沒有不好，人生的出路很多，功課不好不是絕路，我要接納自己、欣賞自己，不要再害怕、傷心，勇敢做自己，去找自己的出路。（眼神閃亮的）

諮商師：哇，你一直都記得你表姊講的話，也希望自己真的做到。〔直接讚美當事人的優點與目標〕

當事人：我真的……生病後，得憂鬱症啊，有一直在這樣想啊。能做到就好了。

諮商師：哇，如果有一天你真的做到了，那你表姊的反應會是什麼？

當事人：就是會很開心吧。

諮商師：還有呢？

當事人：我也不知道。（害羞狀）

諮商師：如果以1到10分的量尺來評估，你有信心真的做到她說的話，那分數是10分，1分是很沒有信心，你現在是幾分的位置？

當事人：4分吧。

諮商師：那麼兩個月前你剛來談時，是在幾分呢？

當事人：1分，一點也不相信我做得到。

諮商師：哇，進步3分啊，很不容易啊！這是怎麼發生的呢？〔以評量問句，找尋進展而讚美之〕

當事人：就是要試很多次，然後會有做到一點啦。雖然這實在也沒什麼好光榮的。

諮商師：但至少，嘗試的經驗，成功的結果，會讓你更有信心。〔連結與目標的關係〕

當事人：對，不斷嘗試，還有看到成果，對我很重要。

諮商師：這部分可以多說一點嗎？

當事人：嗯……其實，就是……我應該要一直多嘗試的，不是一直原地打轉。

諮商師：看起來你更清楚、也更有決心。〔再次直接讚美當事人的小小改變〕

當事人：對。

諮商師：還有呢？是什麼方法讓你進步3分？〔持續引發當事人自我讚美〕

……

諮商師的自我反思

1. 從上述的案例中，「讚美」對此當事人發揮了什麼功能？

2. 從上述的案例中，我觀察到，各種讚美方式如何穿插使用？又是如何與其他技巧組合運用？

3. 在平日的生活中，我是否容易讚美自己與別人？我個人的資源何在？

4. 如果我能多增加讚美自己與別人的次數，將會發生什麼不同？

5. 擔任諮商師時，我如何能練習捕捉到當事人小小的優勢或進展，並持續給予合宜不躁進的讚美？

10 拾起散落的光亮——
一般化與重新建構的
形塑精髓

　　語言是治療過程的基本工具。心理治療晤談的對話,之所以與一般談話有所差別,正在於諮商師有意識地採用多樣化的諮商技術來催化當事人改變的發生。由於SFBT將溝通與語言視為心理治療的核心,並特別聚焦於如何推動當事人改變,其所使用的諮商語言,亦可說是有關「如何改變」的語言(Froerer & Connie, 2016)。

　　在一般的諮商對話中,傾聽當事人每句發言後,諮商師需要選擇與建構接續的回應方式。為催化當事人的改變,諮商師經常會複述、摘要、歸納或反映當事人的發言,甚至在問句中含括當事人發言中的關鍵字提問,好讓當事人體會到諮商師的理解與認可;這些技術即可視為是形塑(formulation)技巧。當諮商師採用形塑的技巧來回應當事人的發言時,將會「轉化」原本當事人的表述,包括選擇省略當事人表述中的某些字,或對保留的內容進行一些增修或組合(Bavelas et al., 2010; Nelson & Thomas, 2007)。所以,形塑的語言常具有暗示性,並將當事人置於特定的位置(Bavelas et al., 2010; Froerer & Connie, 2016)。

　　在SFBT的晤談中,除了複述、摘要、歸納等常見的基本諮商技巧外,更具代表性的形塑技巧是一般化(normalizing)與重新建構(reframing);這些形塑技巧所展現的態度與效益,是SFBT晤談過程中不可忽略的重要環節。SFBT晤談透過形塑的技巧,會大量保留當事人的用字,而協助諮商師

停留在當事人的推論架構思維裡、現實生活的脈絡中，進而幫助當事人對於相同的負向情緒或危機事件，創造出新的意義或能修改其原有潛藏的意義，善用了當事人自身創建的可能性，轉移了當事人對環境、對自己、對生命的知覺。而一般化與重新建構的介入，將可促使當事人修改對負向事件的描述與知覺，調整對情緒的詮釋架構，並促使當事人因擁有對事件的新詮釋，減低對事情所持的絕對性態度，願意改採不同的有效措施，而持續累進著生命的智慧與堅韌強度（許維素，2013；O'Connell, 2001; Taylor & Simon, 2014）。

 形塑的意義

　　形塑，一直真實地發生在人們日常生活的對話當中，其常是隱晦或未被注意的，除非雙方的對話發生了爭執。在心理治療晤談的對話中，為催化當事人的改變，形塑是被諮商師有意識地在進行著；例如省略發言者表述中的某些字、保留某些內容，甚至對保留的內容做一些修正或增加一些新的用字與意義（Bavelas et al., 2010）。換句話說，諮商師的回應常保留了當事人所言，但是在保留的同時，也刪除了另一些發言的內容，或以不同形式呈現之，以致在諮商師這位傾聽者回應中所呈現的訊息，已然轉化了（transform）當事人所說的內容，甚至修改了當事人描述的主體及其描述的方式，而對共同建構對話內容極有影響，包括會擴大了當事人原有的知覺。當然這需要發生在諮商師與當事人經由不斷對話確認出來的對話共識之理解基礎上。理解基礎（grounding）是一個時刻累進的歷程，而在其中參與對話者乃共同建構了一個共享的對話內容版本（Korman, Bavelas, & De Jong, 2013; Taylor & Simon, 2014）。

　　有時，諮商師轉化當事人的表達並不多，有時會轉化了很大的程度，而這些轉化的內容與程度，將會反映著不同諮商取向認為「什麼才是對當

事人有幫助」的獨特重點及其背後的特定假設。當事人每次與諮商師談論的生活內容，都存在著一個可以形成新版本的可能性，而成為一種潛在的力量，讓當事人在諮商室外，開啟實際生活中的新可能性；而形塑就是在諮商師與當事人共同建構的這個新版本中，透過諮商師的選擇，而提升了這個潛在力量（De Jong & Berg, 2012; Korman et al., 2013）。

何謂形塑？形塑的定義即是：「就發言者剛才所講的內容，傾聽者加以描述（describe）、解說（explain）、特徵化（characterize）、轉譯（translate）、摘要與複述關鍵字，或者，予以鏡照之、歸納之或主題化。」亦即，形塑的呈現方式十分多樣。例如：描述是指，對當事人已經說的內容，提出一個敘述；解說，則為對於當事人所說內容的意義，給予一個新的版本；特徵化，則是將當事人所言的重要特色予以凸顯；轉譯，是將當事人的說話內容，用不同字詞加以替換；鏡照與歸納，則是讓當事人能整體回顧自己所言。

形塑在諮商晤談的過程常被視為是中立的、非指導性的方式，與當事人產生連結或展現理解同理。經常接在「所以、你的意思是指、你剛講的意思是、換句話說」或「我可能沒有很理解你的意思，我猜想你剛說的是……」等字句之後，會將當事人早先的用語併入回應或歸納陳述，也包含著諮商師想要確認理解聽到內容的正確性，不管是以肯定或疑問句型的方式出現。亦即，形塑是諮商師針對當事人的說話內容，「選擇性」地去談論或發表回應，因而形塑技巧並不是人際間一般自然的溝通反應，而是一個想要去推動或製造當事人「改變」的選擇（Bavelas et al., 2010; Froerer & Connie, 2016; Korman et al., 2013）。

舉例而言：

當事人：我來談是想要處理我健康的問題，這問題困擾我已經很久了，我一直逃避。

諮商師：所以你現在願意來處理你健康的問題，是很不容易的。

當事人：是啊。真的很不容易。

諮商師：那麼你是如何從所謂需要逃避這問題困擾你很久的狀態下，變成能夠來到這裡開始處理你健康的問題？

當事人：都是我太太啦！

諮商師：你的意思是說，你太太對你能夠來處理健康問題，有很大的幫助？

　　從以上的對話可知，SFBT 的諮商師不同於其他諮商取向者，配合著當事人說話的內容與方式，透過形塑技巧，複述當事人的重要關鍵字，肯定當事人的用心、凸顯他已有的初步突破、反映生活的可能資源，而給予當事人不同的故事版本。而且，更重要的是，不同於多數關於晤談文獻跟隨著 Carl Rogers 強調晤談技術是「反映性的」（reflective），認同語言心理學及溝通領域研究論點的 SFBT，認為晤談的技術是更具有「選擇性」（selective）及「轉化性」（transformative）。在 SFBT 晤談中，建構解決之道的歷程需要在當事人的語言及推論架構中進行，即在共同發展目標與解決方案時，諮商師需要努力採用及保留當事人的語言用字，並且特別凸顯當事人所提及的成功例外、優勢資源、在乎重視、未來方向、可能行動、差異改變等，所以，SFBT 諮商師在進行高度選擇性與轉化性的形塑技巧時，相較於其他派別，常需要彙整當事人所有語言內容，大量保持其原貌或含括原用字，不能分析或過度剪裁或增加，又得維持諮商師與當事人平等合作的位置，其實，存在著相當高的難度（Korman, 2011）。

 ## 自然同理中展現一般化的理解與接納

　　有時，來談的當事人是處於不安、驚嚇、憤怒或哭泣不已的狀態，此

時，諮商師展現出「自然同理」及「一般化」的態度，是很重要的。例如，一些當事人在需要尋求專業幫忙時，很可能會覺得沮喪丟臉，其生理的狀況也常超過當事人所能控制。如果，諮商師感覺到當事人明顯的焦慮，一開場諮商師則會以自然同理的態度，提供一般化的資訊：

「會來尋求專業協助想必是面臨很困難的問題。」
「能懂得運用專業資源是很重要的、很難得的。」
「來接受諮商晤談，一開始對很多人來說都是有些不安的。」
「要對陌生人說內心的事是有一些挑戰性的。」

然後再關懷地問候當事人：

「現在做些什麼，會讓你覺得比較舒服一點？」
「需要知道什麼相關資訊，將會有助於你開始我們的談話？」

所謂自然同理，是指諮商師能在「感同身受」的層次上，進入當事人的思考、情感與行動的主觀世界，不會迷失其中或陷於同情，或過度解釋當事人的情緒意涵。SFBT 強調的「自然同理」，則是指諮商師整個人自然地呈現對當事人「整體」的同理與理解，例如：點頭、關懷的語調、尊重地等待當事人思考時的沉默、複述當事人的關鍵字、反映當事人所在乎的內容，而不是一個單獨切割出的技巧（De Jong & Berg, 2012）。

諮商師對於當事人面臨困境的自然同理或一般化態度，是持續貫穿於整個晤談歷程的。常見諮商師在面對當事人的種種情緒、反應與掙扎時，會以「當然」、「是的」、「我能了解」、「這是讓人可以理解的」等接納態度來與之對應。例如：

「是的，在發生地震後的一段時間內，多數人對餘震還是會很有反應的。」

「當然，一般的孩子剛上高中，或進入新的環境，常需要有一段適應的時間。」

「真的，發現伴侶外遇這件事，對一般人來說，都會有很大的衝擊。」

「對啊，親密關係，是可貴的，但也很有挑戰，很需要經營，特別是你們剛結婚的這幾年。」

明顯可知，SFBT 諮商師將當事人視為「一個『人』」而非「病人」，面對當事人談論問題與負向情緒時，會與其他諮商取向有共同之處，也有差別反應；SFBT諮商師除基本初層同理反應之外，會多加選擇自然同理態度及一般化技巧來回應當事人，以使當事人得知所處的困境及目前的反應（特別是負向情緒），是一般多數人在此處境下皆會出現的一種常態性表現，或只是人生發展階段中一種常見的暫時性階段困境，而產生「去病理化」（depathologize）的思維。亦即，一般化的展現，會讓當事人能將其困擾視為生命中預期的挑戰，而更能接受其情緒反應是其來有自、有其道理的，甚至覺得自己並不是那麼孤單、特異或羞恥（許維素，2014）。

由於當事人常視問題為「永久的、不會改變的、失控的、全面的」恆常狀態，而SFBT諮商師的語言會在配合當事人的情緒脈絡下，以「暫時性的、變動性的、可預期的、部分化」等一般化的方式回應，進而造成當事人知覺的變動，並輕輕「扶起」當事人（Fiske, 2008; O'Connell, 2001）。亦即，一般化會產生一種暗示作用：改變是一直在發生的，現在的負向感受「將會」成為歷史或「已經」成為歷史，或者，隨著時日，目前的狀況仍可能再度有所變動，這只是階段性的必經困境而已。於具體操作上，在使用一般化的技巧時，諮商師常引用「當然、自然、可以了解」、「像大多數、是典型的、難怪」等用字，或將當事人所說的內容以「過去式」、「階段化」、「暫時性」的用詞時態予以回應。例如：

「『目前』像你在這剛退休的階段，常需要一段調適的時間。」

「所以，你感受到了這份『暫時』『尚未』找到解決方法的壓力。」

「因為分手，『這一段時間內』是難過的。」

「所以，你『一下子』想不起來這一週比較平靜一點點的時候。」

　　為展現一般化態度，諮商師也可將當事人認為所謂的事實，特別是負向情緒，改為「個人主觀的」、「部分事實的」覺知，如加上「似乎」、「看起來」、「變得」、「感覺上」的字眼，而非「你正是」的語言，以去除絕對性，例如：

「這樣的事情『似乎』很『令人』害怕。」（而非「這樣的事情『正』『令你』很害怕」。）

「就你所能回想，就目前為止，別人提供的幫助，似乎對你來說並不那麼有用。」

「『在那一刻』，讓你『好像』覺得自己『一時』是一個住在地獄裡沒有希望的人。」

　　當然，諮商師還可以把當事人所用的強烈性、擴散性、絕對化的字眼，配合著當事人表述的內容，轉換為嚴重程度較低的詞彙、發生比例較少的用字，或較為明確具體設定的範圍，但仍然需要一定程度呼應著當事人反應的強烈度。例如，以「你對這事非常不滿意」，來取代當事人說「自己快要瘋狂」的用字；或以「他『經常』做不到你所期待的」，替代當事人所說「他『根本』做不到我要的」。或者如：

當事人：我這個月的業績很不理想，我真差勁，我很痛苦，快活不下去了。

諮商師：對於上次業績不盡理想的情況，讓你目前對自己感到很不滿意，也覺得十分難受。

又例如：

當事人：我一直找不到工作，無法養家，真不是個男人！
諮商師：現在尚未找到工作的情況，讓你目前在身為男性角色上感到很
　　　　挫折。

此外，諮商師還會以「可預期」、「偶爾有正向經驗」的語言，取代當
事人的完全失控感與無法忍受的描述，例如：

「你思念有外遇的先生的那種感覺，有時會強些，但是，有時也會
弱些，是嗎？」

「雖然一開始重新適應單身的生活，會有些困難，但好像，慢慢地，
像是一些生活角色與階段的轉換，看你也漸漸適應了不少。」

綜言之，對於當事人在面臨遭逢的事件後會有的任何反應與症狀，SFBT
都視為一種很自然的現象、可以理解的反應，而非以病理學的診斷來評價。
諮商師也會適時以人生發展階段與事件的性質，來一般化、常態化當事人
的情緒，暗示著當事人一切的負面感受是可以理解的、是暫時性的、仍可
改變的狀態，是針對某些特定情境而非全部生命的。當然，諮商師於使用
一般化時，仍必須符合當事人所描述的故事情節以及當事人個人的情緒脈
絡，同時也要能表示理解了當事人所感受的強烈程度。面對當事人的強烈
情緒，SFBT諮商師會使用一般化的技巧來幫助當事人減弱害怕自己過於特
立獨行的恐懼，而不過度擴散其情緒的效應；但是，對於當事人負向情緒
的程度，仍同時是有相對應程度的回應且表示尊重接納的，以避免「邊緣
化」或「平凡化」當事人的感受，而讓當事人產生責備自己是大驚小怪、
或無理取鬧的貶抑。

接納理解負面影響、凸顯既存正向意義的重新建構

由於SFBT相信：每種特定行為、情緒或反應的背後，正可反映出當事人的正向特質或面臨困境的正面價值。重新建構此一技巧，常運用於辨識當事人各類行為、情緒、想法背後的正向意涵、優勢、力量或在乎，並且採用了另一個新的正向語言與觀點，來重新看待同一個議題。舉凡某行為背後所反映出當事人的特質、優點、能力、資源、動機、意圖、努力、本意，或某事的意義與功能，都是重新建構的向度。亦即，重新建構即是諮商師將當事人所描述的事件，在當事人的主觀世界架構內，重新賦予新的正向意義，或特別強調與反映其中的某些正向價值與個人目標，促使當事人看到自己真正看重與在乎之處，以協助順利建構解決之道（許維素，2013，2014）。

應用重新建構的眼光，往往看到事情不同的面向。舉例而言，一個喜歡控制的人，往往是一個很有計畫與架構性的領導；一個青少年違抗的行為背後，也有開始獨立思考的發展與行動的勇氣；當事人認為工作業績不佳，但是，至少懷有積極衝刺的決心；所謂成績不佳的學生，乃有努力考試的嘗試；猶豫要不要結束生命的當事人，還是有能穩住他的力量；被同事攻擊而沒有還手的當事人，至少有一顆不願傷害他人的心……這些隱而未覺的既存優勢若能被看到、辨識出、加以肯定，對當事人來說，十分具有鼓舞效益，也可能會使當事人至少繼續保有這些優勢，並能在這些優勢基礎上，再組織選擇更具建設性的方法，以面對挑戰、向上成長。所以，諮商師需要打破平日認為值得肯定當事人的世俗標準，除了優異的表現之外，當事人的計畫、預備、嘗試的行動、猶豫變化、掙扎的心、良善的特質與用心等，都是諮商師可以嘗試肯定當事人的向度。因為這些小小的好，對當事人來說，往往是不易具備的美德與力量，諮商師可以協助當事人不斷

「累積醞釀」這些優勢資源及其意識，以蓄勢待發，並進而成為支持當事人改變的動力。

然而，在面對當事人所謂「犯錯」行為時，諮商師仍要能獨具慧眼的辨認出當事人隱含的優勢，其實並非易事；此時，以「一定有一個重要的理由」嘗試捕捉其行為背後的正向動機與目標，會是一個好選擇。若諮商師能以當事人自身的意圖來提醒目前選擇不當行為的後果，往往會使十分看重自我意見的當事人（如青少年）更能接受。比方說，因為被恥笑而動手打人的當事人，乃有一份想要保護自己的心意；考試時作弊的當事人，則有希望以高分獲得榮譽的企圖。當諮商師能捕捉到當事人不當行為背後的可貴意圖時，常會讓當事人覺得被深度理解，這種被理解的支持，也將會使當事人更願意投入於諮商之中，而易催化當事人願意跟隨諮商師的引導開始反思：目前所採用的不當行動並沒有幫上自己的忙，反而製造了一些非預期的問題，到底什麼方式才具有建設性解決的效益。例如，對於工作上業績作假被捉的當事人，諮商師可以關懷好奇地詢問：如果真正的目的是希望讓別人看重他，以作假的方式來博得看重又被揭穿時，往往會造成反效果地更讓別人看不起；於後續，諮商師則可再針對這位當事人的動機或需求，導引其回憶、產生、學習與執行合於其動機意圖的各種具建設性的解決方式，如此，才能真正有效地解決眼前的挑戰或是減低其再犯的可能性（許維素，2013，2014）。

至於對情緒此一重要主題，SFBT乃視為是一種能夠反映當事人目標與資源的指標，而非一種需要被修補的、有問題的錯誤反應，因此對於當事人自然產生的情緒，SFBT諮商師也常會予以接納地「重新建構」。例如，對於當事人的自責情緒，或可反映其負責、有道德感的心；一位覺得焦慮的當事人，可能是因為其有現實感而點燃想要行動的欲望；一位悲痛於先生突然過世的太太，是因為這悲痛中有著對先生深層的愛與眷戀。特別有意義的是，SFBT還將情緒視為當事人在其生活中「特別在意什麼或希望獲

得什麼」之一種「有重要理由」的反應。例如，諮商師可能可以如此引導當事人思考：當事人有著被壓迫的感覺，正反映了其在乎的是什麼；而憂鬱的情緒反映了當事人在意錯失了什麼、想要把握什麼；恐懼的情緒，則是因為當事人害怕失去什麼、想要保有什麼；如此諮商師鼓勵著當事人要能看重這些情緒的意義與重要性，接納這些情緒的存在，進而開始找尋現在能夠追求情緒中所欲目標的有效方法（McNeilly, 2000）。重新建構當事人的負向情緒，往往讓當事人可以看到情緒背後真正關心的焦點，而又無傷於當事人所提的內涵或減損諮商師的支持（McNeilly, 2000）。對於當事人的負向情緒，SFBT 是相當看重與接納的，然而，若持續對當事人負向情緒同理，SFBT 認為有時反而使當事人更加深陷於痛苦之中，難以採取有效行動。若以重新建構來辨識、認可及肯定當事人各類情緒背後的正向意涵，將能在接納當事人負面情緒的同時，將其「轉化」之。

甚至，對於當事人的自傷行為，SFBT 仍秉持類似的重新建構信念，認為其背後常可能有一個「非常重要的理由」，需要諮商師協助辨認；例如當事人只是非常希望他人與事情改變、想到未來的無望感難以承受、害怕擁有希望感後所帶來的極度失望、只是想要從無法忍受的痛苦中脫身，或想要停止受傷的求助行為等等（Berg & Dolan, 2001）。有時，諮商師於了解當事人的生命脈絡後，也可能發現當事人的自傷行為，是當事人生氣與知覺到自己目前沒有任何支持與幫助的一種反應，或可視其為在該情況下「暫時」找不到其他解決方法所致，而「企圖因應、舒緩自己情緒並希望更好」也是一種自我期許。重新建構時，可能會發現當事人的自傷與自殺行為只是一種「結束事件」的手段，而不是要「結束他們自己」的意圖；當事人的企圖自殺則可能是一種有目的的行為，例如只是一種達成目的的手段，而不是實際的目標，乃值得諮商師探究其背後的真正所求──想解決的問題或想改變之處（Macdonald, 2007）──理解其重要理由、建構合理目標，並覓得建設性的有效方法，常使諮商方向有了跳躍性的突破。

可知，在使用重新建構時，配合的中文語言結構或語言檢索方式，至少有下述五種可供參考。當然，重新建構的表述，是需要由當事人的立場與角度來辨認的，至少需要被當事人所認同，以及需要符合心理健康與社會規範：

1. 「雖然（負面），但是（正面、可貴、難得）」。例如：

「雖然你這次比賽沒能得獎，但是，看到你很盡力。」

「雖然你一直責怪你的孩子，但也從這裡看出你十分關心孩子，並相信他不應只有這般水準的表現。」

2. 「我不確定……但我確定……」。例如：

「我不確定你的先生是否能馬上變成妳要的樣子，但我確定的是，妳希望你們能夠擁有一個好的未來。」

「我不確定你是否能馬上找到你想要的對象，但我確定的是，你想要慎重選擇對象、擁有幸福的婚姻。」

3. 「至少」、「起碼（沒更糟）」。例如：

「至少你的上司會直接跟你提出他對你的不滿與期待，而不是辭退你或在背後『捅你一刀』。」

「雖然目前你對自己的成績不滿意，但是你至少各科都及格了，這是很重要的基本水準。」

4. 看到在乎與看重。例如：

「從你對於孩子突然過世的痛苦中，看到你對孩子很深、很深的愛與不捨。」

「從你對你母親的生氣中，看到你好像很期待她能理解你。」

5. 一定有一個重要的理由。例如：

「原來你選擇不上學，是你用來保護自己不再被同學欺負的方式。」

「跟妳先生不斷吵架的重要理由是，妳很想爭取婚姻中的公平。」

　　正如O'Connell（2001）所強調，透過語言來解構當事人對問題的詮釋，重新框架當事人對問題的描述，而建立新的、正向的、有意義的、有方向性的界定架構，往往能帶來希望感，自然而然地使當事人的負面情緒消融，正向情緒於是漸進產生。亦即，當問題的另一面焦點被凸顯出來時，問題存在的「社會脈絡」有時就會被改變，當事人的知覺將能有所轉化，其負向情緒也就會隨之更改。如此一來，當事人方有能量開始朝向真正關心的焦點目標前進，並投入於建構解決之道中（McNeilly, 2000）。

 穿透全然理解的同理，覓得生命的可能

　　一般化、重新建構等形塑技巧的使用，常會在接受當事人習於關注的負向層面的同時，又彰顯了其他既存的正向層面，如目標、期待、在意、意義、資源、力量等；因而一般化、重新建構是一種很「有力量的」（powerful）介入，常能帶給當事人「賦能感」。例如：

當事人：我還沒有去採取自殺的行動，是因為我很困惑，到底要不要這樣做；我有點混亂於我的困惑啊。

諮商師：看到你是一個對事情想要思考得很透澈的人。至少，困惑，是一個讓你還活著的、很重要的原因與力量。

　　當然，一般化、重新建構技巧的使用，有時還不足以全然改變當事人，但是很可能轉變了當事人對問題的界定，或舒緩化解其一些強烈的負向情緒（McNeilly, 2000）；而「去病理化」的效益，也往往使原本拒絕諮商的當事人更容易投入於治療的改變脈絡中（Hsu, 2009）。例如：

當事人：跟你談有什麼用。我很可能被裁員啊，你能幫我什麼。被裁員了，我就要去死啊。我沒有辦法養家啊。現在看起來就是我會

被裁員啊，我沒有希望了。

諮商師：你認為目前看起來被裁員的機會是大的，這是你現在最大的在乎。裁員當然是一個重大事件，常讓人一時之間難以接受，甚至有些惶恐。但是，我也從你的擔心中看到，你最為在意的是，你想要有工作能夠繼續養家。

當事人：那你說我要怎麼樣才能繼續養家。這是很實際啊，得解決的問題啊。

諮商師：是的，這的確是一個需要解決的實際問題。你也很有現實感。所以，如何解決這個實際問題，繼續能養家，是你目前最為關注的重點。是嗎？

　　SFBT 諮商師的接納、堅定，以及自然展現一般化、自然同理、重新建構的態度，會使當事人信任諮商師真心願意了解他們的主觀經驗，也常減低當事人因困境或危機所產生的孤獨感，而此，同時也示範一種如何調適情緒的方法以及面對生命的寬容接納。亦即，諮商師的這些態度，往往在發揮接納當事人負向情緒之效果的同時，還發揮了深度肯定當事人的作用，使得當事人在覺得被了解接納之際，也滋養出心理的能量（de Shazer & Miller, 2000）。

　　需注意的是，一般化、重新建構等形塑技巧的使用，並非是諮商師一廂情願的自言自語，或是一種逼迫要求當事人只能正向思考的強勢。任何形塑技巧的使用，需要在理解當事人全盤的故事脈絡、接納個人的主觀知覺的推論架構，以及基於晤談的共同理解基礎之下，諮商師的回應，才會是「貼近」合宜地展現出欣賞、珍惜、肯定的理解與支持。同樣的，對於一些關於當事人如何度過負向情緒、危機或失落的「固定」階段論觀點，SFBT 認為其極可能限制了失落者個別化的目標以及對獨特療癒歷程的尊重。人們療癒自己的方式應由當事人自己決定，而不認為人們一定得「克

服悲傷後才能重回軌道」；例如，當「暫時性的否認」若能及時帶給當事人有效的幫助時，這樣的「否認」仍是值得被尊重與被理解的。即使當事人處在危機裡，仍然只有當事人自己能決定他們要走向何處；諮商師的職責是引領這個過程的發展，而非去設定與要求之（Simon, 2010）。例如：

當事人：唉，我想我太太一定跟你說了什麼吧！她很煩，到處講我壞話。

諮商師：喔，你似乎很在意太太跟我說了什麼。

當事人：我太太很煩，說我爸爸突然過世啊，說我受到很大影響啊。我沒有啊。

諮商師：好像你和太太對於父親突然過世對你的影響，你們的看法不太一樣。

當事人：對啊，我覺得還好吧。她就說我很壓抑啊，要我一定要來找你談談。我不想讓她太擔心啦，只好來了。

諮商師：看起來你也很重視太太，也知道你太太對你的關心。

當事人：對啊。

諮商師：所以，可以多說說太太看到什麼所以覺得你被爸爸過世這件事影響很大、很壓抑嗎！

當事人：她太擔心了。我是覺得想也沒用啊！

諮商師：想也沒用，可以多說一點嗎？

當事人：人都死了還想什麼。

諮商師：所以今天你是因為太太的期待而來，對於你父親的死亡以及對你帶來的影響，你和太太有不同的看法。那麼，對你而言，你希望我們的諮商可以怎麼幫上你的忙？

　　此外，若時機合宜或必要時，諮商師也可以提問以下類似的問句，以便引發一般化與重新建構的預期效益。例如：

「你同時面對這麼多事情發生；如果別人也是面臨這樣的情況，他們的反應會和你差不多嗎？」

「我知道你擔心你孩子不服管教的行為，那麼，你覺得你的孩子跟時下年輕人的表現是一樣的嗎？有多少比例程度是一樣的？」

「你現在一下子不知道如何處理。嗯，那麼你可以如何得知其他同時進到這公司的人，是怎麼樣處理類似的情況呢？」

明顯可知，SFBT 是一個非常關注「治療中如何對話」的派別，除了特別尊重當事人語言的使用與表達外，諮商師選用的解決導向語言，是具希望感、積極性及未來導向。但是，SFBT 的諮商師是會持續對當事人的情緒給予整體同理的回應，而這些回應，不僅支持了當事人，也會幫助諮商師漸進了解當事人情緒與行動的運作是如何產生，建立晤談中共同理解基礎，而激發諮商師思索如何繼續幫助當事人改善自身狀況，包括情緒（de Shazer & Miller, 2000）。在此同時，SFBT 諮商師會運用暫時性及可能性的語言，積極找尋當事人的優勢與力量，辨識差異與小改變的存在，透過改變當事人語言的描述，提供一個未來導向、改變導向以及資源開發導向的思考架構，而給予了當事人一個對於問題、壓力及其衍生的負面情緒進行回顧與反思的空間。可貴的是，這一個反思的架構是能融入於當事人原有的主觀架構，但是卻能帶出當事人之正向思考、感受與行動的思維架構（Kim & Franklin, 2015）。

所以，一般化與重新建構等形塑技巧的回應，往往會帶給當事人新的觀點，當事人的負向情緒也會有所減緩；往往，在當事人的情緒被理解接納後，被擴大的負向情緒將可轉化成為有效能的改變力量，繼而帶動出不同的情緒狀態與行動策略。尤其，當諮商師能以重新建構釐清當事人真正在意之處，或在考量了當事人負向反應背後的正向意涵之後，當事人的情緒立即有所轉化，其目標設定與解決之道，亦將會重新修正或更為彈性多

元地發展（許維素，2013）。

　　然而，莫忘記，一般化與重新建構是一種全然的同理，而同理是穿透生命的經驗。雖然SFBT不會把情緒獨立分割來處理，但是自然同理、整體接納、肯定認同當事人的情緒，乃是SFBT諮商師於所有晤談過程中持續秉持的重要態度與責任。倘若諮商師不能全然整體同理、接納當事人任何情緒反應，或讓當事人覺得諮商師並不了解其情緒與經驗時，晤談將無法讓當事人願意轉為朝向追求個人目標或建構解決之道的方向前進，也將阻礙「解決式談話」的推展與進行（許維素，2009a，2009b，2014）。因此，於所有的晤談歷程中，諮商師需專心傾聽當事人的一切（Berg & Dolan, 2001），對於當事人負向情緒的一般化或重新建構，是一種深沉接納、尊重與理解，是要能展現常態化、正常化、去病理化的接納與正向框架的態度，而不只是用來安慰敷衍當事人的淺薄技巧，因而大大考驗著諮商師是否能認識、涵容處於各生活處境及生命階段的當事人所會擁有的各種反應與心境（McNeilly, 2000）。

☕ 案例對話與反思活動

當事人：我剛講了婚姻種種，那些我不想再次忍受的事情啊，但是……我不知道怎麼說……就是……就是我一直在猶豫要不要離婚，一直猶豫……

諮商師：對絕大多數的人來說，要不要離婚是一件很重大的事情。

當事人：是啊。

諮商師：可以多說一點妳猶豫些什麼？

當事人：就是離婚這件事很大啊，萬一決定錯了怎麼辦啊，所以一直猶豫啊。

諮商師：從妳的猶豫，也看到妳的謹慎以及多方考量。

當事人：是啦。但是……唉……唉……怎麼會需要走到今天這樣的地步……怎麼會呢……實在感慨萬千。

諮商師：當然，婚姻走到這樣的處境，難免有很多的感慨。

當事人：是啊……談戀愛的時候多好，怎麼會這樣。我現在竟然開始想的是，要不要離婚。我也不知道要不要離婚啊。

諮商師：談到現在，如果以 1 到 10 分來評估，10 分是很確定想要再嘗試挽回婚姻，1 分是正好相反，想離婚。那妳覺得自己現在在幾分的位置？

當事人：我也不知道，我不知道我自己的感覺是什麼。

諮商師：嗯哼。

當事人：或者該說，我也不知道應該要打幾分，應該要怎麼想才對。

諮商師：雖然妳不知道自己目前的位置，但也一直在嘗試釐清、一直在思考。

當事人：對啊。很混亂啊……跑到腦袋裡的想法太多了。

諮商師：好像現階段需要考量的事情很多。

當事人：很多啊，真的很多，很亂啊。

諮商師：是的，離婚是一件很大的事，需要同時考量的層面真的很多。

當事人：對啊，現在同時要考量很多的。很混亂很難受的啊。

諮商師：是的，當然。這樣混亂與難受的情況，常是考量要不要離婚時需要歷經的掙扎辛苦。

當事人：是啊，臨到自己頭上才知道決定要不要離婚很難的，尤其想到離婚後的種種，不知怎麼辦才好。

諮商師：那麼，最讓妳在乎、考慮的是哪些事呢？

當事人：孩子會沒有父親啊……娘家的人會沒有面子啊……我會失

去現在擁有的生活啊⋯⋯我日後要怎麼養活自己啊⋯⋯別人會怎麼看我啊⋯⋯還有啊⋯⋯唉⋯⋯越想就越混亂⋯⋯越難過⋯⋯

諮商師：但是好像也聽到妳開始思考，如果選擇離婚要面對的種種現實的事情。

當事人：對啊，開始想到後果。唉，在這社會裡，婚姻真不像戀愛那麼簡單，說分手就分手，有太多層面得考量了。

諮商師：是啊，特別在中國人的社會裡婚姻涉及的面向更多，所以妳所考量的現實層面都有它很實際的意義。

當事人：是嗎？我還以為我怎麼這麼優柔寡斷，怎麼會想這麼多。很亂，好苦喔。

諮商師：從這亂與苦當中，再一次看到妳的謹慎、反覆思考，也聽到妳的種種在乎與實際的考量。

當事人：是啊，我很在乎這些現實的事情啊，我一點都無法灑脫，我不喜歡自己這樣被這些世俗牽絆啊！

諮商師：那麼，如果可能，妳希望自己是什麼樣子的？

當事人：我也不知道⋯⋯怎麼說呢⋯⋯

諮商師：妳剛說到妳在乎這些很現實的事情，但也不喜歡被世俗牽絆或無法灑脫。

當事人：嗯。我很不喜歡自己這樣。

諮商師：妳不喜歡目前這樣的自己，那麼妳比較希望自己在面對離婚的決定過程，是什麼樣子？

當事人：我希望可以忠於自己的「真實」感覺做決定⋯⋯這些事情都是世俗的啦。

諮商師：所以，妳希望忠於自己的真實感受做出決定。

當事人：是的！其實，我不想要再過下去了。我先生好像有精神虐

待一樣。

諮商師：其實妳是知道自己對先生的真實感覺，而在考量的是現實的一些挑戰或取捨。但是妳可以多說說妳跟先生相處的情況或感受嗎？

當事人：他實在太可惡了。我不想要再忍受了。

諮商師：過去在婚姻中的痛苦，讓妳很有不要再接受他這樣對待妳的決心。

當事人：對，這就是我的感覺。

諮商師：如果當妳能忠於自己的感受做出決定，妳如何會知道？

當事人：至少不痛苦，至少會覺得平安、開心吧。

諮商師：平安開心的妳，過的是什麼樣的日子？

當事人：我還是得好好考慮離婚的這個選擇，我想忠於自己，活得更好。但是……我想一想……

諮商師：嗯哼。

當事人：除非我可以在不離婚的情況下，活得下去、活得更好，但這個可能更難啊。難道我要為這些事情忍耐嗎？能不忍耐嗎？我不知道要怎麼做選擇啊！

諮商師：這真的是一個困難的決定。

當事人：很困難。

諮商師：但是也看到妳更清楚知道離婚或不離婚的選擇中，妳最在乎的，不只是如何活得下去，而是要如何活得「更好」。

當事人：是啊，我要活得更好。

諮商師：如果有一日，妳走過這個歷程，妳看到自己過得更好時，那時，妳過的是什麼生活？

當事人：我……我還想不到……我不知道怎麼說。

諮商師：嗯哼。

當事人：我現在只知道，每一種選擇都需要付出代價啊。

諮商師：是的，需要選擇，以及付出代價。

當事人：是啊，要慎重，要想清楚。

諮商師：這樣的大事要一時做出決定，並不是那麼容易。慎重、想清楚，真的很重要，因為都需要承擔。

當事人：嗯。

諮商師：所以，再跟妳確認一下，談到這裡，妳現在覺得，會特別希望我能在什麼地方幫上忙？

當事人：嗯……嗯，再幫我分析各種利弊得失吧，也幫我一起想要如何承擔或預備任何一種選擇的後果……我還是說得很亂。

諮商師：好像妳有注意到，妳一步步更加清楚的知道，自己目前需要的是什麼了。

當事人：是啊……就是不管有沒有離婚，都要過得更好。我都這個年齡了，如果真的能克服跟先生的問題，那或許我也可以考慮不用離婚，萬一真的不行，那我要如何預備面對離婚的代價……

諮商師的自我反思 ▶

1. 在上述的案例對話中，哪些技巧是一般化或重新建構等形塑技巧？

2. 在上述的案例對話中，一般化或重新建構的技巧使用，應用了本章中描述的哪些原則？

3. 在上述的案例對話中，我注意到，這些一般化與重新建構等形塑的技巧，於晤談對話的發展與轉變歷程中，扮演著什麼樣的重要角色？又與其他技巧如何搭配？

4. 對於一般化以及重新建構技巧的概念理解，我目前能接受的程度為何？

5. 對於一般化以及重新建構技巧，我可以如何提升專業應用能力？

11 承受生命的智慧——
因應問句的滋養

　　深受後現代哲學思潮的影響，社會建構論者的SFBT認為，個人所謂的現實（reality）是被人們發掘及賦予意義的，因而每個人所知覺到的現實不盡相同，也沒有所謂絕對的、固定不變的、客觀的現實（O'Connell, 2001）。一如災難、意外、疾病以及其他不可預測的事件，可能隨時發生在任何人的生活裡，但是當事人如何知覺及賦予困境的意義，才是影響人心之關鍵所在。

　　SFBT認為，每一個人的壓力與情緒都是很私人的，只有自己最了解自己的狀態。比方說，當事人常對目前遭逢的困境有著無法負荷的感覺，而此無法負荷感並不是由諮商師來判定目前困境是否已超過當事人原有因應能力所能應付的程度，乃是當事人「主觀的知覺」所決定（Berg & Steiner, 2003; De Jong & Berg, 2012）。同理，每個人希望自己在面對困境時的樣貌，以及期待用什麼方式來達成何種特定需求或目標，也不盡相同。更何況，諮商師對當事人的期待與看法，也常會與當事人本身有所差別。因此，對於當事人的主觀世界，SFBT諮商師需要區分何謂自己的想法以及當事人的知覺，也需要對當事人懷抱一個好奇的「初始之心」（a beginner's mind），願意對當事人的想法抱持存有驚奇發現的機會，對於非預期的事情能夠開放心胸，恍若每一件事都是第一次聽到、看到，而不至於會有自動化的標籤作用（Johnson & Webster, 2002）。

所以，SFBT相當尊重當事人的知覺，在諮商互動的過程，諮商師需特別捕捉當事人描述自己經驗的語言，因為語言是一個重要的媒介，反映著當事人如何在告訴自己與別人他是怎麼樣詮釋某一個特定議題；透過當事人選用的語言，將能協助諮商師融入當事人的想法，了解當事人主觀詮釋的架構以及獨特經驗的意義，而找到可與之對話的位置（Johnson & Webster, 2002）。亦即，SFBT療效的發揮，即是在當事人知覺層面之「知覺運作」（a matter of perception）進行工作，透過當事人「知覺的改變」來產生療效（De Jong & Berg, 2007）。例如，在面對當事人歷經失落與悲傷課題時，SFBT遠離傳統心理諮商堅持深入探討失落與悲傷之深層經驗的作法，反而會大大接納當事人目前處於困境中的觀點與知覺，並運用於諮商互動中所建構的「解決式談話」歷程，來協助當事人「轉換」（shift）知覺，並與當事人共同建構（co-construct）出另一種真實的感受。一旦當事人對現況的感受被解構（deconstructed）了，將會開啟一個先前並未意識到的新可能性（Simon, 2010）。

SFBT協助當事人「知覺轉換」的方式之一，即是幫助當事人能更進一步地發現、證實與確認自己力量與優勢之所在（De Jong & Berg, 2007）；當然，在此歷程，諮商師邀請但尊重當事人目前願意談論困擾或表述自己的內容與深度，是一持續展現的姿態。這些力量與優勢，特別對於長期承受困境者，將成為當事人面對、承擔、因應、處理，或化解困境的重要資源。在SFBT晤談中，因應問句（coping question），即是尋求這些可貴資源非常重要的催化工具（許維素，2014）。

因應問句的使用，將能把晤談焦點轉移至當事人自發的因應策略上，不僅具有深度同理與鼓舞性，又可協助當事人掌握立即可行的具體行動策略，甚至可促發當事人動用自身優勢，重建對其情緒與生活的掌控感，以能支撐當事人繼續承受生命種種不可預期的挑戰，並願意在各種生活實際的限制下，盡最大全力來應對之。

因應問句激發生命能量

　　因應問句引發當事人及諮商師共同發掘與探討當事人為了對抗問題與承接困境所做的付出與努力。最為重要的是，因應問句以現實為基礎（reality-based），從晤談對話中提取出當事人「微小且不可否認」的「成功」之處，暗示著當事人已經採用一些有用的方式開始調適困境或創傷事件帶來的影響，而鼓勵著當事人非常值得去討論這些既存成功中的隱含力量。當然，這常常是一個相互協助的發現之旅：諮商師本來並不知道當事人已有這些因應方式，當事人往往也沒有特別看重；因此，當諮商師以一種願意了解的好奇尊重態度去詢問因應問句時，往往會聽到令人感動的人性尊嚴力量。

　　因應問句就是探究既存例外的一種形式，因應問句的答案，往往會成為拓展成未來策略的重大基礎（De Jong & Berg, 2007）。例如：

　　「你是如何一路熬過來？」

　　「你是怎麼能支撐這麼久的？」

　　「你如何使情況沒有更糟？」

　　「你怎麼願意持續努力想要幫助你的孩子？」

　　「到目前為止，你發現什麼人事物對你會有一些幫助？」

　　「到目前為止，你覺得做了什麼，對你來說是有些幫助的？」

　　當諮商師對於當事人自發產生的意願與策略展現出尊重與看重時，將能把當事人專注在害怕、寂寞及驚恐之事件的心力，重新轉向於自身已為生存所做的「本能反應」中之非本能優勢（Hansen, 2005）。例如：

　　「在這事件中，你有這樣生氣傷心的感覺，那麼，你都是如何安撫自己的？」

「在這件事情中，最令你感到困難的是什麼？當時，你又是如何度過的？」

「這件事是你生命中最難受的一件事情嗎？你何以能一路堅持下來？」

對於有著激動情緒、長期疾病或處於危機中的當事人，很有可能在一開始晤談時，無法進入奇蹟問句的引導，或者立即釐清他們想要什麼樣的改變，倘若諮商師堅持邀請當事人談論未來如何可以更好，有時會讓當事人無法接受或覺得不被理解，那麼，諮商師或可先嘗試引導當事人覺察生命中既存的力量及資源。因為，在當事人的自尊、能量感及希望感有所提升時，當事人才比較容易跟隨奇蹟問句，或開始描繪與想像所要的目標與願景。畢竟，盼望是需要能量承載的（許維素，2009a，2009b，2013，2014）。

創造希望與評估（assess）當事人的狀態，即是諮商師的智慧所在。有時，若當事人訴說很多的苦楚，諮商師需敏感於當事人是有自殺的意念，也需要真誠的詢問：「在這麼困難的情況下，有想過結束自己生命這類事情嗎？」或者進行相關的安全評估。但是，不管當事人的答案為何，因應問句仍然是諮商師可以配合使用的技巧，因為因應問句尊重著當事人現在所知覺的無力感，卻仍持續邀請當事人看到自己如何存活下來、如何持續承受與對抗此一困境的各種資源、方法與力量；這對於覺得自己已經被困境事件淹沒的當事人來說，特別具有支持的意義。所以在進行安全評估時，諮商師記得多用因應問句來收集當事人活下來的理由，以及敏銳察覺與穩定目前情緒的各種資源，即使這些力量相對微小，卻有如黑暗中的一點閃光，十分鮮亮。

深究強化蘊含生機的日常行動

因應問句的應用，即是提升當事人能量的最佳媒介。配合例外架構，因應問句常著眼於非常微小、不起眼的、但確實是真實已經執行的諸多具體生活細節上。例如，面對當事人一直受到失去親人的影響，不是試圖要讓當事人立刻從喪親的悲傷歷程中轉移到別處，而是去了解：目前當事人情況何時有稍微好一些的時候？什麼樣的事情會對他們有一些些幫助？即使當事人的作為令人費解，但諮商師可以用「一定有一個重要的理由」來澄清凸顯效益，如：當事人整天待在室內的幫助是什麼？當事人如何發現降下窗簾讓房間變暗是對他有幫助的？或者，曾經進行了哪些儀式化的行動，而讓自己覺得好一點點？這些儀式具有哪些意義？亦即，在尊重與接納當事人現況的同時，諮商師可以慢慢引導當事人辨認出到目前為止任何有助於自己的資源與方式，而使情況減緩惡化、「止跌回升」，甚至能進而發展出一個長遠有效的策略（Berg & Dolan, 2001）。

「我知道妳先生過世後，對妳影響很大……但是，妳早上是如何讓自己起床的？」

「如何面對新的一天？」「這對你來說困難嗎？」「你是怎麼幫助自己做到的？」

「何時睡覺可以睡得長一點？」「有睡覺時跟沒有睡著時，有什麼不同？」「在這麼難過的情況下，上次是怎麼幫助自己睡著的？」

強調每一天、每一片刻的因應，是很重要的；尤其，對於身陷挫折的人來說，能起床、吃飯、穿衣、出門，都是需要花費很多能量的（De Jong & Berg, 2012）。

因應問句配合著例外問句探索當事人未曾看重但卻蘊含生機的生活細

節。這類方向的提問，會讓當事人發現他並不是無時無刻都被可怕的念頭所盤據。有時，諮商師還會驚訝地發現，有些當事人竟然可在兩次的沮喪發作之間去做些上班、接孩子、煮飯等有功能的事。因此當諮商師注意到當事人在痛苦中仍能做些「不一致」的日常行動時，便可以溫和、緩慢、堅定地一一直接提出（Fiske, 2003; Hansen, 2005）：

「你有多常想到這令人痛心的事情？」「想到的時間比率有多高？」「何時不會想到？」「那時你在做什麼？」

「這些方法怎麼會有幫助？」「你怎麼能在這麼難受的情況下，還能想得到這些好方法？」

「發生被人騷擾的這件事，對你的影響是什麼？」「你當時做了什麼而沒有讓更糟、更差的事情發生？」「之後，你是如何讓你的生命扉頁可以開啟另一章而包含了其他面向？」

「在你目前覺得自己是如此憂鬱的情況下，你是如何能繼續照顧好孩子的生活及日常所需的？」

「面對此一巨變，對很多人都是打擊很大的。你又是如何支撐整個家庭的呢？」

想像一下，處於困境的當事人常常覺得忙了一天、花費了很多的能量，卻仍在原地打轉，這種沒有進步的感覺自然很令人挫折。若再加上有他人指責當事人沒有任何進展時，更令當事人深陷痛苦。當諮商師能以一種真誠、好奇的態度提出因應問句時，當事人往往會有不可置信的驚訝反應（Berg & Reuss, 1998）。倘若當事人已經能認真思考與回答時，諮商師便可立即以關係問句及差異問句結合振奮性引導來多加強化，好讓當事人停留於體會這些已然是例外行動的因應細節所帶來的希望力量（Fiske, 2008），例如：

「你做了什麼讓自己在此危機事件中活了下來？」「活下來的意義

是什麼？」「誰會最佩服你從這事件中存活下來？」「他會最佩服你在
這過程中做了什麼？」

「妳的先生會說，他在一旁關心著妳時，是看到妳如何熬過這種種
的挑戰的？」「當周圍的人也看到妳的力量時，會如何表現出他們的發
現？」「妳又會如何堅定保持這個力量？」「如果繼續保持，妳的生活
將會有什麼改變？」

當然，要有心理準備的是，有些處於困境中的當事人可能還是會否定
諮商師詢問因應問句的意義；這是很常見的反應，因為他們只是「暫時」
還沒有發現這些問句的價值。諮商師可於之後合適的時機再試著推進強調
這些小小自發行動的可貴性（Berg & Reuss, 1998）。而溫和堅持多次嘗試詢
問因應問句於具體生活中的事項，也會引動當事人開始思索與練習對自身
應對能力的覺察。

 ## 因應策略可為立即執行的行動

很多當事人需要經驗到小小的「成功」，以便能維持繼續努力的意願與
動力（Berg & Reuss, 1998）。大大改變往往是困難的，小小的成功經驗會帶
來一絲絲的希望，讓人覺得未來的進展是有可能的、可掌握的、可以發生
在現實中的。一旦在晤談中，諮商師覺察到當事人的小小成功中透露著可
能具有的優勢力量與因應策略，不管多麼模糊不清，諮商師的角色就是要
深究這些優勢力量與因應策略之運作細節及可能影響，或是揭露造就了這
小小優勢力量與因應策略的智慧與方式。因為重要的是，諮商師一定要協
助當事人了解，要使這些小小優勢力量與因應策略能夠再次複製、再次發
生作用，當事人究竟需要掌握什麼樣的重要元素（Pichot & Dolan, 2003）。

經常處於困境中的當事人，因其情緒與狀態，並不容易立即能夠或願

意學習「新」的策略，而因應問句答案中的自發策略，常是當事人「已經在做」的行為，或是當事人能夠負擔或願意執行的行動，所以是當事人可以「立即」、「優先」再多加應用的策略（Berg & Reuss, 1998）。例如：

「在這件可怕的綁架事情發生的當時及之後，你覺得你做了什麼對的、正確的事情？」「你是怎麼想到的？」「你是否覺得這些事要繼續多做？」「如果多做，會有什麼不同？」

「這幾日，當你心情起伏很大時，你是怎麼幫助自己再度回穩的？」「若你都沒有做這些努力，你猜情況會跟現在有什麼不同？」「這些方法何以能發揮作用？」「你覺得如何讓這些作用更增加、更發揮？」

「你當時怎麼能做到？」「你第一步先做了什麼？」「你當時是怎麼告訴自己的？」「還有什麼力量幫助你做到的？」

SFBT 諮商師持有另一個非常重要的信念是：處於困境中的當事人已經花了很多力氣，讓自己能到達目前的狀況；能讓自己沒有更糟，已經是很難得的事。所以，透過因應問句，讓當事人先釐清如何穩定自己的方法或讓情況沒有更糟的作為，常會激發當事人明瞭目前值得繼續先多做的行動。對應於此，在晤談的回饋階段，諮商師會將因應問句中對當事人有幫助的人事物加以彙整，並鼓勵地提醒「優先」多加應用這些因應策略，以穩定現況或小小突破之，再同時連結到原有的支持系統。這一介入重點啟動「行動」，對處於困境或危機中的當事人，特別有助於掌控感的增加。

一如對例外經驗的探討，因應問句所獲得的內容，甚至可謂是防止當事人更為惡化的重要「保護性」因素（Fiske, 2008）。因應問句幫助當事人充分覺察、探討與了解自己自發而為的行動，往往可使當事人覺察與認可自己已在「復原」的路上，而非如原來認定的深陷於困局中；如此，當事人的知覺轉換已然開始發生。即使，當事人沒有立刻採用例外經驗或因應問句中的方法，但是若當事人能開始確認、欣賞、珍惜、感謝自己的付出

或與困難對峙時，將處於一個比較好的位置再去產生改變。就算當事人一時無法透過因應問句找到有效的策略，嘗試思考因應問句未果，常激發當事人知道自己需要更多其他外力的加入協助，諮商師也可於安全性評估與介入上，更有把握地引用社區相關資源（De Jong & Berg, 2012）。是以，透過因應問句所進行的重要覺察與練習，將會協助當事人建構、接受對抗與處理困境的動機、策略或希望，有時，還將會幫助當事人離開「受害者」的位置，而能以「生存者」、「因應者」的姿態來看待歷經生命挑戰中的自己（De Jong & Berg, 2007; Hansen, 2005）──因應問句往往能重新建構當事人眼中的種種限制，進而找到一絲絲生命的可能性，帶來現在可以開始嘗試的行動方向。

與問題共處的不可避免性

SFBT相信，沒有人是所謂「完美」的，也沒有所謂「完美地」處理問題；對於生命中的困境，人們常能做的是，先讓其負向影響力減低。

當事人來談時，常會提及種種困難。對於克服困難的看法，諮商師要特別尊重當事人自身的感受，因為感受是無法勉強硬性規定要如何改變的。即使這種主觀感受可嘗試經由前述的知覺轉換而有所轉移變化，但是，在現實生活中，有些困難真的是暫時無法克服，或是難以全部解決，甚至是不能動搖的。此時，諮商師除了尊重當事人的主觀感受以及思考克服困難的可能性與具體方法之外，也可以先用因應問句引導當事人反思自己面對困難的「態度」：

「你會如何欣賞自己能夠支撐到現在？」
「何以沒有放棄面對這個難以解決的問題？」
「會如何佩服自己一直在與困難對峙？」

「誰會感謝你一直願意付出努力？」

常見當事人會期待諮商師能讓問題「立刻」「全部」消失；然而，「羅馬並非一日造成的」，問題的產生既然非一日而成，要問題立即消失，也為難事。接受生命的限制，是一個需要學習以勇氣與智慧來承擔的歷程。在充分展現諮商師對當事人的理解與欣賞並且支持當事人歷經多次嘗試解決失敗之後，再透過與當事人對話，看看諮商目標是否同意定位於：不管困難何時可以解決，或能解決到何種程度，目前，他們需要什麼，才能幫助他面對困難「暫時」無法克服或承受難以「全部」克服的事實。

在努力且等待改變發生的過程，暫時「與問題共處」並繼續發展生活，將會成為面對困境時另一個可能需要練習接受的課題。例如：

「什麼人事物會幫助你暫時與這問題共處一段時日？」

「在暫時與問題共處的這段時間，你需要如何照顧自己以便能繼續支持下去？」

「什麼力量會繼續支持你不放棄突破這個困境？」

「如果這困境目前暫時無法解決，你又會需要什麼來幫助現在的自己接受目前只能到此的結果？」

「在繼續嘗試解決困難的這段時間，除了解決這個困難以外，還有什麼事情也是很重要的？」

舉例而言，一位擔心即將聯考的學生，可能需要學習接受聯考及其應考壓力必定存在的事實，同時也可能需發展如何因應壓力以及有效的考試策略，甚至，之後還可能需要學習如何面對非預期的結果。一名擔心被裁員的職員，可能要學習接受職場的變動與不可控制性，而能在更努力以保有工作的同時，亦懂得開始發展日後可能被裁員的生存技能。而引導被幻聽困擾的當事人，思辨著如何因應這些聲音打擾的方法、何時不會被這些

聲音所干擾、何時可以不聽從幻聽的聲音等，都是在探究穩定自己主控力量的策略，亦是另一種談論如何與問題共處的方式。

對於生重病或生命垂危者，諮商師或許可以結合因應問句及其他技巧，提升他們與疾病負擔、死亡可能的共處能力（Macdonald, 2011）：

「在住院期間，你是如何幫助自己繼續撐過來的？」「對於住院情況的處理，什麼地方讓你也驚訝自己表現得不錯？」「你還做了些什麼事情，是你在沒有住院時也會做的？」

「若你真的應付得『更好』了，你又會如何知道？」「到什麼樣的程度，你會覺得這件事是在一個『夠好』的控制狀態？」「到時候，你的情況看起來會是如何？」「會跟現在有何不同？」

「你在最近的日子裡，擁有了什麼樣的時光，讓你覺得如果能再多一點，會是很好的？」「所以，你從現在到生病過世之間，你希望自己可以過的是什麼樣的生活？」

「到死亡真的來臨之前，你希望發生什麼，會讓你對生命的結束沒有遺憾或少一些遺憾？」「在現在的日子裡，何時遺憾感是少一點的？」「最近，當遺憾的感受強烈一點時，你做什麼會讓它少一些？」

「現在的生活中若有什麼小小的不同，可能會讓死亡變成是一種『好的離去』？」「你又如何可以讓自己擁有這樣面對死亡的坦然思維？」

是以，在當事人無法一時立刻全然克服困難時，諮商師需要協助尋找當事人的勇氣與力量，來面對及承受需與問題共處之生命限制事實；進而較能做的是，在事情已經無法改變以及負面影響已然存在的事實下，嘗試協助當事人找到讓問題納入生活的調適策略以及減少負面影響的應對方法，或是繼續採用目前當事人能有所掌控的行動，以至於使當事人足以在現實與生命的限制下，於可能的範疇中，仍有合理控制感地發揮創造的因應能力。

五 自我照顧的可貴學習

　　生活中許多的困境或挑戰，經歷磨鍊的過程常會成為生命智慧的來源。特別是在與問題共處的階段，為了能持續面對既存的影響，諮商師需要鼓勵當事人覺察已有或學習發展「自我照顧」（self-care）此一健康導向的自我協助（health-oriented self help）之意識與行動，而繼續朝著健康、成長與適應的方向前進。

　　自我照顧是人們生而具有的本能，每天人們都會做一些維持基本生存、保護自己免於危險的動作；當人們生病、受傷或遭受威脅時，人們也會採取必要的措施。尤其，當事件超出人們的理解與經驗時，人們就會探究狀況何處不對，然後思考接續的介入行動。但是，這些措施、動作及其背後所具備的各種能力，常常會被人們視為理所當然，其實，這些能力都是非常可貴難得的生命資產。

　　換言之，自我照顧的觀點所重視的不僅只在治療（cure）或是修理（fix）問題，而是強調更懂得如何與問題「共處」。自我照顧觀點的加入，將會帶給當事人一種自我效能感，讓當事人在面對未來可能發生的種種情況時，相信自己具有一定程度的因應能力，使得當事人的自我控制感增加。這種自我控制感的增加對於降低各種因困難與危機所衍生的焦慮與失控感，是特別具有意義的（Johnson & Webster, 2002）。

　　對於如何提升當事人與問題共處時的自我照顧意識，其重點包括：

- 幫助當事人在面對困境的主觀經驗裡，能夠聚焦地思考與覺察自己是如何在自我照顧的？
- 哪些自我照顧的方式是特別有效的？
- 他個人所擁有的資源與資訊是什麼？
- 各種策略、資訊與資源所帶來的差異與效果為何？

- 如何能將已經擁有的各種技能，類化應用在不同的情況中，而使自身的因應能力加寬、加深？

「自我照顧」意識的增強，將能催化當事人實際發展自我照顧的能力，而幫助當事人以最適合的方式滿足自己最獨特的需要。懂得自我照顧的當事人經常能夠做到適切評估情況，有能力執行日常生活所需，且能適應目前情況並涵容問題的存在，但是對生活仍有一定程度的滿意度。所以，在持續面對困境、懂得與問題共處時，諮商師若能同時提升當事人的自我照顧能力、增加其個人與社會的適應性，讓當事人懂得自助地減低任何生理或心理的可能傷害，並盡力維持生活的完整獨立性，那麼面對困境的歷程就不再只是消極的等待或被動的「挨打」，而是能積極從中贏回生命的意義與價值。

然而，十分重要的是，諮商師在協助當事人發展自我照顧的能力時，需如同護士一般，要有一顆「純淨的心」（clean heart）：要能對自己、他人與環境有所尊重，相信每一個人都是獨特的、懂得如何表現自己的；相信每一種事物存在於宇宙中，都有其特定的意義與目的。「純淨的心」對自身健康很重要。

相同的，諮商師於「活在當下」（living at the right moment）的同時，對於自己即將採取的行動亦要能先行思考，並要能夠安妥處理與照料個人的問題，才不致對引領當事人發展因應困境能力的此一任務造成干擾。亦即，為了擁有純淨的心，諮商師需要先幫助自己妥善處理面對自身困境的各種情緒與壓力，將個人身心與家庭環境有所安頓後，才能擺脫自己在面對困境過程中的負面思考，如此，也才有能量執行尊重與觀測當事人力量的任務，與當事人發展正向健康的情感溝通，助其建構適合的自我照顧之道。

結語：轉化生命困境為成長的陣痛

　　不少當事人的問題是很衝擊人心的，如天災人禍、家破人亡、虐待遺棄；然而，面對生命的限制，最終仍需要接納與面對，雖然，這真的是一個相當不容易的過程。對於生命許多突發事件，SFBT 的想法是：事件已然發生，能夠改變的是如何看待與如何因應——如何把生命中各事件的負面影響降到最低、正向影響提到最高——而此，也成為 SFBT 諮商師陪伴當事人面對生命各種挑戰與限制時的重點方向之一（許維素，2014；Kelly et al., 2008）。

　　舉例而言，一位因車禍而失去右腿的當事人，需要接受這個事實，調適內心的痛苦與失落，也需要與失去右腿的事實共處，並找到一個可接受的處理策略（如接受醫療技術介入以及新的行走方式）；甚至，當事人還有可能從此事件中產生更多悲天憫人的心以及自助助人的動力。所以，當事人的生活可能因某事件而有局限，但其生命的寬廣度反而可以因為此事件而有所拓展。因此，對於當事人所遭逢的痛苦，諮商師是需要接納與理解的，但是也可以用一種穩定的態度來面對當事人的痛苦——視其為一種「成長的疼痛」（growing pain）（Berg & Steiner, 2003），走過這些痛苦時，將可能帶來拓展成長的生命堅韌與智慧。而當諮商師能接受當事人「成長的疼痛」之存在事實與可能價值時，諮商師也較能承接當事人許多悲痛情緒的波動與個人狀態的變化。當然，諮商師也需要接受一個事實：諮商師無法全然幫助當事人避免生命不可控制的種種挑戰，「不經一事，不長一智」常是一個不可避免的歷程，畢竟，生命是屬於當事人自身的，而諮商師所能做的是：幫助當事人成為他生命的專家！

　　若再回到陰陽太極圖來作結（見圖 11.1），對於生命的苦難及其影響，SFBT 諮商師較能著力的協助之處為：當事人生活中的負面事件已經存在

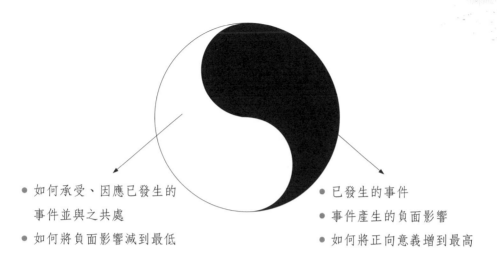

- 如何承受、因應已發生的事件並與之共處
- 如何將負面影響減到最低

- 已發生的事件
- 事件產生的負面影響
- 如何將正向意義增到最高

圖 11.1 SFBT 對生命困境事件及影響的輔導重點

了，且事件帶來的負面影響也已經發生，想要使這些事件及其影響立刻消失，往往是不可能的目標。諮商工作可以聚焦於協助當事人：先求不會變得更糟，懂得與問題共處，接受困境的發生，學習承受與因應該事件及影響，並在此過程中發展自我照顧的能力；進而，鼓勵當事人能發展一些具有建設性的觀點與具體行動，而使該事件的負向影響減至最低，增加正向價值與意義，而能從此事件中變得更堅強、更有智慧、更具行動力，來繼續迎接現在及未來種種不可預期的生命挑戰。

案例對話與反思活動

這位筋疲力盡的母親是這樣說明她來談的緣由：

「其實我不知道我為什麼要來這裡，只是我覺得我應該來這裡。我不知道我應該怎麼說我的問題，因為這好像也不是能解決的問題，但是就是想要來到這裡講講，看看還可以怎麼辦。」

諮商師溫暖而堅定的說：「一定有很重要的理由，讓妳覺得來

到這裡，可能會有一些意義、一些幫助……可以試著說說看嗎？」

「是啊，因為我不知道我一個人要怎麼走這段路，問了別人也沒有用。」母親嘆氣的說。

諮商師一般化地回應：「所以，妳知道是自己得走這段路的，即使目前暫時還不知道怎麼走才是比較好的。」

流下淚的母親說：「我的女兒就要死了，醫生診斷她腦部有腫瘤，隨時會死，突然發現的。她這麼優秀，已經念完碩士，找到一份好工作，但是……還是沒有辦法……天意難違……我只有一個孩子啊……」

「真的?!……這真是很令人震撼的事情啊！」諮商師支持著。

母親哽咽的說：「震撼又如何，也只能接受，我只有這個孩子。」

諮商師關懷的問：「嗯。知道這件事多久了？」

母親無力的說：「三個月，這三個月簡直不是人過的日子，一直跑醫院，心力交瘁的。」

諮商師繼續自然同理著：「當然，一定是的。」

母親說：「尤其是心裡真的很難過，很難過。」

「難以想像妳怎麼熬過這三個月的……是什麼力量幫助妳能夠熬過來的？」諮商師企圖支持並探索母親自發的因應力量。

「不知道，就是忙著應付發生的事情啊。然後告訴自己，就是只能接受啊，只能接受啊！」

諮商師說：「妳怎麼能夠讓自己說出『只能接受』的這句話？並不容易的一句話，尤其妳只有一個孩子啊！」諮商師看到這位母親的智慧隱隱閃著光。

母親說：「我是一個學科學的人，我是一個研究人員，我知道這種事只能接受，即使我很難過。我只是……我不知道……我要怎

麼走下去？」

　　諮商師困惑而好奇的關注當事人的在乎：「走下去是指？」

　　母親認真的說：「沒有了孩子，我怎麼過自己的日子，我先生也已經過世多年了。」

　　諮商師驚嘆的回應：「當然，如果妳願意，我很願意陪著妳討論，妳要怎麼繼續過自己的日子……妳知道嗎，我很佩服妳，怎麼能在這個時候仍努力接受可能會來臨的事實，而且還未雨綢繆地，開始想要去預備未來只有一個人的日子？」

　　母親訝異的看著諮商師：「這很難得嗎？」

　　諮商師堅定的肯定：「當然，不是每個人都能如此面對這麼困難的處境。」

　　沉思的母親說：「之前，我先生過世，我也以為日子很難再走下去了。後來工作與孩子救了我。」

　　諮商師追問地澄清母親可貴的承受力：「怎麼說呢？可以多說一點嗎？」

　　「就是得忙著照顧孩子，就是得繼續上班維持生計，無暇管別的……我也學會了，日子是得自己走下去的，身邊的人終究會離開。」

　　諮商師再次凸顯這份智慧：「在當年先生過世那麼難熬的日子裡，妳是怎麼能產生這番體會的？」

　　母親說：「就是慢慢體會，慢慢學會……很久……所以，我知道孩子要走了，我會難過，我必須接受。但是，之後我要如何支撐自己繼續過日子，我真的不知道接著該怎麼辦。」

　　「之前先生過世這麼刻骨銘心的經驗，讓妳知道，會經歷什麼事，雖然都會很不容易，但妳似乎都有預備，也能夠接受，即使會難過。而妳特別需要討論的，是如何支撐自己繼續過日子，這個部

分，若妳能很清楚，對現在的妳會是很重要的。」諮商師肯定母親，並再次確認母親的諮商目標。

母親說：「是的，這目前對我是最難的。」

以假設問句理解母親的需要，諮商師問：「如果妳現在能知道孩子過世後，妳可以如何支撐自己繼續過日子，那麼，對現在的妳，會有什麼意義？」

母親清晰的說：「那我比較不會害怕面對孩子生病的苦痛。」

諮商師溫和追問可能的正向願景：「如此一來，妳可能會有什麼不同？」

母親說：「嗯……這個……更能好好陪著孩子……我不要一直害怕未來，我要自己更能專注於現在。」

諮商師複述著母親的目標：「妳希望自己更能專注於現在，更能陪著孩子。」

母親嘆口氣說：「我和孩子相處時間不多了，我不知道我應該做什麼，所以我想要更能專注於現在，好好照顧她，好好陪她。」

諮商師探問細節：「如果真能做到專注於現在，好好照顧她，好好陪她，那麼孩子會看到妳在做的是什麼？」

母親說：「我也不知道。」沉默一陣子後，含淚說著：「這是我現在最想做，日後最不會後悔的。因為之前的經驗。」

「是的。這對妳現在來說，是最有意義的……那麼，這三個月來在常跑醫院的情況下，有什麼時候，妳覺得妳比較不害怕未來、更專注於現在的，或者比較覺得自己有陪伴到孩子、照顧到孩子的？」諮商師嘗試探討新近的例外經驗，以釐清可行的作為。

「嗯，我不知道，嗯……」

「少一點點擔憂的情況也好，或比較有靠近妳想要的那種感受也好。」諮商師再次鼓勵著母親找尋小小成功因應的經驗。

　　思考很久，母親說：「我上次寫日記，開始回顧我的一生時，我一邊寫一邊哭，寫完卻很平靜，後來看著孩子因為病痛哭叫時，我比較能忍受，比較能思考現在要做什麼，比較能專心陪著她、呵護安慰她，而不是一邊煩躁地處理，一邊心裡很慌。」

　　「妳希望能專心陪著孩子、希望更多呵護與安慰。那麼，寫日記怎麼能幫妳有這樣的變化呢？」諮商師肯定並深入著。

　　「回顧，整理，更承接生命的一切吧。」

　　「這真的很不簡單。在這樣的情況下，妳怎麼想到要去寫日記的呢？」再次深究母親的自發因應力量。

　　「我很亂，我很需要安靜下來，我告訴自己要冷靜下來……我想起先生過世時，孩子還小，我得一個人面對，我就一直寫日記，……」停頓後，母親突然說：「寫了好幾年，當時我好多日記是寫給先生的話……或許我也可以開始寫一些話給孩子，或者給未來的自己……」母親繼續訴說著她的力量。

諮商師的自我反思 ▶

1. 我個人曾經有過哪些成功有效因應困境的經驗？當時我是怎麼做到的？更加認可這些有效因應的可貴時，對我個人的意義是什麼？

2. 於上述的案例對話中，你發現因應問句如何對當事人發揮作用？

3. 於上述的案例對話中，在貼近當事人的情緒脈絡下，我可以如何替換不同的因應問句？

4. 對於SFBT秉持的信念，因應問句背後對生命諸多的看法（如與問題共處及自我照顧等），對我個人的意義為何？我認同的又是什麼？

5. 對於SFBT透過因應問句可以協助當事人的諮商方向（如減低負向影響、增加正向價值等）有哪些令我印象深刻？對於我在擔任諮商師時的幫助又為何？

12 注入希望的仙女棒——奇蹟問句

　　諮商的重要療效之一在於當事人如何再次擁有希望。Lopez、Ciarlelli、Coffman、Stone 與 Wyatt（2000）認為，諮商取向重視的是優勢能力觀點、尊重與合作的諮商關係，著重未來以及強調目標，都將會激發希望感。亦即，諮商師需要對當事人能力懷著深度信任，「希望」這項資源是早已存在於當事人的內在，所以，諮商能夠提供幫助之處，不是加諸希望，而是「發掘」內心「原有」的希望並更加拓展之。

　　願景將會激發希望。SFBT 期待滋長當事人的願景，引導當事人詳細勾勒所欲未來，而幫助當事人形成一個「問題不存在的時刻」之圖像，如此，將給予當事人一個空間，使其無限制地思考各種可能性的發生。有時，當事人所欲願景的描繪產生的效益並非只是捕捉特定問題的解決方法而已，而是引導當事人嘗試構思「目前的困境不再是其生活『主軸』時」的可能生活樣貌。這樣的立場，常激發當事人聚焦於生活其他面向的可能性發展，如接受與問題共處而積極於可努力的幸福，而成為後續承受與因應問題的資源與力量。此外，當事人透過願景的細節敘說或拓展描述的內容，容易釐清自己「目前」可以開始追求或容易掌握的現實小目標（如最容易靠近願景的一小步），而增加了成功的可能性（de Shazer et al., 2007）。

　　引發願景的想像與描述，奇蹟問句是 SFBT 的關鍵技巧。奇蹟問句是一個「未來導向」的問句。在回答奇蹟問句時，當事人內心的思索焦點也就

會離開原有的問題情境，轉移了觀點，專注於思考如何開始釐清與確認自己想要什麼或希望看到自己有什麼改變，而遠離了停滯於問題的思維狀態，並朝向更滿意的生活前進。往往，連結到未來的各種可能的想像，將大大產生「希望感」萌發的真實體驗（De Jong & Berg, 2012）。

 ## 提問奇蹟問句的原則

為了促使奇蹟問句能順利進行，諮商師於建構解決之道初期欲詢問奇蹟問句時，可以清楚表示將要提問一個特別的、需要想像力的問句，好讓當事人有所預備；然後，再用一種有些戲劇化的語氣說出奇蹟問句，就像是提及這是很不尋常、很特別的事情一般。當然，盡可能說得慢一點、溫柔一點，效果會更好（De Jong & Berg, 2007）。其一般問法如：

「現在，我要問你一個奇怪的問題（停頓）。假如今天晚上睡覺的時候，整個房子都非常的安靜，你也睡得很香甜。半夜，奇蹟發生了，你今天帶來跟我晤談的問題解決了。但是，因為奇蹟發生在你睡覺的時候，所以你不知道在一夜之間你的問題解決了（停頓）。所以當你明天早上醒來的時候，你會發現有些什麼不一樣，而讓你可以了解到奇蹟已經發生了？」

諮商師在詢問奇蹟問句時，可以仔細觀察當事人對奇蹟問句的反應，往往當事人的身體會開始放輕鬆，注意力轉向自己的內在，瞳孔會放大，眼皮也會顫動，甚至會面露微笑；而此恍惚的反應正如艾瑞克森催眠法（Ericksonian hypnotherapy）所誘導出來的效果（Berg & Dolan, 2001）。

在詢問奇蹟問句時，Pichot 與 Dolan（2003）指出需要掌握缺一不可的五項原則：

1. 要發生奇蹟的事，需是對當事人有重要意義的，且此事對當事人來說

乃「『無法』自然發生改變」的。

2. 要強調當事人「『帶來晤談的問題』突然解決了」，而非「全部」的問題，如此比較不會讓當事人混淆要發生的奇蹟方向為何。同時，因為問題的處理與創造解決之道兩者間不見得是相關的方向，所以，這樣的說法會保有很多可能性與發展空間。

3. 奇蹟的發生是立即性，通常會描述奇蹟發生在「今夜」以及能自然發生的場景（如平日現實生活中的家裡），讓當事人容易自然地聯想立刻的改變。而「今夜」的奇蹟發生後，在「明日」於不知道奇蹟已發生的情況下，去辨識小小的差異，乃會比較接近當事人現今的生活，而不會過度延宕於後。畢竟，改變是隨時在發生的，當事人在意的目標，於一些日子後可能會有所不同。

4. 要強調當事人一覺醒來「並不知道」奇蹟發生的情況下去辨認奇蹟發生影響的訊號，如此才能引發當事人去想像有什麼地方會跟現今的生活有所不同，或者辨認可能會有哪些訊號發生，以及，思及會去做什麼事是現在無法做的。

5. 繼續邀請當事人關注一些小小的差別與改變，並猜想他人會看到什麼不同，進而深入一步探討這些差異的意義、助益、重要性與相互循環影響力。

在奇蹟的一天，因著奇蹟的發生，讓當事人脫離平日的限制、藩籬以及圍繞問題的思維，自由地想像與創造解決方法（Berg & Reuss, 1998）。由於奇蹟問句蘊含著「問題是可以改變」的信念，對當事人來說往往是不容易相信與接受，因而大多數的當事人需要諮商師的持續邀請與協助，才容易進入奇蹟問句架構的思維。所以，需要諮商師創造與找尋適合的時機再提出奇蹟問句。而什麼是合適的時機呢？其包括（De Jong & Berg, 2007）：

- 諮商師與當事人之間需要已經營建穩固的理解基礎。

- 諮商師與當事人已經確認晤談初步大方向。
- 當事人能夠說出對他而言什麼樣的人、事、物是重要的。
- 當事人能辨識出已經開始在做或持續在做的一些幫助自己的事情。
- 當事人能有一些能量或對未來能懷有一絲希望的時候。

此外，處在危機或高情緒的當事人常「暫時」難以進入奇蹟問句中，去擁有自己的願景與目標，因為光是想到要處理今日的種種問題，就令其疲於應付了；所以，面對這樣的當事人，一直催逼當事人去進行目標形成或追問奇蹟問句不會有太大的幫助，反而先多問他們因應問句，會是比較好的選擇（De Jong & Berg, 2007）。

 ## 奇蹟問句的變化應用

奇蹟問句只是使當事人跳脫目前慣有思考的一種邀請，不是要讓當事人以為奇蹟就一定會發生（Fiske, 2008）。雖然諮商師並非保證奇蹟一定會發生，但奇蹟問句將會引發當事人一種深層的相信與想像——他們的「生活是可以改變」的正向信念（De Jong & Berg, 2012）。而當事人在描述奇蹟問句的細節時，也將接受一種暗示與歷經一種預演：似乎「可以」或「已經」讓問題解決發生了（Berg & Reuss, 1998）。

為了要幫助當事人跳脫慣有思考模式且順應當事人對「奇蹟」此一詞彙與觀點的不同接受度，諮商師除了採用「詢問一覺醒來時奇蹟已發生」的問句形式外，還可以創造與改編具有奇蹟問句效益的各種變化式，以激發當事人想像力。例如，諮商師可以使用一些譬喻的方式提出問句：「如果有一個水晶球可以看到你的未來」、「如果有一個神仙給你三個願望」、「如果你突然有一根神奇的魔法棒」，以更能配合當事人的接受度，刺激當事人想像所欲的願景。或者，諮商師需配合當事人所能理解的一些類似奇

蹟效益的用字，如：擁有了阿拉丁神燈、仙女棒或水晶球；遇到神仙可以許願、到廟裡求籤、禱告而了解了上帝的恩典；遇到了類似超人的英雄、吃了神奇藥丸；當事人走入魔術門後拿到一份神奇的禮物、諮商師不知情地送了當事人一樣具魔法的禮物、當事人到神奇商店購買神奇禮物；當事人坐時光旅行機時產生了生命的變化、未來的當事人打電話給現在的自己並給予一些建議等等方式，來誘發當事人進入問題解決之後的美好圖像，以引發各種可能性的探尋。

這些改編奇蹟的方式鼓舞著當事人想像突然獲得了生活中原本不可能存在的巨大力量，而激發想像所欲未來圖像的意願（Furman, 2008; Macdonald, 2007; Pichot & Dolan, 2003）。畢竟，「奇蹟」二字不是每個文化都會認同與接受，若奇蹟問句能配合當事人的文化價值，貼近當事人生命信念的形式，將更容易引發當事人想像與產生渴求的未來；一旦有了渴求，也就有生存及奮戰的動力，甚至是承受壓力與挑戰的力量（Furman, 2008）。如此一來，將能讓當事人離開問題的思考漩渦，從內心形成正向有力的心像，並激發對問題各種可能性的接受與探討。

如果，當事人真的表示無法接受類似奇蹟的各種詞彙時，諮商師則可改用單純的「假設問句」來詢問當事人，然後，繼續進行改變後的細節勾勒。

「如果你可以跟＿＿＿＿＿＿（某人）因應得一樣好時，你會有什麼不同？」

「一個星期後，假如情況有一點點好轉了，那可能會是什麼？」

「假如你決定不採取這個最後的方法（自殺），當你年紀比現在更年長些、也更聰慧的時候，你會給現在的自己什麼建議，來解決現在的問題（或度過這一段困難時光）？」

「讓我們想像一下，如果你決定不做這個最後的選擇（自殺），且你活到相當老的年紀（七十歲、八十歲、九十歲）時，回顧你的一生，

看見自己度過了這個難過的時期之後，還活得很有目的、很有意義，此時，你會發現你的一生像是什麼樣子？」「你的一生會做了些什麼事情？會認識、遇見哪些人？還會解決哪些人生難題？會在哪裡看到最美的日出與日落？……」

若當事人不相信會有奇蹟，或仍陷於痛苦中時，諮商師還可以特別用允許痛苦存在以及通過痛苦的「淚水後的奇蹟」型態問句來探問之（Berg & de Shazer, 2003）：

「當你為此事件痛苦流淚之後，如果，可以有一個小小的奇蹟發生，你會希望是什麼？」

「在這樣煎熬的試煉之後，如果，你堅信的上帝能告訴你祂的用意，你猜祂可能會告訴你，這次的試煉對你的生命有些什麼價值？」

「如果有一天，當你歷經被性侵的那份痛苦能夠被釋放時，你會看到自己有何不同？」

「我知道你很想念你剛過世的母親，當你閉上眼，你會想起她什麼好？」「雖然你很難過，但想起她的好以及你們可貴的互動，會對於你面對失去她的情況，有什麼幫助？」「如果你將她對你好的影響繼續在你身上發揮，你會有什麼不同？」

「淚水後的奇蹟問句」不僅能大大同理當事人悲痛的現況，又能引導當事人在歷經痛苦之後的現況裡，仍可產生對生活的小小盼望，而此盼望的發生並未否認問題的存在與影響的事實，對於一些當事人來說，會更易引動其願意開始想像所欲願景，而發揮類似奇蹟問句的效益。

當然，如果當事人的願景非常跳脫他目前的生活，例如成為百萬富翁，那麼諮商師可以改用「明早醒來，你的生活開始『趨向』成為百萬富翁」的這種「奇蹟發生後，朝向所欲願景前進式（moving in the direction）」的

奇蹟問句,因為當願景能駐足於目前的生活脈絡中時,發生的可能性會越高(Ratner et al., 2012)。

 ## 奇蹟發生後的後續提問

　　奇蹟問句能創發某種治療情境,使當事人對所欲達成的治療目標,產生有效的心理回應——如同目標於現實生活已然實現一般,而讓當事人體會到:在晤談室內表述過去發生的事情之後,可以開始慢慢地轉向於思考未來想要過什麼不同的生活,同時,也在產生「相信自己能達成目標」的感受當下,引發深入的內省與行動(Nelson & Thomas, 2007)。

　　奇蹟問句正是從結局倒回至開頭的逆向操作原則之代表。奇蹟願景也往往能讓當事人開始從晤談室轉而回到他的生活脈絡之中能夠有所追求,所以,奇蹟願景並不是一種空泛希望的想像(Korman, 2011)。當諮商師在詢問當事人奇蹟問句的同時,若忽略了當事人生活與生命的「脈絡」或情境,很可能導致當事人難以切實回應。在情境「脈絡」下詢問奇蹟問句,不僅能在一開始將解決之道與問題分開來,也提供了能引出解決之道對話的定錨方向,並帶出更多解決圖像的細節。亦即,奇蹟問句其實是一個開放性的引子,通常離建立良好構成的目標還有一段距離,所以,於提出奇蹟問句後,諮商師接下來的任務還是要繼續提出問句,讓當事人對在偏好未來中要如何生活產生更細緻而具體的描述。這乃是一個非常重要的任務,因為回答奇蹟問句需要以截然不同的語言遊戲來加以運作,諮商師需要探究奇蹟發生後的各方細節,以便能將當事人思考的焦點從「危機後的當前感受」轉至「奇蹟發生之後的生活」,所以非常需要諮商師的堅持邀請與帶領(許維素,2009a,2009b,2013)。

　　在提出奇蹟問句後,需繼續追問的細節,其如:於奇蹟發生後,當事人會注意到什麼不同?周圍的人會看到或表現出什麼不同?這些不同又會

帶出什麼影響與改變？為了能使當事人設身處地進入這個奇蹟的願望與圖景，諮商師常結合偏好未來、時間順序、優勢資源、關係問句、循環問句的方式，變化使用各種未來導向的假設問句，以使當事人容易促發想像與回應（Thomas, 2013），例如：

「當奇蹟發生時，危機解除了，你心情變好了，你的孩子、太太會發現有什麼不同？」

「在那時如果你不再很難受的話，你會做的是什麼？」

「那時你會注意到你的家人會出現什麼不一樣的反應？」

「你的改變又會怎樣帶出你們互動的不同？」

「到那時，你會做些什麼事是現在想做而不能做的？」

「或者，可以不用再做些什麼事是現在不得不做的？」

「還有誰會發現你有不同？」

「他們的反應會是什麼？」

「這會帶來什麼影響？」

「別人會最先看到你的第一個小改變是什麼？」

「若看到時，他們又會有何連鎖的改變？」

「這些不同，對你何以會有幫助？」「何以有意義？」「何以是重要的？」

　　諮商師要持續的探討、細節化奇蹟發生後的景象，所以需要不斷邀請當事人描述生活中各種人際關係與情境的改變。當諮商師邀請當事人描述奇蹟發生之後的細節時，記得要維持在「奇蹟已經發生」的位置上，並重複當事人對於奇蹟已經發生後的描述用語，好讓當事人能持續停留於奇蹟景象之中而繼續聯想回答。若當事人回答的是抽象的感受與內在想法的變化時，記得邀請當事人說明在此心情與想法下會有何「作為」之行動，或者用關係問句詢問別人看得見的具體變化及其與當事人的新互動，以使奇

蹟願景具象化、動態化（Berg & Reuss, 1998; De Jong & Berg, 2007; Pichot & Dolan, 2003）。

願景的建構不僅能有助於目標的勾勒與拓展，在描述願景的細節裡，當事人透過自發描述的可能作為，常容易連結蘊含可能的解決之道或立即可嘗試的策略：

「如果有一天你不再被與太太吵架的事情所影響了，那時候的你會有什麼不同？」「奇蹟發生後，你在面對夫妻爭執時，會是如何處理？」「那時，太太的反應會是怎麼樣的？」

「如果有一天你變得很有自信了，那時候的你會如何處理同事排斥你的問題？」「所以變得自信的你，會在心裡告訴自己，同事的排斥是因為不了解你職責的壓力，所以你會更冷靜地、就事論事跟他們談。那麼，那時，他們的反應又可能會是什麼？」

在當事人回答後，諮商師可試著鼓勵當事人去做其在願景中成功理想的自己會採用的方法，因為這些方法是在當事人描述的願景中發生的，也代表著是當事人所認同的；由於是當事人所認同的方向與方法，諮商師就不需要再多費唇舌地說服當事人其有採用或學習的價值（許維素，2014）。

往往，當事人所描述在奇蹟發生後所會出現的事情或是會去做的行動，或可成為當事人先行追求的方向以及立即執行的小目標。在當事人能回答奇蹟問句的細節時，諮商師要專心地聽當事人的描述，然後再提出現實導向的後續問句（Quick, 2013）。例如：

「你覺得奇蹟中的哪個部分，是比較容易開始著手？」

「如果日子可以照你所希望的理想境界過下去，會需要先發生的是什麼？」

在當事人的奇蹟圖像被詳盡描述後，諮商師也可接著開始連結過去是

否有部分的奇蹟片段已經發生（即例外），並邀請當事人深入探討、積極擴張或多加觀察那些部分。即使諮商師沒有特別鼓勵邀請，有些當事人在思索的過程中，就會知道多加產生這些例外是有助益的，那麼當事人便不用等到所有的奇蹟都發生，就會開始以不同的眼光來覺察與使用生活既存的資源（Quick, 2013）：

「在現在的生活中，什麼事需要多發生幾次，才能使所謂的奇蹟發生？」

「在你的生活裡，最近什麼時候曾有一點點類似你剛說的奇蹟，或者有哪一小部分曾發生過？」

「真的嗎？那時你是怎麼做到的？」

「你會希望這樣好的狀況多發生一些嗎？」

「這些小小的成功經驗可以如何幫忙你更靠近你想要的未來？」

特別常見諮商師會在當事人回答奇蹟問句之後，以評量問句接續之，而將奇蹟或所欲願景的描述置於 10 分量尺的 10 分位置，對照現況與奇蹟的相對位置後，再將其願景與目標具體化、實際化，以幫助他們能在此刻的生活中，找到可以嘗試邁出第一小步的目標動作，以突破卡住了的負向循環。當然，若當事人一時無法立刻回答奇蹟問句，諮商師可以先邀請當事人先詳細設定評量問句最高分處的內容，也是奇蹟問句一種變換使用的方式（Quick, 2013; Trepper, Dolan, McCollum, & Nelson, 2006）。

「在一個 1 到 10 分的量尺上，10 分的位置是奇蹟發生後的情況，＿＿＿＿＿＿（複述當事人描述奇蹟發生的原有用字），1 分是你曾經最難過的情況，那現在的你，在幾分位置呢？」

「如果 10 分代表你非常期待的生活，1 分表示相反的情況，你可以描述一下，10 分的生活是什麼樣子？現在的生活又在幾分的位置？」

「如何才能朝 10 分邁進 1 分？」

「當你再高 1 分時，你會有何不同？」

「若你回去後試著『假裝』你已經是多增 1 分的狀態了，那麼你會做些什麼事情呢？」

以假設問句、奇蹟問句、評量問句來引導當事人透過想像未來可能的正向發展，或者觀察注意生活中奇蹟發生的跡象，甚至假裝部分奇蹟已發生的過程，都將幫助當事人接納自己目前的深層渴望，清楚掌握想要的追求，而使能量有可集中努力的方向。為尋找當事人的目標、解決之道與資源，諮商師需要隨著奇蹟問句，追問很多奇蹟發生後的細節，並比較其與現況之間的差異之後，才能產生進入生命可能性思考及明白後續方向的可貴效益，這包括：當事人所在意的人事物更能浮上檯面，當事人容易聯想到曾經發生的例外或者最容易開始成功的一小部分，當事人越易受到其所描述結果的增強，甚至可以「預演」一次未來的景象而真實體驗改變後的美好，如此種種將越能激發當事人後續追求有意義生活的行動意願、信心與方法。

四 維持在奇蹟發生後的堅持邀請

由於奇蹟問句的方向常不是當事人慣有的方式，要去回答時，是很費勁的，尤其對情緒原就低落的當事人而言，所以諮商師十分需要等待當事人思考與反應。在提出奇蹟問句後，諮商師維持沉默與如如不動，是一種重要的姿態。倘若當事人在描述奇蹟發生後，又掉回難過的敘述，諮商師記得要支持並予以接納認可，然後再試著邀請當事人回到奇蹟發生之後的變化。如同於晤談過程中當事人的談話焦點又轉而朝向負面時，諮商師仍可再次運用奇蹟問句加以重新定錨，使晤談再度朝向解決之道的對話（Simon,

2010），例如：

「我知道你現在覺得很混亂、不想去上班。（停頓）但若奇蹟發生了，這個混亂會有什麼轉變？你會在生活中開始做些什麼事？」

「所以，他們這樣對待你讓你難受，真的不是你要的。（停頓）那麼，如果情況能有改變，再回到我們剛講的奇蹟發生後的那一日，你會看到的是什麼？跟現在不一樣的是什麼？」

　　由於要回答奇蹟問句得跳脫慣有的思維方式，有些當事人甚至在一開始回應時，很可能以「不知道」來表示，但是，當事人的「不知道」回應，不僅具有維持互動對話規則的意義，也可能給予自己更多空間去思考。回答「我不知道」可能只是表示當事人一下子暫時無法了解問題，或還沒有想到解決之道，所以，諮商師溫柔、暫緩地給予當事人一些時間組織重整一下想法，常為必要之舉。有時，當事人「我不知道」的反應，正表示他處於一個「開始思考」的狀態，而非沒有想法的結果；例如，說著「我不知道」這句話時，有些當事人是更能自由地思考，並喚起勇氣說出原先不敢講出口的希望與夢想。

　　對於當事人諸如此類的反應，諮商師也可以稍微停留後，以「我知道這是一個困難的問題」，然後，再等待一下，有時當事人就會願意再繼續思考。或者，諮商師可以「假設你真的知道，你將會說些什麼？」或「當然，你現在一下子不知道，不過，猜猜看……」等簡短回應，來鼓勵當事人慢慢形塑出未來導向的目標，畢竟沒有人不會猜測或猜謎的（Berg & Dolan, 2001; Berg & Reuss, 1998）。

　　如果當事人提及的奇蹟，讓諮商師聽起來覺得是不可能發生的事情，諮商師則可委婉詢問，有時會產生提醒的效果，有時更會搜尋到當事人之前未提及的資源。

「這是可能發生的嗎？」「怎麼說呢？」

「生活中的什麼線索，讓你覺得這是有可能發生？」

諮商師常會因當事人的回答內容而修正看法與再建立共同理解基礎，進而跟隨、詢問當事人需要做些什麼不同的事，來讓此奇蹟發生的可能性提高。如果是像中樂透的事情，諮商師則可以用「大家都想得到」之類的回應來帶過，或者詢問得獎後當事人會去做的事是什麼，而又繼續回到當事人的奇蹟圖像。不過，若當事人提及的是希望死去的媽媽活過來這類的事件，因為這是一定不可能的，則諮商師會沉默的看著當事人，或者可以遺憾的表示（Macdonald, 2011）：

「我們都知道這是不可能的。（停頓）我想知道，過去你母親跟你在一起時，都會做些什麼事情？」

「即使她過世了，但是她一直都很希望你可以擁有的是什麼樣的人生？」

五 結語：撒下奇蹟的種子

在晤談一開始詢問當事人來諮商的目標時，通常當事人會同時交錯陳述他們不希望發生的事情以及他們想要的不同，身為諮商師的職責，即是創造出能讓當事人發現其自身解決之道的條件，並幫助當事人深入檢視其內心，找出他們真正想要的目標以及如何達成目標的資源。回答奇蹟問句，特別能達到這個目的。

奇蹟問句引導當事人進入「已經成功後」的景象描繪，提醒著改變乃是以解決之道為基礎，而非問題。當一個人透過奇蹟問句詳細描述所欲的願景時，不僅只有針對來談的問題，而是會包含當事人的整體生活各面向

的改變，其中也常包括了情緒狀態的不同。在回答奇蹟問句的歷程中，往往會刺激當事人想像連結到可能的行動方向，預演了一次未來的過程，於心理上也將會實際體驗到改變後的種種美好感受，而使當事人於描繪願景的當下，便已產生知覺拓展之效。進一步地，從願景的詳細圖像中，當事人常容易聯想到已經發生過的例外經驗及其方法，而凸顯既存的資源，並可意識化地將其再利用；或者，當事人也容易接續辨認出願景中哪一環節是比較容易先行達成的，而促發後續行動的初步方向。甚至，觀察注意生活中奇蹟發生的「跡象」或「假裝」奇蹟已發生，都是一個可嘗試的後續方向（Ratner et al., 2012）。

　　雖然諮商師並非保證奇蹟一定會發生，但奇蹟問句會給予當事人一種深層的相信與想像——他們的生活是有可能改變的（De Jong & Berg, 2007）；而當事人在描述奇蹟問句的細節時，當事人也接受了一種暗示：似乎「可以」或「已經」讓問題解決發生了（Berg & Reuss, 1998）。所以，奇蹟問句不僅邀請當事人想像發生正向的改變，還會深入至正向改變發生之後對生活的影響與結果（Fiske, 2008）。即使奇蹟問句的回應不可能提供所有的資訊，但至少會得到當事人所在乎的面向，而可進一步具體形成為目標（Macdonald, 2011）。凡此，都如種子一般，被撒播在當事人現今的生活之中。

　　由於未來的奇蹟願景是由當事人所提供，將是符合當事人生活脈絡的，因而在當事人「如何行動」以及欲完成「何種願景」兩者之間，會是相當對應、彼此相合，以至於常會是比較可能成功的，甚至，是比較能持久的。奇蹟問句及達成目標設定的原則，將從現在起步，使願景目標與現今生活產生連結，也可以幫助當事人看到許多小小改變的可能，及其對他們自己與周圍的人所具有的影響力。如此，當事人的希望感將持續被醞釀，且改變也會被視為是可能達成的。不過，在面對任何當事人對於奇蹟問句的反應時，諮商師的同步與尊重，仍是一樣重要且需持續存在的態度。而且，要注意的是，在問奇蹟問句之前，當事人是需要有所預備的，至少需確認：

要問的奇蹟對當事人而言是重要的向度，以及是在當事人已能有一些正向思考、已提出晤談的共同方向，或表示預備要解決問題的時候。這些原則，提醒著諮商師如何提問奇蹟問句，會是比較有意義，也比較容易成功的（Berg & de Shazer, 2004; Korman, 2011）。

正如 SFBT 創始人之一 de Shazer 於 1994 年所言：「奇蹟是當事人與諮商師之間的橋樑，使其能共同創建未來諮商的成功。」（引自 Pichot & Dolan, 2003）奇蹟問句乃是 SFBT 重要的核心介入，能戲劇化地將當事人充滿問題的思緒，轉移至以解決之道為焦點的思考，而從談論問題「解放」出來（Fiske, 2008）。所以，諮商師永遠不會知道當事人對於奇蹟問句的反應，除非真的去問（Fiske, 2008）！

🌸 案例對話與反思活動

對著含淚的她種種沉重的表述，諮商師歸納：「妳剛提及，其實妳很痛苦於小三這個位置，妳很希望自己能離開這個角色。」

「是的，我不想再這樣下去，沒有意義。」她繼續默默地落淚。

「所以，妳希望妳的人生可以有所不同？」

她點了點頭。

「那麼，妳覺得什麼樣的新生活會是比較有意義？」嘗試邀請當事人構想所欲的目標。

她說道：「我不甘心自己的人生只有如此。我的好朋友也一直跟我說不值得。」

「不甘心？」複述她的關鍵字。

「付出了一切、青春，到頭來也是一場空。」

「那麼，妳的好朋友有說過妳值得過什麼樣的人生嗎？」透過好友，嘗試建立諮商晤談大方向。

「我不知道，他們沒有講過，只是一直勸我離開。我覺得，什麼選擇，都是只求心甘情願，就會覺得值得。」

「那麼當妳擁有什麼樣的生活，才會讓妳覺得心甘情願、覺得值得？」繼續邀請當事人往改變的方向思考。

她停止淚水：「就是跟一般的女人一樣，擁有一般的幸福。這真的很難嗎？」

「妳希望妳的人生可以開始有所不同，能有一般女人可以擁有的幸福。」

「是的。是的」她的眼睛閃耀著堅定的期待。

諮商師認為是詢問奇蹟問句的時機了：「那麼，現在，我想問妳一個奇怪的問題，妳的想像力好嗎？」

「好啊。是什麼問題呢？」

「假如今天晚上睡覺的時候，奇蹟發生了，妳今天帶來跟我晤談的問題解決了，妳的人生不同了。但是，因為奇蹟發生在妳睡覺的時候，所以妳不知道在一夜之間妳的問題解決了。那麼當妳明天早上醒來的時候，妳會發現有些什麼不一樣，而讓妳可以了解到妳今天跟我談的這個問題消失不見了，那麼妳的人生會是什麼樣子？」

她難以進入地說：「奇蹟，很難有奇蹟吧。我不相信奇蹟。我倒是相信人生有一些因緣際會之類的事情。我也沒想過我會走到今天這步田地。」

順著她的相信，諮商師再次邀請進入奇蹟問句：「是啊，人生有很多因緣際會與變化。所以，如果說有一天，因緣際會的、因緣具足了，妳的人生開始有了變化，而且變成妳想要的人生，那會是……？」

「嗯，不知道啊……」她思索著。

「在歷經了這一切，終於走到妳心甘情願、覺得值得的境界，

擁有和一般女人一樣的幸福，那時，妳過的是什麼樣的日子？」

靜默地等候，她終於接著說：「嗯……嗯……就是過得很滿足，很能理直氣壯，不用看人臉色……你知道嗎，我現在覺得自己很丟臉，無法跟別人說我的愛人是誰，很苦的。」

堅持於奇蹟的建構，諮商師開展奇蹟發生後的後續提問。

「是的，很苦，不是妳所願的。」

「唉！」當事人嘆氣。

「所以，過得很滿足，很能理直氣壯，不用看人臉色那是指？」

「不知道怎麼說。」

「例如妳的好朋友看到妳時，會怎麼描述妳那時的樣子？」

「比方說，有足夠的經濟條件，開心的工作……好難講喔！」

複述著她的語言，諮商師再次邀請她描繪奇蹟的圖像：「當妳是滿足、理直氣壯、不用看人臉色、有足夠好的經濟條件以及開心的工作，妳會跟現在有什麼不同？」

「就是不會每日哭著睡著之類的。」

「還有呢？」

「開心一些吧。我都一直在罵他、罵自己。」

諮商師運用關係問句加入構想奇蹟的角度：「到那時妳好友會看到妳開心，不是一直在罵他、罵自己時，會是做一些什麼事情是現在沒做的呢？」

「不是為他而活著，而是為自己活。」

「那是指？」

「例如做自己喜歡的事，像是，畫畫啊！」

「還有呢？」

「旅行啊。」

「還有呢？」

「當然是有一個可以相愛的、好的男人，有一個家啊。」

「那麼，如果用 1 到 10 分的量尺來評量，10 分是剛剛說的，因為因緣際會，妳的人生終於走到妳要的樣子，妳是心甘情願、值得的、滿足的、過得理直氣壯的、不用看人臉色、有足夠好的經濟條件、開心的工作、有一個愛人及家庭，妳的好友也會看到妳，過得開心、為自己活著，也會做些畫畫、旅行這些自己喜歡的事情，而 1 分是相反的情況，那麼妳現在是在幾分的位置？」諮商師彙整的提出。

「喔……2 分。就是開始有這些想法而已，沒有任何行動。我真的很氣自己這樣。」她嘆氣的說。

「那如果換個向度來評量，10 分是妳很希望、很有決心自己能夠做得到，1 分是做不到就算了，那麼妳現在是在幾分的位置？」以評量問句換不同的向度來激發當事人的力量。

「10分。當然是10分。不能再這樣下去了。」她很有力量的說。

諮商師總結並肯定著：「所以，目前妳很有決心，也有了妳想要的未來生活的願景，只是還沒有開始付諸行動而已。」

「是的。」

諮商師嘗試引導可以開始的第一小步：「那麼在妳剛剛描述的妳很期待的生活中，哪個部分是妳覺得最容易現在開始去嘗試的？」

思考許久後，她說：「畫畫吧！」

「怎麼說呢？」諮商師邀請她具體化描述。

「因為很多事情得一步一步來，像經濟、工作，我可以繼續努力，但現在馬上喔，可能像是畫畫這種，是應該可以馬上做的。」

諮商師讚美地強化說：「妳很有分析能力呢。注意到這部分對妳的意義是……？」

「我很喜歡畫畫的，我都忘了；也忘了自己喜歡什麼了。」

「妳喜歡畫畫，妳對自己過去畫畫的記憶是什麼樣子？」進入細節，以協助其提取這些既存優勢的力量。

「專心，享受。唉，很久沒畫畫了。」

諮商師肯定當事人的選擇：「那麼，如果能想起來要去畫畫，也真的多去畫畫，有著專心與享受的感覺，那麼會有什麼幫助呢？」運用假設問句，構思一小步達成後的願景。

「離開苦惱，我太久沒過為自己而活的日子。」

「嗯哼。」

她繼續說著：「我希望自己開始再去畫畫，增加這部分的時間。這樣我的能量會高一點，我就有力氣再去做一些自己一直想做的事情。」

「比如是什麼呢？」

「我想去念研究所，我一直有想。而且，我研究所畢業後可以找更好的工作……我開始來準備，苦惱時就畫畫，這樣我可以有一些開心的事，較不會一直陷入在這份感情裡……」

諮商師的自我反思 ▶

1. 對於奇蹟願景或生命可能性的影響力，我相信的程度有多少？

2. 於上述的案例對話中，我觀察到奇蹟問句提出的時機以及哪些後續的提問方式？

3. 於上述的案例對話中，我觀察到如何維持當事人於奇蹟問句中的對話？

4. 對於上述的案例，我還可以變化應用哪些奇蹟問句的形式？

5. 從上述的案例對話，我發現奇蹟、目標、例外、一小步是如何相互關聯著？

13 擴大與轉移知覺的寶器
——評量問句與關係問句

　　SFBT強調晤談需要在當事人整體知覺中工作。諮商師除了嘗試理解接納當事人現有情緒、認知、行動的知覺之外，透過擴大與轉移知覺帶動當事人的改變，是SFBT的核心軸線。於晤談過程中，評量問句、關係問句及兩者的結合使用，是十分有助於擴大與轉移當事人知覺的重要代表技巧。

多元功能的評量問句

　　評量問句運用了一個刻度量尺的工具，此一刻度量尺通常為十個刻度（也可依當事人的理解與接受程度，改為百分制或五分制），頂端的 10 分常是代表當事人所欲的結果或奇蹟發生後的圖像，1 分則為相對的低點。最高及最低分界定後，再詢問當事人目前所處的位置，其與奇蹟願景的距離，對照與最高分、最低分的差異，進而逐步引發當事人朝著自己所欲願景的方向，以適合自己的速度與方式，向上提高 1 分。評量問句經常接在奇蹟問句之後使用，而有「奇蹟評量」的雅稱（de Shazer et al., 2007）。

(一) 運用評量問句的基本原則

　　評量問句在SFBT中非常廣為應用。使用評量問句時，諮商師只需提出最高（10 分）與最低點（0 或 1 分）所代表的意義，再由當事人來評量他自

身的知覺，或者思考別人可能會給予的評量分數即可（Pichot & Dolan, 2003）。透過評量問句，能幫助當事人把許多難以表達的觀點、抽象的情緒狀態、內在的感覺想法等的內容與強度量化出來，可提供非常有價值的資訊，也可有效協助諮商師評估與了解當事人此時此刻的狀態，特別是對處於危機中或功能暫時偏低的當事人（許維素，2013，2014）。亦即，評量問句可幫助當事人表達出過去與現在經驗的複雜感覺，也可評估未來的可能性，而把處於困境中的當事人常見之強烈而抽象模糊的反應，轉化為更具體、可測量以及可介入的行動（De Jong & Berg, 2007; Hansen, 2005）。

由於評量問句以數字來代替語言的描述，因而極具彈性，幾乎只要能懂數字的人就能回答。即使在當事人語言表達能力有限的情況下，評量問句仍可幫助當事人具體表達自身的狀況。例如，處於困境中的當事人往往難以主動提出任何例外，或是不願描述自己太多生活細節，此時，評量問句就是很適當的工具，因為當事人只需要說分數，甚至不需要詳述分數背景的確實內容（特別是負面的事實），仍能使晤談繼續往前邁進。

若當事人已經有一個大方向作為諮商的目標，就可以將目標放在評量問句 10 分的位置，並重複當事人描述的用字與內容，如：情況很好、你最快樂、學校生活很充實、時時清醒不再酒醉等「出現所欲願景」的描述（而非「不再有困境」或「消除問題」等用詞），而 1 分直接整體表示，已經發生或可能發生的最糟相反狀況，但不邀請當事人進入想像最糟的情況；如此一來，當事人比較容易聯想到生活優勢與進展，也比較容易引發當事人希望與賦能感（Ratner et al., 2012）。例如：

「如果 1 分表示你剛提及的這事件帶給你的壓力，是彷彿被淹沒的狀態，10 分表示你剛說你很希望『自己能平靜地面對這一切』的那個理想的狀態，你覺得這事件剛發生時是幾分？」

「現在又是幾分？」

「是什麼讓你能在短短的一個月產生這樣的進步分數？」

即使是面對遭遇重大打擊的人，評量問句還是很適合協助當事人開始溝通他們的需求，因為對於難以表達的當事人，以數字來表示要容易得多；而對於一直傾訴的當事人，要他們進行評量，則產生歸納的效益。透過評量問句的討論，還會讓當事人能加快產生接納情緒的效益以及處理情緒的有效行動，而此也傳遞著痛苦不會如此一直惡劣地纏著當事人的暗示性（Berg & Dolan, 2001）。尤其，若當事人的情感狀態可以被其確認接納、被審慎地評估時，當事人便能辨認出他們可以做哪些想做的事或執行哪些必須做的事，將能影響與改變因困境所產生的情感狀態。例如：

「如果 10 分表示問題解決時你能過你想要的日子了，1 分表示當時你很痛苦地決定必須打電話預約晤談，今天你來到晤談室了，你覺得你目前在幾分的位置？」

「如果 1 分表示目前的情況很糟，10 分表示情況慢慢在恢復正常了，你現在會給自己打幾分？」

「10 分表示你可以看到一點點的希望與亮光，1 分表示完全沒有希望感，你目前在幾分？」

即使當事人有身陷困境之感，諮商師在應用評量問句時，仍然需要持續抱持著未來導向，試圖了解當事人希望他的生活可以有什麼改變，以及澄清他需要做什麼才能造成此改變。若當事人能對所欲改變描述得越具體、產生越多的細節時，當事人改變的可能性也就越大（Pichot & Dolan, 2003）。因而為了使評量問句發揮功效，諮商師需盡可能地讓當事人的評量分數可以「說話」。唯有由當事人與諮商師共同建構出來的數字才具有意義，也才能協助當事人及諮商師了解與澄清處於困境的情況，並啟動任何改變的可能（許維素，2009a，2009b）。所以，在提出評量問句後，諮商師要記得

先多問當事人「何以能有目前的分數」、「是否曾經有過更高的分數」與「如何使分數到此位置」等後續問句，或者，當提及變得高1分時，可先詢問「高1分會與現在有何不同」的差異問句，以及「周圍重要他人所見所想會有何差異」等，才能使當事人有所暖身、預備，以較易激發出如何增加1分的靈感，而非急於進入如何增加1分的行動計畫討論。例如：

　　「何以能有現在這個位置的分數？」

　　「你是怎麼做的？」

　　「哪些人、事、物幫助了你？」

　　「什麼力量讓你不是處在最低分？」

　　「你如何從曾經最糟的狀態走到目前這個分數的位置？」

　　「這三個月來有比現在分數更高的時候嗎？」「那是怎麼發生的？」

　　「當你看到什麼訊號（或列出五點），你就知道自己已經向前走了一步？」

　　「與你同住一起的室友對你現在分數的評量是幾分？」

　　「當你再進到1分時，他會看到你跟現在有何不同？」

　　「那時，你會做些什麼事是現在尚未做或不能做的？」

　　「或者那時不用做的什麼事是現在必須做的？」

　　亦即，使用評量問句時，諮商師仍須同步於當事人的狀態且穩紮穩打的進行，不可急進地將當事人推至某一個評量量尺或變得好些的位置，而是一定要先探討當事人「已經做到」或「曾經做好」之處。諮商師也需注意當事人目前的能量與改變的意願，若當事人的能量意願偏高，則可多加詢問：為了使分數更接近奇蹟1分，當事人本身需要做些什麼；若當事人的能量意願偏低，則改為先探問「如何先維持平穩或不下滑？」「周遭需要發生什麼？」，好讓當事人覺得壓迫感不會那麼高，比較容易聯想下一步可行的行動。例如：

「需要什麼才能繼續維持這個分數？」

「過去讓你前進的一些方法中，你相信你會繼續在未來使用的是什麼？」

「需要發生什麼才能讓現在的你往上走 1 分？」

　　由於當事人身處困境狀態的個人獨特性，諮商師在選擇評量問句的兩端時，需要透過專注傾聽、不預設的態度以及晤談共同理解基礎，同步於當事人的整體知覺與情緒狀態，參酌曾描述過的事項及在乎之處，細膩地設計引發各種微小正向力量的向度，以能不躁進地推進建構解決之道。通常，當事人已經表述了所欲未來願景之後，再接著評量問句時，當事人會給予自己較高的分數（Ratner et al., 2012），但是，不管當事人的答案為何，諮商師不可預設當事人打出的分數高低的意義，例如 1 至 3 分不見得在當事人的標準中是較低的分數，而且，每位當事人對每個分數的間隔與標準，也不盡相同（Korman, 2011）。

　　雖然評量分數容易回答，但是，如果當事人無法說明所評量分數代表的意義時，諮商師可以請他再想想，或過一會兒再次邀請他，也可以再設計另一個向度的評量問句加以詢問，如當事人回答信心分數不高時，可改問其決心程度（De Jong & Berg, 2007; Pichot & Dolan, 2003）。常見評量的向度如：自尊的程度、晤談前的改變程度、對改變的投入程度、問題需優先解決的次序、對希望的看法、願意修復關係的努力度等。有時，有些當事人會回答現在已有的分數是外在資源使然，有些則是以策略內容回應，無論當事人回答的內容為何，諮商師要先理解當事人何以如此回答，然後再接續引導之。面對當事人一時不知道所打出來分數的意義時，諮商師仍然要保持正面的思考，其乃表示當事人已然不否認自己擁有一些優勢力量了。而倘若當事人表示再提高 1 分是很難做到時，諮商師要再次提醒當事人，只是 1 分的間距，而非立刻躍進 10 分的位置，以鼓勵當事人嘗試思考；或者，

諮商師可以改為詢問如何增加 0.5 或 0.1 的小分數，來引導當事人思考真正能承擔、能落實的下一小步。

亦即，一本SFBT的精神，評量問句的主要意圖不是拿來診斷當事人問題嚴重度的工具。評量問句並非是一個科學化的客觀衡鑑工具；應用評量問句，只是希望能幫助諮商師理解當事人的主觀評估而已（Ratner et al., 2012）。而可貴的是，當諮商師採用評量問句來凸顯當事人的主觀知覺並推進改變的過程中，都是在接納、尊重且不駁斥當事人任何評量，也不放棄在當事人所認同的方向、方法與速度的前提下，來引導當事人擴大與轉化知覺，並朝向良好構成目標的方向前進一步（許維素，2013）。

🌱 (二) 評量問句的變化設計

用 1 到 10 分的量尺來邀請當事人主觀評量的「向度」，可以相當多元，包括：對任何事物的觀點與印象、認知與情緒的狀態、對目標與例外的看法、有用資源與所需協助、對未來的預測，以及對進步與改變的觀察等不同的重要向度。若要大大發揮評量問句的效果，諮商師需要創意地依據當事人的表述與重視之處來構思，並明確地設計評量向度的高、低分兩極所代表的意思，好讓當事人容易跟隨又能拓展思維。評量問句向度的設計，常考驗著諮商師對當事人主觀知覺及在意目標的理解，以及，本身多元轉換思考角度的能力。

例如，配合晤談當時狀況，以評量問句來討論諮商過程的立即性：

「如果 1 分表示你覺得現在談這件事很困難，10 分表示你覺得能很自然地談此事，你覺得現在你會打幾分？」

「如果 1 分代表來晤談毫無幫助，10 分表示對你很有幫助，你覺得現在你會打幾分？」

「你家人的看法又會是什麼？」

「你好友的建議會是什麼？」

「發生什麼才能增加 1 分？」

「前進 1 分的時間可能需要多久？」

「如果我需要知道些什麼或做些什麼，就可能會再增加 1 分？」

　　諮商師也可調整與設計評量的兩極向度，而使當事人回答時，進入一個不同的框架，而更容易看到自己的進展或因應能力，例如：

「我知道你正處於一個困難的時期，我也看到你很努力地在解決問題，所以我很好奇你覺得目前自己解決問題的情況究竟如何。如果有一個量尺，1 分表示你就只是在處理問題而已，10 分表示你覺得你在處理問題時，表現得比你原先想像的還要好。你覺得自己目前在幾分？」

「你是怎麼做到的？」

「曾經有過更高的分數嗎？」

「那時是如何發生的？」

「那時，你做了什麼是現在沒做的？」

「你覺得如何讓它能更常發生？」

　　透過評量問句還可以用來詢問當事人：當時何以決定來談以及何時不用再來談的界定，以便激發當事人看到自己的自發進步並繼續推進改變，有時也會幫助當事人實際地尋找底線所在。例如：

「決定來晤談時的你是幾分？」

「現在的你是幾分？」

「分數何以會有變化？」

「到幾分左右你覺得就可以不用再來？」

「幾分左右你覺得是『夠好』的位置？」

「你覺得情況『至少』要到幾分的位置？」

「由於沒有所謂的生活是完美的，你覺得幾分的位置是你能『接受』的？」

「你說你目前是在 2 分的位置，要能繼續留在 2 分的位置，有什麼重要的事情是你一定得記得繼續做的？」

「還有其他也得記得繼續做的重要事情是什麼？」

「你需要什麼，才能幫助你自己不往下掉 1 分？」

對經歷痛苦或失落的當事人來說，評量問句具體、彈性與可測量的特性，若能協助他們在第一次晤談後即能感受到自己想要的方向，往往會帶給他們希望感，也能看到自己已經擁有的力量或改變。所以針對同一事件，選擇不同的評量向度，是很重要的嘗試（Berg & Reuss, 1998; Hansen, 2005; Simon, 2010），例如：

「面對這個困難的情況，若以一個量尺來評分，10 分代表你處理與應付這個情況還不錯，1 分是代表著你一點都無法再處理、應付，你覺得自己目前是在幾分？」

「如果 10 分代表你自己可以很有信心的面對這個困境，1 分代表你沒有信心，你會打幾分？」

「如果 10 分表示你很願意努力突破目前困境，1 分表示你沒有任何意願，你目前是在幾分的位置？」

「何以還有 4 分？4 分代表著什麼？」

「你做了什麼讓情況還有 4 分而不是更低分？」

「曾經最高的位置是幾分？」

「如果要再往前走一格，你需要多少時間停留在此分數上？」

「如果你能正常睡眠，你認為可用幾分來代表？」

評量問句所設定的時間點，諮商師可以考量的是：現在、奇蹟發生後、

事件發生當時、決定來晤談時、預約晤談後到現在、過去最糟的狀態與曾經擁有的最佳情況等等,進而再澄清各分數打分的理由、何以有較佳的變化,再嘗試從這些代表例外的經驗中找到優勢、資源或有效策略(Sklare, 2014)。例如,Simon(2010)曾提醒,喪親者在親人過世的頭一兩週,往往會被親人與朋友所圍繞,因而通常是處在麻木而不真實的情況中,直到大家都離開後,才開始經驗到失落與悲傷的歷程;因此,在運用評量問句時,諮商師將 1 分定義為失落事件發生後的二到三週,通常會比較有意義。

諮商師也可以用評量問句蒐集一些當事人在困境或危機中的相關背景資料;雖然看似會帶有一些問題導向的探問機制,但卻都以了解並提高當事人現今的安全性與資源性為最主要目的。必要時,諮商師也可直接針對當事人有可能會結束自己生命的議題進行討論。例如:

> 「以 1 到 10 分來評分,1 分代表著你可能會決定選擇結束自己的生命,10 分表示奇蹟已發生的日子,來晤談之前的你是幾分?」
>
> 「你需要在情緒穩定的這個量尺上的幾分位置,才會覺得你不想要結束自己的生命?」
>
> 「需要發生什麼,才能減少想結束自己生命的念頭?」
>
> 「如果你能到 3 分,會是什麼樣子?」
>
> 「發生了什麼,才能讓你好一點而增加 0.5 分?」
>
> 「增加了 0.5 分時,你的感受、想法、行動會有何不同?」

對處於高壓或危機中的當事人,特別值得去評量的向度包括:目前恐懼的程度及處理恐懼的能力、目前事情有多糟及承受壓力的程度、自我責怪或需要負責的程度、願意接受結束生命以外的選擇之可能、需要保護計畫及醫療介入的程度、認為自己可以照顧自己或信任自己的程度、願意討論創傷事件或面對問題的意願、認為晤談已有助益等(Pichot & Dolan, 2003; Hansen, 2005)。即使面臨問題或危機事件的衝擊,不少當事人來晤談時的

分數是高於 1 分的,而此也創造了諮商師詢問當事人「何以不是比現在更低的分數」的機會,如此將可讓當事人去探討已有分數的例外所在,或可評估當事人的進步程度,而鼓舞、賦能了受困的當事人,使其願意思考如何再繼續維持因應,或創造例外與進步。當然,這些向度除了能幫助諮商師進行安全及資源評估之外,也能提醒當事人目前自己狀態為何,是否需要考慮外力的協助,以便能使後續資源連結的工作更容易順利執行。

當然,萬一當事人以量尺 0 分、1 分的最低分來回答時,諮商師需先理解與認可當事人評分的依據何在,再推進可能性的思維。在此時,如何選擇措辭及表現理解態度是很重要的;如果,諮商師的表達是:「哇,這 1 分的意思是你有處理這情況啊。但是,你今日還是來到這裡了啊,你很棒的呢!」反而有與當事人爭辯答案之嫌,或造成當事人覺得不被理解其困難辛苦之處。當然,溫和的詢問何以不是更糟的情況(如 -1 分),也是一個可以嘗試的方向(Ratner et al., 2012)。

所以,看似簡單的評量問句其實可以變化萬千;例如,根據評量問句的特徵,諮商師可以改用笑臉或打星號來配合年幼的當事人,或以畫圖、寫字、堆積木、跳格子、現場走位(walking scale)的方式進行,以及可以請孩子就個別家人所打的分數進行平均(Ratner et al., 2012)。這也表示著,評量問句的量尺必須符合當事人對話當下的脈絡與需要來予以設計;所謂的較好與較差的兩端,還是得視對話進行的方向而定,諮商師可依當事人討論的話題與在意之處,以及 SFBT 的各項專業價值,來創意設計與選擇適當的評量向度。

換言之,評量問句可以讓當事人表述的模糊資訊變得清晰,也可能讓已然清晰的資訊變得更為具體(許維素,2009a,2009b,2013,2014)。評量問句還可幫助深陷情緒困擾的當事人創造更有條理的觀點,來重新看待讓他們抵擋不住、憂心與脆弱的情感困擾,甚至可以提供某種建構性,讓當事人理解其與情緒的緊張關係出自何處,但同時卻無須隱瞞或扭曲自己

的情感狀態（Berg & Dolan, 2001）。特別是，透過評量問句的不同向度之分數的變化，將可催化當事人看到現象的多元角度以及個人的目標與優勢，並注意到 1 至 10 分量尺的中間連續線段，而不會只陷於是非、對錯或好壞的兩極選擇。於是，當事人對問題與困境的看法會隨之變得有彈性，原有的情緒會有所轉化，而原有的知覺與行動將更能朝解決之道邁進（Fiske, 2008; Pichot & Dolan, 2003）。

❤（三）呈現焦點解決架構的評量問句

綜合上述可知，評量問句乃特別反應了 SFBT 的重要理念與架構，如圖 13.1 所示，於 10 分量尺的 10 分位置即是奇蹟、夢想或大目標之位置，1 分則為相對的低點；現在的分數到 1 分之間的距離，即表示例外的存在；而維持在目前的分數未變得更低分，則為因應能力的概念；以及，如何向上 1 分、更朝 10 分前進，則為一小步的意涵（許維素，2014）。

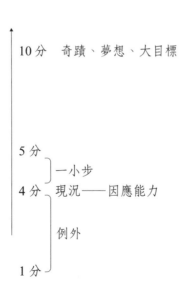

10 分　奇蹟、夢想、大目標

5 分
　　一小步
4 分　現況——因應能力

　　例外

1 分

圖 13.1 評量問句與 SFBT 架構的關係

　　亦即，透過多元向度的評量問句，可了解當事人最期待的願景、目前的狀況、形成的例外，也提供了足夠的空間讓當事人確認小小的步驟與可貴的微小改變。比方說，當事人不論打多少分，都可直接凸顯了處於困境的當事人仍有的例外與因應能力，而能連結到當事人的資源所在；當能討論到如何再往前 1 分時，即是在開始發展解決的方法了。尤其，評量問句可有助於了解當事人自身與其目標和奇蹟的關係，並可鼓勵當事人發掘、形成現在自己的例外優勢，而能在看到晤談的終極目標下，逐步確認下一步驟以能看到進步；在此同時，當事人的意願與信心將會被提升，也能朝向更具現實感的方向踏實邁進（Berg & Reuss, 1998; Pichot & Dolan, 2003）。

激發支持力與現實感的關係問句

　　真實的人生有著豐富的情節，「誰」對當事人來說是重要的存在，乃提供諮商師很多極具價值的資訊。運用關係問句將使諮商進入到當事人真實的生活情境中，連結當事人生活中的支持系統，同時也顯示著諮商師重視當事人所看重的人與關係。往往，關係問句能促使當事人走出自己慣有的立場，從與他們關係密切人士的眼光與角度，來觀察自己、思索並回答，進而激發更多資源、目標、行動的反思與執行（許維素，2009a，2009b，2014）。

（一）開發生活系統中的可貴支持力量

　　當事人能夠對抗及承受打擊與困難的重大動機和力量來源之一，就是當事人所提及之重要的、支持性高的人與關係；諮商師要從當事人的負向問題與情緒表述中，仔細聆聽、捕捉及探問（De Jong & Berg, 2007）：

　　「誰最關心你現在的狀況？」

「過去生活中有誰是曾經幫助你度過低潮的？」

「現在誰最能夠幫助得了你？」

「如果你變快樂了，又會對誰最有影響？」

「你的太太如果看到你開始做什麼，就知道你慢慢從這個困境中走出來了？」

「如果問你的好朋友，對於你陷在這個困境中，他們會如何鼓勵你？」

當諮商師發現當事人在乎某一位親友時，諮商師可以停留於他們彼此間的關係互動，讓當事人回想過去相處的種種美好，也可以讓當事人去思考這些人對他的期待與關愛；回想愛與被愛的記憶，往往使人更有力量（許維素，2013，2014）：

「你身上這些優點是從誰那裡學來的？」

「當時你們的相處是什麼樣子？特別讓你印象深刻的是什麼？」

「你會如何感謝他？」

「你曾經用這個優點做過什麼好的行為？」

「如果他在這裡，他可能會如何讚美你這個好行為？」

「如果你向他表示你對他的感謝，你想他可能會有什麼反應？」

「他的反應會對你們之間的相處有何影響？」

「這影響又會怎麼帶動你對他、對自己、對生活的改變？」

「日後當他不在你身邊時，你要如何讓你們好的互動記憶，繼續影響著你？」

關係問句除了提供當事人在現實生活系統中的實際考量外，若當事人能在關係中有一些正向的改變時，將一連串地導致自己、這個關係或其他關係的連鎖正向改變，而更能提高社會支持力，支援著當事人承受與抵擋

困境之負面衝擊。甚至，藉由重要他人的看重、關懷與見證歷程，還能協助當事人願意對自己優勢力量有所肯定與持續運用：

「誰很開心你有這些改變？」

「他們會怎麼稱讚你？」

「有沒有誰相信你一定可以走過來，所以對你的改變一點也不會訝異？」

「在這逃難的過程中你幫助了誰？」「何以能幫助？」「他會說什麼感謝你的話？」

「在這歷經地震的過程中，誰幫助了你？」「何以他願意幫助你？」「你對他的意義是什麼？」「又，你接受他的幫助，對他的意義為何？」

「你在面對先生外遇的過程中做了什麼處理，會給孩子怎麼樣的示範？」「你希望孩子在未來遭遇困難時可以如何處理？」「他如何從你這邊可以有所學習？」

對於一些想不出自己的生存意義的當事人來說，關係問句的提問或將引發重要他人與當事人之間的情感與記憶，而常會產生一些「生存理由」的鼓舞（Fiske, 2003）：

「你的朋友（或家人、老師、老闆、寵物或父母）認為對你來說，什麼是很重要的（或最希望生活中擁有的是什麼）？」「他們最希望你能記得自己有哪些優點？」「他們會希望你不要忘記哪些你想要追求的事情？」

「如果你的家人說你的存在對他們是多麼重要，你想他們會怎麼說？」

「你的家人有沒有告訴你，你的改善讓他們鬆了一口氣？」「你有注意到他們的反應嗎？」

「誰對你是懷抱希望的？」「是什麼讓你認為他們對你是懷有希望的？」

「你的孩子跟你哪裡很像？」「你希望孩子日後長成什麼樣子？」「你要如何影響他？」「你覺得你這父親哪裡做得最好？」「你的孩子又會怎麼說？」「日後你的孩子也有了自己的孩子，你希望你的孩子怎麼對孩子說你這個祖父？」

配合評量問句的提問時，諮商師也可多加連結關係問句，來詢問重要他人的觀察或在同一向度上的評量為何，讓當事人覺察到外界對他的看法與自己的落差，而獲得支持感，這對處於困境中的當事人來說特別重要。例如：

「在 1 到 10 分的量尺上，10 代表很高，1 分表示很低，你對自己克服困境的信心，目前在幾分的位置？」

「若有一位非常了解你的人來評量你克服困境的信心，他會打幾分？」

「何以與你的分數有所不同？」

「他看到什麼是他看重的，所以他打的分數比較高？」

「你又擁有了什麼是他還不知道的？」

「如果他知道了，他的分數會有何變化？」

透過關係問句，將促使當事人評估在他們達成目標後，對生活中重要他人的正面影響，而會增加當事人願意前進的動機。對於挫折甚至想放棄的當事人，常會因著所愛之人，而終於鼓起繼續努力的意願與信心（Berg & Dolan, 2001; Pichot & Dolan, 2003）。

「10 分表示奇蹟發生後，1 分表示開始要好轉了，你覺得你自己目前在幾分？」

「你會怎麼解釋自己在 2 分呢？」

「需要發生什麼，才能到 2.5 分？」

「如果到了 2.5 分，你的生活會有什麼不同？」

「誰會第一個注意到你有改變？」

「當你有了一些些改變時，誰會非常開心？」

「他們會說你是怎麼幫助自己做出這些改變的？」

「這些改變，對你為何是有幫助的？」

「你的小小改變會如何影響你愛的家人？」「他們會有何變化？」

「因為你的改變，你與家人之間的互動又會有什麼不同？」

　　如果當事人的生活中確實存在一個可以提供具體協助的人，諮商師可以先促發當事人嘗試尋求協助的意願，同時與當事人具體討論如何針對此特定對象提出需要，以提高求助成功機率或產生面對各種結果的準備。當然，若當事人有些微改變時，也可鼓勵當事人向這些支持者表示感謝，如此又可循環地強化此一支持系統（Furman, 2008），或者能使當事人將改變的功勞回歸自己身上。例如：

「你想請誰具體幫什麼忙？」

「你期待對方的反應為何？」

「你如何表達，會更增加他幫忙的機會？」

「對方看到你的何種變化，就知道他已經幫上忙了？」

「你會如何將對方的幫忙最大效益化？」

「你的媽媽如果做些什麼事，會特別能幫助你穩定情緒？」

「當你的太太看到什麼時，她需要提醒你復發的可能性？」

「當你有所改善了，你會如何感謝她？」「她的反應可能會是什麼？」

亦即，運用關係問句來協助當事人找尋生活中真實存在的支持者，這些支持者可以發揮見證、預防與提醒復發的功能（Furman, 2008）。這些支持者的出現，將促發當事人生活系統中實際有人能提供支持、信任、鼓勵與期待；當事人若能更常發現、珍惜、增加生活中存在的支持系統，將會大大提高其自我價值與改變的意願。

❧ (二) 催化目標界定與具體行動

當事人來談時，常對晤談持有期待，但是透過諮商師的協助，將逐步澄清自己真正所欲的目標。而關係問句，常使當事人對於自己想要的、需要改變的目標與行動，有著更多的澄清與現實化的思考。例如，當一位業務員評價自己業績不夠好而想有所突破時，諮商師會先了解他眼中「夠好」、「夠理想」的定義為何，以及，他目前對自己表現的看法，但是，關鍵他人的評價標準，也常是當事人需要同時顧及思考的角度：

「什麼樣的表現，會讓你覺得自己是夠好的、是令自己滿意的？」

「一位所謂理想或夠好的業務員，可以帶給這家公司什麼不同的貢獻？」

「這樣的標準從何處來？」

「這些標準何以這麼重要？」

「這些標準是你自己的標準，還是從公司的標準來看？」

「老闆的期待又是什麼？」

「公司或老闆的期待與你對自己的期待之間有什麼差別？」

「知道這個差別，對你改善自己的表現有哪些提醒？」

相同的，對於被轉介來談的當事人，或被別人期許希望自己有所改變的當事人，諮商師可以引導當事人嘗試思考他人所持需要改變的「最低底線」，這會讓當事人覺得啟動改變要容易許多。例如：

「是什麼讓她覺得來晤談是適合你的？」

「他認為若你有什麼改變，會是對你有幫助的？」

「當他看到你有什麼改變時，他就不會再一直提醒你？」

「在最低限度下，他會說你至少必須要有哪些小小的不同才行？」

「對於他的看法，你的想法是什麼呢？」「有哪些同意之處？哪些不同意之處？怎麼說呢？」

「若在你同意之處，你能有了改變，你及你們的相處，會和以前有何不同？」

關係問句常與評量問句結合使用，兩個問句的交互作用往往產生加乘的引導效益，而使諮商目標更易明確化、正向化、可追求化；或者，能夠激發當事人將抽象的努力方向化為具體的行動；甚至，可產生出值得優先努力或容易成功介入的方向：

「以 1 到 10 分來評估，10 分是很有能力、很完美的母親，1 分正好相反，妳覺得自己目前是幾分？」

「何以是這個分數？」

「若就孩子的角度，他會打幾分呢？」

「他看重的是什麼，所以打這個分數？」

「若就妳的評分再多加 1 分，妳會做什麼是現在沒有做的？」

「若就孩子的評分再多加 1 分，在他眼中，他會看到妳和現在的表達方式有什麼不同？」

「若妳要再突破妳自己與孩子對於擔任母親角色的評分，妳覺得最需要『先做』的行動是什麼？」「哪一個比較容易開始執行？」

「如果妳有了這一小步的改變，對妳與孩子的相處有什麼影響？」

人際的相處是循環互動的，所以若當事人能回答 10 分願景的細節、現

況位置、曾有較佳狀態分數、何以維持現有分數,以及如何增加1分時,諮商師都可以接著用關係問句詢問:重要他人的觀察或欣賞、對重要他人的可能影響,以及重要他人與當事人之間的互動與循環效益等,如此,將會加強評量問句的效果。

而參與互動的第三位重要他人,常常也是值得提醒當事人的另一個人力資源。

「我了解妳的孩子目前迴避妳想與他討論的問題。不過,若從妳先生的角度,他會認為孩子若有什麼其他改變,對孩子也會是有幫助的?」

「對於妳目前孩子的問題,他會說他觀察到妳曾經怎麼做是有些效果的?」

「對於妳與孩子目前的相處,妳猜他會怎麼建議妳?」

如果,來談的當事人關注的是如何影響與協助別人,諮商師也可以關係問句請當事人就對方的角度來思考:當事人已經做到之處、當事人行動的意義與重要性、對方因當事人行動的正向反應(接受、信任、感謝、進步),而確認出當事人可以繼續多做的有效行動。

「妳雖然生氣孩子一開始對妳說謊,但是,妳後來是如何能讓孩子願意誠實地告訴妳這些事情?」

「若10分代表很好的狀態,1分是相反的,那麼孩子三個月前的狀況是在1至10分的幾分位置?」

「他目前的情況又是幾分?」

「妳是如何幫助他產生這些改變的?」

「妳的孩子會說如果妳繼續多做哪些方式,會對他很有幫助?」

「如果具體詢問妳的先生,他會特別感謝妳對孩子的協助是什麼?」

「妳怎麼會懂得要這樣幫助他?」

「若妳記得他需要的是妳採取這種方式的協助，對妳有何意義？」

若當事人表示不知道目前對方的想法時，諮商師則可引導當事人去思考：如何可以運用過去例外經驗來嘗試了解之。例如：

「孩子會說妳過去用的什麼方式，特別能幫助他？」「那個方法，也適合用在這個新的挑戰上嗎？」「如果去試試的話，可能會有什麼結果？」

「雖然妳還沒幫助妳先生突破失業困境、再去找工作，但妳之前何以能讓他願意採取行動去與妳婆婆溝通？」「這是怎麼做到的？」「妳先生通常需要什麼，才比較容易改變？」「妳之前用過什麼方式，最容易提高妳先生敢於冒險的勇氣？」

「你父親的情況確實是不容易改善的，但是你認為他是如何幫助自己沒有變得更糟的？」「之前你又做了什麼，而讓他可以採取這些應對行動的？」

如果，當事人的計畫受挫，無法順利使對方有所調整，此時，關係問句則可用來引導當事人反思所謂的問題或為對方設定的目標，對方真正的看法為何、會有何意見、能接受的內容與程度為何，以便能找到適合自己與對方的合理目標後，採取有效的後續行動。例如：

「針對這個主題，如果問妳孩子，妳猜他希望所謂問題解決時的情況會是什麼？」

「他看重的跟妳有什麼不一樣？」

「又有什麼是一樣的？」

「是什麼讓妳覺得，如果孩子少跟這些朋友外出會對他比較好呢？」

「他知道妳的這些考量嗎？」

「如果他知道了，他會同意嗎？」

「他會同意的是什麼？哪些他不盡然同意？」

「妳如何讓他知道，如果他有這些改變會對他產生的正面價值影響？」

「過去妳與他溝通時，什麼方式最為有用？」

「妳想，當他聽到妳這些想法時，會有什麼反應？」

「當他不同意時，對妳的提醒是什麼？」

「什麼方向是妳和他都能同意的？」

「看到他的想法，對妳採取下一步的行動有些什麼幫助？」

每個人都有重要的人際社交關係，其往往也是一個人的真實生活系統，當事人也不例外。透過關係問句引發的思考，將增加當事人對重要他人的了解，而發展同理別人的能力。在引用關係問句來引導當事人思考別人對其改變或不改變的意見與反應時，其實也在幫助當事人能更真實地活在他的生活系統脈絡之中，並且實際面對可能發生的一切。

由於每位當事人的人際系統皆是獨特的，也絕不同於諮商師所認定的狀態，所以透過關係問句，將協助諮商師了解對當事人而言非常具有個人意義的生活細節與例外資源。當然，諮商師需提醒自己，幫助當事人活在現實系統中，理解別人對他的肯定、支持、期待或要求，是相當重要之舉，但是，諮商師千萬不要忘了需要協助當事人在面對別人諸多觀點時，與當事人確定他所認可同意的發展方向，如此，方能尊重當事人的自主性，也才能提升當事人的合作性與自我決定能力（許維素，2013，2014）！

案例對話與反思活動

當事人：老師你剛剛鼓勵我，我很開心。對啊，我是滿有人緣的，也很會察言觀色。但是，我在我爸爸的公司上班，當他的

祕書啊，我壓力很大，怕自己表現不好，因為每個人都在看我有沒有資格接掌公司啊。我現在的業務很多是打電話給客戶，因為我看不到他們，不知道他們的反應，我會很緊張。我最近開始講電話的時候就會結結巴巴、口吃了，弄得我更不敢接電話，然後事情就延誤了，老是被我爸爸罵。老師你幫幫我，我希望可以講電話不結結巴巴，不那麼緊張啊。

諮商師：你很希望自己能勝任工作。那麼，如果可能，你希望自己在講電話時，可以是什麼樣子？

當事人：我的聲音聽不出結巴或緊張。

諮商師：那麼對方聽到你的聲音時，聽起來會是什麼樣子？

當事人：很流利，很有信心。

諮商師：讓我了解一下，如果以 1 到 10 分來評量，10 分是很流利、很有信心，1 分是很緊張、很結巴，你現在是在幾分的位置呢？

當事人：這兩個好像不太一樣，就是有時候人家聽起來還可以，但是我心裡很緊張。

諮商師：這是很重要的區分喔。所以，我們把流利程度與緊張程度分開打分。如果 10 分表示很流利，1 分表示很不流利，你現在常在幾分的位置？〔跟隨當事人的知覺〕

當事人：7 分吧，但結巴時就變 2 分了。

諮商師：有注意到什麼時候你會是在 7 分的位置呢？

當事人：就是這客戶我見過，我們通過電話那種，那我就會安心很多。

諮商師：見過或通過電話的客戶會怎麼樣讓你安心呢？

當事人：就是我剛講的察言觀色的能力啊，我看過人之後心裡比較

有數，就會安心。

諮商師：對這些人有初步的認識，讓你會比較安心。好像你對自己的察言觀色能力也有一定的信心。〔讚美〕

當事人：是有一點信心啦。但是你知道嗎？很多客戶都是我爸的朋友，他們會隨時跟我爸告狀啊。

諮商師：難怪你的壓力不小啊，隨時有人跟你爸說你的表現。〔一般化〕

當事人：是啊，不然我怎麼會這麼緊張。

諮商師：那麼 2 分時，有特別注意到是什麼情況嗎？

當事人：就是對方聲音不耐煩，甚至還說，叫你爸來接電話啦，這種的。我就會嚇得結結巴巴。

諮商師：那我可以問一下，在這種情況下，你是怎麼把電話講完的，即使是結結巴巴的？

當事人：啊，嗯，不能把情況搞得更糟啊，是吧。當然我也有跟我媽抱怨過啦。她也有鼓勵我。

諮商師：那麼你媽媽是怎麼鼓勵你的呢？

當事人：她說多練習就會好。我也是這樣想。

諮商師：多練習是指？

當事人：但我已經練習夠久了，還是這樣子啊。

諮商師：但是聽起來你媽對你也是有信心的？

當事人：算吧。

諮商師：她看到你身上什麼特質，所以對你有信心？

當事人：我也不知道呢。

諮商師：那麼如果用 1 到 10 的量尺，1 分代表很低，10 分代表很高，你目前對你自己的信心會打幾分？

當事人：3 分。

諮商師：怎麼說呢？

當事人：至少還沒有逃跑，唉。

諮商師：這也很不容易。

當事人：哈哈，很無奈啦。

諮商師：如果問你媽媽呢，她對你的信心會打幾分？

當事人：……應該……有 6 分吧。

諮商師：她看到了你身上什麼樣的特質或能力，所以分數是 6 分比你的高呢？

當事人：……那個……負責，努力吧。

諮商師：知道媽媽看重你的負責努力，對你的信心有 6 分，對你的意義是？

當事人：就是……盡力做啦，我會努力啦。

諮商師：那如果換一個向度來問你，如果用 1 到 10 的量尺，10 分代表你決心突破自己，1 分代表你一點都不想，你媽媽會認為你在幾分的位置？〔換不同評量向度〕

當事人：9 分，因為我常跟她討論，我自己也真的非常想突破，真的。我很努力控制自己，但還是做不好。

諮商師：那麼你怎麼能把自己的緊張盡可能的控制住，願意多練習，還負責、努力地工作，使情況不要更糟？〔振奮性引導〕

當事人：哈，這我是不知道啦，沒注意啊。就是做下去，但是……聽到自己結結巴巴，就更緊張啊。

諮商師：所以你的緊張是一個很重要的向度。

當事人：對。

諮商師：剛剛也提到緊張，那我們也來對你的緊張做個評分，讓我了解一下你的狀況。

當事人：好。

諮商師：如果 10 分是不緊張，跟你在辦公室可以察言觀色時講話一
　　　　樣穩定，1 分是很緊張。你打電話給有見過面的客戶以及
　　　　沒見過面的客戶，那緊張分數，各在幾分的位置？

當事人：有些認識的客戶，6 分，沒見過的，4 分。

諮商師：那對方反應不耐煩時的分數呢？

當事人：變成 1 分。

諮商師：你覺得注意到這些評量的分數變化，對你有什麼意義？

當事人：老師，這是很好的提醒。第一，我不是總是結結巴巴，我
　　　　平常跟別人講話時、認識對方時，我是能掌握而有信心啊。
　　　　但不認識時，我就會擔心。對方反應不好，更是自亂陣腳。

諮商師：你很能整理自己，很快地可以認識自己。

當事人：嘻嘻。但總不能這樣下去，要改變啊！我只是緊張又不是
　　　　笨。我媽這麼鼓勵我，我也真的希望能在公司立足、日後
　　　　能繼承。

諮商師：你很有改變的動力，也相信自己有能力。你一開始來提到
　　　　的是希望能不結結巴巴。現在區分出認識對方、不認識對
　　　　方、對方反應不耐煩下的流利及緊張程度，而特別是在對
　　　　方反應不耐煩時你才會開始結巴。如果你對於對方有初步
　　　　認識，你就能發揮察言觀色的能力，然後能安心說話。這
　　　　些發現對你有什麼幫助？〔歸納當事人的資源與情況〕

當事人：我不僅很有決心改變，也應該要能夠改變。

諮商師：好像對於改變自己更有信心了。

當事人：對。

諮商師：所以，如果發生什麼事或者你有什麼不同，你的結巴程度
　　　　會改善一點？

當事人：這個……嗯……我想到的是，我可以先多認識他們的背景，

也可以先問我爸爸，我就會對他們有基本的認識，這對我很需要，很有幫助。

諮商師：哇，你怎麼能想到這個方法？

當事人：就是我的需要，對他們有些掌握，就會穩定，就會表現更好。但是啊，總不能遇到他們對我不滿，我就自亂陣腳吧。

諮商師：所以除了多認識客戶的背景以及先跟爸爸打聽之外，你也希望自己可以面對萬一客戶不滿的反應。

當事人：是啊。我希望這時我的表達還是能足夠流利的。

諮商師：你剛才這部分的評量分數是 2 分，還記得嗎？你覺得當你變成 3 分的時候，對方會看到的是什麼樣的你？

當事人：老師，你這樣的問題比較讓我想到的是，先不要自亂陣腳，或者，我開始注意到對方有不滿了，我可以「態度很好」的「先」結束電話，別再緊張下去更結巴、更糟……

諮商師的自我反思 ▶

1. 從上述的案例對話中，我看到評量問句兩極向度的設計有什麼原則？

2. 從上述的案例對話中，我看到關係問句如何幫助當事人擴大知覺、引發當事人產生新的可能性？

3. 從上述的案例對話中，評量問句與關係問句如何結合？

4. 對於上述案例對話，我可以如何運用評量問句及關係問句，修改當中的晤談對話，或者，如何與這位當事人晤談下去？

5. 於平日晤談中，我使用評量問句及關係問句的情況為何？若 10 分表示經常使用，1 分是不常使用，我在幾分的位置？我如何幫助自己再增進 1 分？

14 畫龍點睛的晤談回饋

SFBT 晤談流程架構為在進行四十分鐘晤談後，會有十分鐘以內的暫停，之後，再有十分鐘的回饋。於晤談結束前給予回饋的主要目的，是讓諮商師彙整、組織並凸顯晤談中所得的重要訊息，也讓諮商師有機會表達同意於當事人對問題的觀點，重述對當事人的理解，肯定當事人對自己問題的看重，進而提供當事人增進生活滿意度的資源與步驟。亦即，暫停表示了諮商師對當事人困難的重視與尊重；回饋的內容皆依據當事人在晤談中所說的內容加以組織，而非額外發展出一個本次晤談並未討論到的內容。

而回饋將可指引當事人發展良好的目標，並將焦點擺在與他們目標相關的生活例外經驗，鼓勵他們注意誰做了什麼讓例外經驗發生，尤其是當例外的發生是基於當事人自己的功勞時。由於來談的當事人往往期望諮商師給予建議，因此，諮商師給予包含建議的回饋時，也將有助於治療關係的建立與維持（De Jong & Berg, 2012）。諮商師暫停而離開晤談室組織此次晤談所得，再回來報告的這個設計，常讓當事人透過等待，提高預期心理，變得更為專注及開放接收諮商師即將回饋的內容（Ratner et al., 2012）。

回饋的設計，一開始源自有團隊工作的家族取向或系統治療。這個組成回饋的歷程是一個需要經過訓練的、饒富思考的歷程。所以，在暫停的時間裡，諮商師會自行沉澱整理或與單面鏡後的團隊討論；若諮商師不適合離開晤談室，也會原地暫時停止晤談對話，以便能有思考空間（De Jong

& Berg, 2007; Fiske, 2008）。諮商師在暫停離開晤談室之前，還常會與當事人確認今日所討論的主題，是否是當事人最在乎的？有沒有什麼訊息是諮商師忘了詢問的，或當事人想要多加提醒的，而給予當事人扼要說明以及諮商師再檢核的機會。在諮商師再次回到晤談室時，則會將晤談的訊息以「組織性」的回饋形式提供給當事人，並包含以下架構（Ratner et al., 2012）。

回饋的架構與內涵

一個組織鬆散或不合宜的回饋，或許不會傷害當事人，但是絕對會減低諮商的成效。SFBT 的回饋主要內容分成三大部分：讚美、橋樑、建議，此一組合有其設計的原由，分別說明如下（許維素，2014；De Jong & Berg, 2012; Macdonald, 2007; Ratner et al., 2012）。

(一) 讚美

於暫停階段回來後，諮商師就以讚美來提出回饋（如：你很努力面對）。若為家庭來談，記得也要公平地讚美在場的每一個人及其關係（如：你們是很好的家庭、很在乎彼此的看法等）。由於當事人對過去的選擇常感到沮喪，對未來的預期也多是如此，所以當諮商師從暫停時段再回來後，不少當事人亦會有負向的想法，或緊張地詢問情況多差。因此，當諮商師用讚美來開始回饋時，不只製造了希望，也暗示著：當事人是如此認真看待自己的問題，且所謂達成目標的答案，主要是藉由自身的例外成功和優勢力量來完成的。

以一連串讚美來強化目標、例外，與解決之道的關係，對當事人來說乃有驚奇和戲劇性的效果，至少，當事人會傾向於對諮商師的讚美充滿好奇並感到愉悅。對於非自願前來的當事人，讚美其願意來以及已經付出的

努力，是持續建立關係的重要方式。對於一直訴苦的當事人，指出在他們經驗中有一些可以作為解決之道的關鍵和線索，亦有轉化其痛苦的效益。而處於危機中的當事人，若先聽到諮商師讚嘆已經做到令人佩服的努力與難得的成果，則可期待當事人獲得被理解及寬慰的效果。當諮商師提供當事人直接與間接的讚美時，乃表示認可了當事人對他生活的見解，一般化了當事人目前處境，同時也肯定了當事人對解決之道的看法、自身的優勢，以及自己正在做與已經做到的事情。所以，讚美將能支持與證實當事人的成功、鞏固這些成功，還能確認與強調對當事人來說何為最重要之處，即使目前是處於危機之中。

亦即，讚美即是肯定當事人本身，也對當事人為了建構解決之道所做的努力，表示佩服。諮商師的讚美常指出當事人讓諮商師印象深刻之處，以及認可對當事人來說重要的目標或好選擇，而能在證實當事人成功的同時，也於後續建議中提出繼續鞏固這些成功之作業類型。因此，諮商師提出讚美當事人之處，必須是誠實的、有證據的、能引發希望的、不是強迫說服的，或有條件的。讚美的內容必須是與當事人晤談目標有關的，是當事人已經做到或努力嘗試的。當然，別忘了在讚美中還要含納諮商師對當事人困境艱難程度的理解與合宜的一般化回應，也需要以一種當事人能夠接受的、同意的方式來傳遞，甚至也可考慮用振奮性引導或因應問句來表達之。

諮商師在給予當事人讚美時，需要觀察當事人的反應。大多數的時候，當事人看起來都是愉悅的，也常是微笑或說謝謝地表示同意；假如沒有，諮商師可能需要重新評估之前於晤談中所得資料的意義。諮商師也需要注意各地文化對讚美次數、強度與向度的接受度，以便再修改表達方式。因為，讚美最重要的任務是要能傳遞一份當事人能認可的信任與希望：相信當事人是真的可以運用自己的例外與優勢來產生改變。

💚 (二) 橋樑

回饋的第二部分——「橋樑」，乃是用來連結讚美以及將要提出的建議之間的重要訊息。橋樑的內容經常是從當事人的目標、例外、優勢或知覺中抽取出來，組合成一個連接性的言語，作為諮商師後續給予建議的依據，而讓諮商師所提出來的建議，對當事人而言聽起來是具有執行的道理與價值。舉例而言，在給予讚美後，諮商師強調，為了當事人所特別重視與關懷的人，能執行後續的這個建議，會是對自己、對他人十分有幫助的；或者，對處於危機中的當事人，諮商師大大認同當事人想要降低目前危機程度之優先重要性，所以將要提出一個相關的有效提議。

提供橋樑時，諮商師通常會先強調：這是個很重要的時機，是當事人可以開始做些不同事情的重要時候。提供橋樑時，盡可能組合當事人所用之詞語和字句，並應用一些常使用的開頭用語，以引發當事人更高的注意力與執行的動機（Berg & Briggs, 2001），例如，「我同意你的……」、「既然……」、「因為……」、「我們同意……」或者「部分的團隊認為……」：

「我同意你認為這個時機是應該要做些事情的時候了……」

「由於你讓我相信你的問題有多嚴重、對你有多重要，所以我們給你的建議是……」

「我知道，理解你自己何以會這麼容易憤怒，對你來說是一個重要的目標，尤其這對你的工作是不好的。所以，我們建議的是……」

「由於，對我來說，顯而易見的是，你目前的安全是最大的考量，所以我提議……」

「當你在憂鬱的情況下還能照顧孩子，顯然孩子對你來說十分重要。為了你的孩子，我們覺得如果你能……」

「我一方面在想你的問題是一個呼救行動的象徵，另一方面，我也

認為你可以常常多思考一些……」

再次強調，任何建議必須是對當事人有意義的，或能被他們重視的，而橋樑正是提供讓當事人去做該建議的一個重要理由。

🌱 (三) 建議

回饋的第三部分，是向當事人提出一個建議。所謂的建議都要與晤談中提及當事人的例外或目標有關聯，因為建議即是提供當事人朝向目標達成方向前進的方法。「建議」一詞，有諮商師會與「作業」、「任務」混用，可以看看當事人接受的程度（例如作業一詞有時會引發當事人連結學校作業而易有拒絕的反應，或反而更易接受）。最為重要的是，建議要以「提議」的姿態來提出，可以用「實驗」、「試驗」等字替換，而展現出這項建議是一個可以修改的、僅是試試看的實驗性意見。特別注意當事人是否有表現出點頭等開放性姿勢，而顯示其對諮商的投入以及同意諮商師回饋的程度。

SFBT 最常見的建議主要有兩種類型：「觀察型建議」和「行為型建議」。給予什麼樣的建議和如何給建議，是回饋中最具挑戰性的一環。通常，諮商師需要跟隨當事人所表述「如何能有改變、想要有何改變」的知覺而給予建議，或者配合當事人的價值觀、意願與能力，給予當事人最容易接受的建議。當然，還需要特別注意與考量當事人目前願意改變的預備度及動機度，來考量建議的類型（Fiske, 2008）。亦即，由於給予的建議，是提議當事人「走出治療室」外、立即執行的具體行動，因而諮商師需相當注意當事人平日現實的生活脈絡及其於現實生活中執行該特定行動的「可能性」。

1. 觀察型建議

觀察型建議，是依據晤談中蒐集到的資料，提議當事人特別去注意、觀察既存可用的解決方式。例如，在晤談結束時，如果當事人沒有發展出目標、但有例外時，則邀請他回去觀察及特別注意，在下次晤談之前，何時情況有比較好一點。然後，請他詳細告訴諮商師：何以能發生？當發生時，情況有何不同？是誰、如何讓它發生的？

當然，諮商師還可請當事人特別留意：在生活中有哪些訊息，可以告訴他這問題能被解決或可以如何被解決，或者，他的生活中有什麼是他希望能繼續發生的，而促發當事人覺察到自己的目標以及改變的可能性所在。例如：

「請你觀察在這一週內，何時你的孩子表現是你比較欣賞的，並記錄下他做了什麼以及何時做的？」

「在這一週內，請你觀察及注意，自己特別希望什麼事情或哪一個時段是能繼續發生的？」

這些觀察的內容將可成為下一次晤談深入討論的重要話題。而請當事人觀察自己想要繼續發生的例外等提議，乃是一種尊重當事人自己設定所欲目標的堅持。

如果晤談中當事人沒有提及任何例外，諮商師也可以請當事人回去特別注意生活中任何他想要的例外發生時的相關細節狀態。這樣的提議除了能促發當事人產生預期例外發生的效應，也暗示有效的方法乃來自於當事人的經驗中，而為解決之道提供可能的線索。有時，這樣的建議帶動當事人於觀察當下便可產生立即行動去改變；例如家長注意到孩子也有聽話的時候，便容易自發地、欣慰地當場讚美孩子，而帶來兩人互動的變化。所以，觀察並非是一個靜態任務，而是一個很有動能的建議（許維素，2013）。

2. 行為型建議

與觀察型建議一樣，行為型建議也是依據晤談過程的資訊所組織產生的。行為型建議必須是對當事人參照架構來說具有意義的行動，其鼓勵著當事人實際地去執行那些諮商師相信會對當事人建構解決之道有所幫助的行動。其常分為以下幾種（De Jong & Berg, 2012; Korman, 2011）：

第一種，於晤談中，若當事人提及的奇蹟圖像是清楚的，且當事人有信心讓奇蹟發生，則可請當事人嘗試做做看朝向奇蹟的一小步行動，並觀察如何做到以及結果如何。同樣的，若當事人對於晤談前的改變或例外是意識化的，則與當事人討論如何「繼續做」或「多做一點」原本已經做到的部分，並觀察生活會有何變化。當然，諮商師也可同時結合觀察型作業，請當事人除了繼續做有用的事情之外，也同時觀察還有什麼其他策略是有用的，而暗示當事人能做的遠比自己知道的還多得多。例如：

「……你剛說在奇蹟發生後，你們全家有著快樂的時光，如出去玩、在家聊天、一起看電影；從過去的生活中也知道，『一起活動』這對你們很重要，也最容易執行。那麼，在這一週裡，你們可以試著製造在一起活動的機會，並創造快樂的時光。」

「……你提及自己與好友在一起，不會覺得孤單，也比較不會想起失去男友的痛苦。所以，建議你這一週繼續多與好友在一起，甚至可以增加與別人互動的時間，並同時觀察自己會有什麼不同，尤其何時自己的狀況是比較如你所期待的那樣平穩。」

第二種，若在晤談結束時，當事人提及奇蹟但沒有想到任何例外時，諮商師則讚美當事人已經能夠描繪奇蹟圖像，並請當事人於下次晤談之前，開始「佯裝」（pretend）有如奇蹟已經發生般的部分行動與一些試驗（如假裝自己快樂一點，然後去逛街），好讓當事人開始有一些行動，並允許自己

嘗試想出各種可能性；在嘗試一兩次後，於較不費力的情況下，有時當事人將能覺察出一些可能的變化。例如，一位被霸凌而不敢出門的青少年當事人，卻記得他能開心外出的唯一例外經驗，是參與一個夏令營，但是當事人只記得度假的感受，卻回答不出例外何以發生，他的奇蹟是能再次如一般人開心出門。因而諮商師便請他這一週試著先假扮在「度假」，以使這名青少年可以開始連結成功經驗（Korman, 2011）。或例如：

「……你一直想突破自己，非常的可貴。我聽到自信對你很重要，因為你認為自信會影響你很多的表現。你剛提及目前的自信分數是 4 分，當是 5 分時，你很清楚你會變得更主動與人打招呼、微笑，看到別人沒反應也不會介意。因為你非常想要讓自己變成一個有自信的人，所以在這一週裡，建議你找兩天假裝你自己的自信已經變成 5 分，然後帶著 5 分的自信出門，試著去做 5 分的你可能會做的事情，然後看看情況會有何不同？」

請當事人「想像奇蹟發生後的部分情況」，是類似假扮行動的建議，對於目前能量較低的當事人特別適合。這些建議常可以幫助想要解決問題但為憂鬱傾向的當事人，提升其對改變的預備度。由於這些假扮計畫乃與當事人想要的目標相關聯，所以奏效的可能性不低（Fiske, 2008）。例如：

「你不用特別做什麼事，但是，在每晚睡前就好好『想像』你已經在執行解決方法了。」

「每晚睡覺前，在你腦中播放三次成功解決後的景象，如電影畫面一般。」

第三種，如果當事人能夠描述奇蹟圖像，但是卻沒有信心使其發生，或者，當事人看到有一點小小成功或例外發生，但是，當事人卻無法清楚描述例外如何發生。此時，諮商師則可請當事人每日進行一個「擲硬幣」

或「奇偶日」的活動：當看到硬幣是正面（或日期為偶數日）時，則請當事人嘗試去做讓這些例外或部分奇蹟可以發生的事；若硬幣是反面（或日期為奇數日）時，則請當事人維持現狀，然後請當事人特別注意在這兩種作法下其生活的差別，以增進當事人對例外的期待與關注，並創造改變之可能性的出現（De Jong & Berg, 2012; Korman, 2011）：

「……每日早上起來時，你丟一個銅板。若銅板為正面時，你那一日就跟平常一樣過日子，也沒有離開會打你的男友。若銅板為反面時，你那一日就要過得像是你已經離開男友一般的生活，像你剛描述的那般。然後，觀察這樣的實驗會產生什麼不同的影響。」

又例如，對於一時難以做決定或目前較無法自我控制的當事人，諮商師可以給予如此的建議：「每日給自己十分鐘，於日期是奇數日時，用筆寫下你擔憂的事情以及內心負向的想法，一個擔憂用一張便條紙寫著，並用鬧鐘提醒自己，十分鐘時間一到就停。於偶數日，你則將前一日所寫下的內容，分成兩堆，一堆是你覺得你需要再多花時間想一想的擔憂，另一堆是你覺得你明確希望自己能停止去想的事情；然後十分鐘一到，則把想停止的這一堆便條紙拿去丟掉。而最重要的是，當你平常又開始擔憂什麼時，你就告訴自己，我會有專屬的時間來想這些事情，現在停止去想。」

此類型的建議並不是說更加了解某一特定選項後，解決之道就一定會存在其中。但是，與之前的建議有著相同的暗示是：有時候，遇到困擾是可以被接受的，也可能會是有利的、有意義的。此外，讓當事人覺得自己有專屬的擔憂時間，而希望能促使他放下需要時時擔心的焦慮，而練習了某種控制能力。

第四種，類似第三種建議，如果當事人無法意識自己的例外何以能發生，但其改變動機卻又相當強烈時，諮商師則可邀請當事人「預測」例外是否還會再發生，並觀察例外若再發生時，自己有何不同。甚至，還可以

請當事人每一晚預測明日會否有例外發生，並注意預測與實際發生情況之間的差異。此建議乃運用了暗示「例外定然存在」的效益，並且也促發當事人對例外產生期待或更為敏銳，而能更有意識地創造例外。或者，也會讓當事人體會到他所預測的低分不見得真的會發生，也打破自我暗示的影響。例如：

「以 1 到 10 分的量尺，10 分是很好，1 分是不好，每天晚上睡覺前，你都預測一下明日的你心情會是幾分的位置。然後，看看實際發生的分數跟你預測的分數是一樣還是不一樣，以及，何以會打這樣的分數，然後記錄下來。」

第五種，倘若當事人有高度動機，但是在晤談中卻沒有形成任何目標時，諮商師則肯定當事人的努力，同理當事人的挫折，然後請他回去後開始做些「不同」的事情；只要當他想嘗試的時候，不管是多奇怪、多迥異於一般作法，在不傷害自己與他人的原則下，都去嘗試做做看，只要不是跟以前的反應方式一樣即可。如此，將可幫助當事人信任自己對資源的知覺，並能使覺察有用資源的直覺更為敏銳，在阻隔惡性循環之下，當事人更能自動自發且有創意地面對問題。例如，諮商師可以邀請一家人都進行扮演活動，互相不告訴彼此自己的扮演計畫，但是卻需要去觀察別人改變了什麼以及發揮了什麼影響力，然後下次帶來晤談進行分享。這樣的建議，大大落實了 SFBT 之「當事情無效時，就做些不同的事情」的重要原則。

第六種，對處於危機中的當事人，從其回答因應問句的資料，摘要與歸納當事人近期內已經做了哪些對自己有幫助的行動，或者讚美當事人目前擁有的力量與新近初步的小小成功，然後，再次複述可能可以幫助他適應或應付目前困境的重要人事物及行動，而建議當事人「立即」「繼續多做」這些已經發生、正在發生的各種有助益的行動，以求「穩定」目前情況，使其先不更糟，並增進當事人與問題共處的意識及自我照顧能力。例如：

「……我們很驚訝你竟然能想到這麼多方法來幫助自己穩定,你所說的那些方法都是非常重要的、對你特別有效的。所以,在這一週當你開始又想起地震而有些恐慌時,記得要去做你剛剛說的那些方法:讓自己先扶住穩定的家具,呼叫身邊看到的人並跟他們說話,讓你有先回到現實的感覺,同時,摸著自己的心臟安慰自己不要怕,堅持一段時間,直到呼吸與心臟能回穩的程度。」

必要時,諮商師還可以於回饋時間,與當事人撰寫一份書面契約,特別是在與青少年或處於危機的當事人工作時。例如,Fiske(2008)以契約為基礎,發展一張清單,清單裡描述著:當自殺衝動來臨時,當事人可以做的不一樣事情、自我調節訓練方法、具體求救行為等資訊,並讓當事人於離開晤談室後隨時帶著。亦即,諮商師可以將回饋以及想提醒當事人的事情(如平日自我照顧事項、有危機時的自我協助事項,以及立即尋求協助的資源),列在一張紙上,製成契約,或製成一張小卡,讓當事人可以帶回家,以便能適時持續提醒自己,使他在關鍵時刻能夠記得執行這些有效的行動。

這樣的書面契約,將會提高當事人完成建議的機率。然而,書面契約撰寫的原則為:需以當事人自己的語彙來進行描述,而非放入專業的術語;而且,撰寫內容的方式需明確指出當事人需要於何時做什麼行為,而非「不要做什麼」的負向描述;亦即,諮商師可以用SFBT所持之良好構成的目標作為撰寫契約的標準(Berg & Reuss, 1998)。例如:

「當我覺察到又有打人的衝動時,要深呼吸,我要默數 1 到 100,並且立刻離開現場,到讓自己能平穩下來的圖書館門口。」

「平日我要把刀子收到不容易找到的地方,如底層的櫃子裡。當我開始頭暈想吐時,我要做的事是:立刻打電話給爸爸,離開廚房,走到戶外……」

第七種，當事人沒有改變動機，也沒有提及任何目標或例外時（如非自願前來的當事人），則不給予任何建議。對於這樣的當事人，於晤談結束時，通常諮商師只會給予當事人讚美，提醒他在意的目標，說明希望下次再見面時，諮商師能夠知道如何幫助當事人。例如：

「……謝謝你今天特別過來，我知道你有很多需要忙碌的事情。我很希望下次我們再見面時，我能夠知道可以如何對你有些幫助，例如，你很希望法院不要再干擾你的生活，所以我下一次很願意和你一起想想、一起合作，如果他們看到你或情況有什麼改變，就會離開你的生活。」

這樣的方式，會讓當事人知道他的感受被用心聆聽，且有受尊重的感覺；而此，反而會增加當事人願意再次晤談的機會，或讓當事人更願意轉為合作的態度。反之，急躁地給予當事人應該改變的叮嚀與意見，有時會讓目前處於這樣位置的當事人更加退避三舍。

回饋是晤談架構的重要要素

回饋，是當事人改變歷程的重要樞紐，是SFBT晤談中的重要步驟，和SFBT晤談歷程的其他要素一樣重要。

在SFBT晤談的過程中，諮商師除了要傾聽與回應當事人外，還要以目標、例外、一小步、進展的觀點，透過讚美、橋樑、建議的方式，來啟動當事人願意嘗試的動力與方向。亦即，在維持著「不是由諮商師教導當事人應該如何行動，而是凸顯晤談共構的獲得」之原則，如何選擇與設計合適的回饋，乃考驗了諮商師能否掌握一次晤談的整體流程與重點內容，以及是否能以當事人的知覺與語言來彙整對當事人的理解。

SFBT回饋主要是設計來：「提醒當事人所期待的未來願景」、「做什麼可以對當事人更好」，以及「幫助當事人能夠感覺到成功及勝任能力之

處」（De Jong & Berg, 2012）。回饋的讚美、橋樑及建議的三個結構將會讓
當事人更為理解與肯定現在的自己，更加了解自己的正向力量與資源，對
於自己改變的意義與重要性亦更為印象深刻，進而能在晤談結束後，於諮
商室外，能有信心與決心為來談目標實際地嘗試行動。而諮商師提供回饋
考量的原則，首先要找出適宜給予的建議底線，以及什麼樣的建議資訊，
是在晤談資料中有所顯示的。其考量的重點包括：

- 目標設定良好的程度。
- 例外的程度和形式。
- 當事人與諮商師的互動關係。
- 當事人對於自己能投入於解決之道的動機、意願及努力程度。

當不確定底線為何時，諮商師適合傾向於較為保守的選擇，如此，當
事人晤談後的表現就更容易超過所建議的範疇。諮商師記得要去認同當事
人看重之處以及當事人重視的目標，盡量使用當事人所用的字詞，讓回饋
簡單易懂，並停留在當事人的參照架構或靠近當事人對於事情的解讀立場，
以便能持續於當事人的參照架構與語言溝通模式中工作。當然，諮商師要
慎重且真實的表達回饋，並觀察當事人的反應是否同意接受（de Shazer et al.,
2007; Macdonald, 2007）。

換言之，在晤談結束前給予當事人的回饋內容，諮商師乃需要透過評
估晤談所得，而非天外飛來一筆的遐想；同時，回饋也是依據當事人本身
的動機與信心、目標建構程度以及與目標有關的例外優勢來發展之，並非
諮商師個人單方的主觀設定。在給予回饋時，於回饋的讚美、橋樑與建議
中，會包含諮商師的一些設計，包括認同當事人問題的意義及其對當事人
的影響程度，彙整地讚美當事人自來談以來所展現的優點、努力、進步、
例外及具體方法，或者重新建構當事人的負向情緒及目前狀態的正向意義，
而再提供當事人改變的意義與朝向期待願景之橋樑。在讚美及提出橋樑後，

繼而給予的建議常是請當事人要「在晤談室外」去多做於晤談中提及的有用之事，或做些不同的事情以取代無效行為。要記得諮商師給予的建議需要是清楚、具體的行動描述，並且可強調建議是有難度而需要付出的任務，但千萬不要是對當事人而言太難或容易失敗的建議。當然，一如奇蹟問句彰顯著SFBT深受策略學派以及催眠學派的影響，回饋中建議的多元變化式（丟銅板的預測活動或佯裝行動，或者邀請當事人創意地做些不同的事情），都需要諮商師熟練並於合宜時機提出。此外，諮商師也可以請當事人自己設計一個任務；如果當事人能為自己設計一個可執行的作業時，那麼所謂當事人的「抗拒」也就隨之減少，當事人投入度自然會越來越高（許維素，2009a，2009b，2013，2014）。

是以，透過晤談，SFBT幫助當事人能夠使生活保持單純，而化解因語言描述所造成的混淆與問題；此乃是相當實際的一種專業追求，也有別於其他諮商派別對於分類或解釋的追求（Korman, 2011）。而SFBT的回饋，即是將複雜動態的晤談歷程，彙整為一個當事人可以嘗試努力的單純方向。回饋代表著諮商師對晤談歷程的理解與回顧後的歸納摘要；回饋的內容，也代表著諮商師看重當事人於晤談中所言、所投入的精力，因而，諮商師需要於晤談結束前好好彙整晤談所得，給予當事人合宜的回饋，以使回饋的內容能成為當事人在努力建構解決之道的過程中，一個可操之在手的有效工具（De Jong & Berg, 2012）。

結語：回饋促發行動研究般的實驗精神

在回饋中，最為特別的是，SFBT諮商師會將建議以這樣的態度呈現：「讓我們來做一個嘗試、實驗」、「試試看吧」——好讓當事人對於任何嘗試的結果，不管成功或失敗，都能保持開放接受的態度，或者視其為一種自然的結果；如此一來，將使當事人對於建議的行動結果不易患得患失，

而實驗的成功又可歸於當事人。

亦即，SFBT 諮商師提供建議時的語言描述，乃以一種「實驗」性質的態度，提出一種測試性的行動，而不是要當事人非做不可、非如此做不可的作業或任務。諮商師需要將建議視為提供給當事人對情境的一種試探性的回應與刺激，並且由當事人決定如何運用，甚至激發當事人自己產生嘗試性的行動。因為，對SFBT而言，建議雖然可能是潛在的解決之道，但更視其為一種催化激發，好讓當事人在停滯中能開始有所行動，進而才有機會依據行動結果更加了解何者是影響力或有效方法所在（Berg & Reuss, 1998; De Jong & Berg, 2012）。

建議的實驗性也暗示著，當事人究竟需要什麼才能變好，是充滿變數、不可預期的，也不是有所謂一勞永逸、一蹴可幾的策略。存在這樣開放的實驗態度，將同時提醒著諮商師不要去預設什麼樣的方式會最適合當事人，也不期待自己能找到萬全之策，而是要以開放式的態度，來認識與發現當事人目前最願意接受的是什麼樣的行動方式，辨認採用什麼樣的策略會對當事人最為有用。而這樣的實驗態度更提醒當事人，需要透過行動的結果來認識自己：什麼樣的目標是最適合自己的、什麼樣的策略是自己做得到的；對於正在發展自我而自我尚未穩定的青少年，或對於環境認知與自我察覺需要提升的當事人來說，這種「發現歸納式」的過程，是一個「讓證據說話」的有效適合的方式（許維素，2014）。

於後續晤談的開始階段，諮商師會略提及上次晤談中給予當事人回饋的內容，或間接詢問當事人執行上次建議的情況。如果當事人表示沒有執行建議，諮商師並不會執意探討當事人何以沒有完成上次的建議，反倒轉而詢問有什麼其他改變發生。這樣的選擇是由於SFBT並不將諮商師的建議視為當事人問題的解答；建議只是一種激發、一種嘗試、一種實驗，並非標準答案。在秉持當事人是他自己問題的解決專家並能替自己做出最好的決定之前提下，對於回饋中建議的完成與否，SFBT 重視的是：執行了建

議，對當事人來說，是否是他所同意解決之道繼續建構的方向；或者，透過建議的刺激，當事人願意開始嘗試採取任何他認為有效的其他行動，也會是相當有意義的，即使當事人執行的不是諮商師所提供的建議。不管執行的是諮商師建議的行動或是當事人自發的行動，對當事人而言，行動後的結果往往會提高其對自己與現實的認識與評估，也會再對目標或策略進行修正，以增進日後行動的成功率；這樣的事前評估、事後的合宜修正，將會化為當事人的一項適應環境、影響環境的成長能力。

換言之，於前次晤談促發當事人在諮商室外執行行動的一小步之後，當事人的情況可能變得更好、沒有改變或是變得更糟。倘若當事人是變得更好時，諮商師值得與當事人討論他是如何做到的，並幫助當事人繼續維持、擴展之。如果當事人沒有改變或變得更糟時，諮商師仍能引導當事人去反思：是多做了什麼或少做了什麼，而讓情況至少是能持平，還是需要更進一步修正原先的策略或目標？或者，是否需要改為思考：應先做什麼，好讓情況不致更惡化或惡化的速度減緩，才是值得優先努力之處。

所以，諮商過程不是一個能事先設計或能全然由諮商師掌控的過程，而是一個透過諮商師與當事人一起合作、一起發展目標與策略、一起實驗與修正的「行動研究」（action research）過程。但是，SFBT 堅信，是當事人，而非諮商師，才是造成改變的首要媒介。SFBT 的諮商過程，就像是一個「行動研究」的歷程，讓諮商師與當事人在合作中，不斷透過實驗行動的實際結果，來教導當事人與諮商師如何修正目標與發展有效的行動策略，以使當事人在不斷累積小成功之下，穩定前進（Berg & de Shazer, 2004）！

案例對話與反思活動

關於回饋的給予，舉例來說，諮商師可對一位因為有強烈社交恐懼反應而造成生活危機的女性當事人，針對第一次晤談，提供以

下的回饋：

〔讚美〕首先，我想要告訴妳幾個令我印象深刻的地方。其中之一，我可以看到妳非常關心妳的家庭，妳希望看到先生與孩子更快樂，所以妳想要找出能克服社交恐懼的方法。

我非常驚訝妳對奇蹟願景的圖像非常清楚，也十分願意去嘗試各種方法來幫助自己。而且，我也看到妳已經做了很多不同的事。所以，我真覺得妳是一個很有創造力的人。

〔橋樑〕我知道妳很想要改變，而且妳目前已經在做一些對妳是相當有幫助的事情，這讓我們更有空間去探討如何更加改善妳的情況。尤其，妳是這麼希望能擁有理想中的美好生活，也能使妳的家庭更快樂。最重要的是，妳知道妳的改變，將會對妳的家人造成好的影響，這是妳十分重視的。所以，在這次晤談後，我有以下的建議：

〔建議〕首先，請持續做妳現在已經在做的這幾件有效的事。像是來這裡、祈禱，或試著與人交談。我看到安靜的祈禱，讓妳會有勇氣和力量去嘗試行動。而且，在與人交談時，當別人給妳一個好建議，妳就會去試試看，再評估它是不是適合妳；這真的是很難得的一個作法。還有，讓自己休息、呼吸新鮮空氣等都是讓妳能盡快平靜的有效方法。我真的很佩服所有妳曾經嘗試的事，是多麼地不容易，卻又都是很可貴的有效方法。請繼續多做，然後，再特別注意妳的生活會有些什麼不同。

同時，也請妳特別注意在這一週裡，哪些日子妳會感覺比較舒服一點，並且記錄在這些有舒服感覺的日子裡，發生了什麼特別不同的事以及發生這些事的經過，例如：何時發生？家裡有什麼不同？誰做了什麼？自己的反應有何改變？然後，請下次回來這裡時，再與我分享妳的觀察與體會。

諮商師的自我反思

1. 對照一般問題導向晤談結束前的回饋形式，SFBT 的回饋結構，其意圖與內容有何獨特性？

2. 在我的實務工作中，我觀察到回饋對於當事人的影響與協助為何？

3. 在上述的案例回饋中，運用了哪些重要原則？

4. 對於晤談結束時給予 SFBT 式的回饋，我所面臨的挑戰為何？我要如何運用個人資源予以突破？

5. 對於建議是發揮著所謂實驗的精神，我的看法如何？如果我增加實驗性的概念於諮商工作中，會有何不同？我要如何提醒自己持續發揮於晤談的歷程中？

15 滾雪球效應──改變的推進

一如東方哲學所言之「人生無常」，任何人事物不會一直相同，沒有任何事情是「不可能」（never）發生或一直「永遠如此」（always）。SFBT相信，改變一直持續且不可避免地在發生，小的改變還會帶來大的改變，尤其正向改變是一定存在著（David & Osborn, 2000; Lipchik, 2002）。

同樣的，沒有任何事情會無緣無故發生變化。於後續晤談中，SFBT諮商師將會積極深究當事人些微變化之處，協助當事人提升對改變歷程的自我意識、自我監控以及自我協助。透過對當事人進展的發現與強化，將能幫助當事人逐步達成所欲目標，產生正向的情緒狀態，擁有滿意的生活；而當事人在此過程中的任何改變，也將會透過諮商歷程中意識化與類化應用的練習，長期留駐於當事人的身上（許維素，2014）。

 探究變化是諮商歷程的重要環節

於初次晤談後，SFBT諮商師會以「當事人願意再進行下次晤談」的立場，來給予第一次晤談的回饋。雖然當事人初次晤談時，常會先打量諮商師及其服務品質，也會開始評估是否要信任諮商師或繼續和諮商師一同工作，但SFBT諮商師在第一次晤談結束後，所展現的姿態是：諮商師希望再見到當事人，而且，於下次再見時，還會希望聽到有哪些情況變好了。這

樣的堅定態度將能促進當事人對諮商師的信任與信心,同時也具有助長當事人產生正向改變的效益。諮商師還會詢問當事人:「什麼時候再次接受晤談,對你是最有幫助的?」以清楚傳遞一個訊息:相信當事人是有能力做出對自己有利的決定,以及,諮商師認為再次晤談對他們會是有幫助的。相對的,SFBT 諮商師不會詢問當事人是否再回來晤談或再次晤談有無意義,因為這樣會讓當事人以為諮商師覺得晤談沒有效用,或認為當事人沒有能力改變現況。當然,如果當事人對於再次來談有所猶豫,諮商師便需進一步了解當事人遲疑之處,於必要時加以澄清說明,直至當事人對諮商師或是自己的能力變得更有信心時,諮商師便會再與當事人確定下次會面的時間(Berg & Steiner, 2003; De Jong & Berg, 2012)。

延續著 SFBT 相信當事人是其生命專家的核心信念,SFBT 認為當事人最知道自己的任何改變、最佳的前進方法與所欲的突破歷程,也最能評估自己何時需要結束諮商或何時需要再來晤談。當然這不表示諮商何時會面都全由當事人來決定,因為諮商師仍有專業倫理與工作職責所在,尤其,若當事人於幾次晤談之後沒有任何改變,諮商師也需要提出終止或轉介的可能。對 SFBT 而言,有時,間隔更長時間才再次晤談,會給予當事人(如家庭)嘗試行動與反思結果的機會,而更有討論的素材,但是對處於危機的當事人,暫時性的密集會談可能是需要的。所以,下次何時會面,是諮商師與當事人雙方一起協商的,當事人參與決定歷程,這樣也會促使當事人於下次晤談時更能預備他們想要的方向(Ratner et al., 2012)。

於第一次晤談後開始的每一次後續晤談,SFBT 諮商師皆會先以「何處變好了(what's better),即使只有一點點?」的提問作為開場,並積極持續探問當事人在兩次晤談之間任何細微的進展或累進的改變。之後,加入這些改變的結果與影響之下,諮商師會與當事人再接續探討,要如何完成原先來談的目標,或就目前新的目標繼續前進。於每一次晤談結束時,仍然進行暫停與晤談回饋(如圖 15.1)。當然,關於整個晤談歷程的融入與結案

---

1. 正向開場／「何處變好了？」
2. 問題描述／現況探討
3. 發展解決式談話
   （以上 40 分鐘）
4. 暫停（10 分鐘）
5. 回饋（10 分鐘）

圖 15.1 SFBT 簡式晤談架構

的思維，SFBT 諮商師仍會整體考量之。

　　於後續晤談的開場，諮商師並不會直接明瞭地詢問當事人何以沒有執行建議，因為這樣的態度有時讓當事人感到有義務去解釋何以沒做到，諮商師也得要說明為什麼堅持認為當事人必須完成這個建議的理由，如此一來，便將諮商師及當事人推到一個棘手的位置。SFBT 諮商師內心所持的信念是：改變永遠在發生；在兩次晤談之間，當事人的生活可能會有插曲發生，使得原先的建議變得不再那麼有意義；或者，當事人的行動可能超越了建議的範疇，即使沒有執行該建議，但其實卻創造了另一個未預期的改變。亦即，當事人的進展可能具有目的性並與目標有關，也可能是具有其他意義、但與原來目標無關，因此詢問當事人何以沒有完成上次回饋中的建議，將會限制這些珍貴的可能性的發生，也失去諮商師給予建議本身所具備的「實驗性」意義（De Jong & Berg, 2007）。

　　「何處變好了」的後續晤談開場方式，再次展現諮商師探索開放的、以解決之道為焦點的立場，也是種「解決之道導向的進展性敘說」（solution-determined progress narrative），之所以不詢問當事人「有沒有」變好，乃是因為這樣的問法暗示著諮商師有些懷疑當事人的進步或改善，也會加深當事人在晤談過程中的矛盾及猶豫；而詢問「何處變得比較好」的類似問句，將反映出諮商師關心當事人的生活及他們本身，也有信心於當事人在晤談

室外能夠勝任地行動。當然，這個問句還反映了一個重要信念：解決之道乃建構於當事人對例外的知覺，即使生活有問題存在，仍然可以有小小例外產生。諮商師於後續每次晤談都以「何處變好了」的句型開場，也將會引導當事人於生活中特別注意自己的改變之處，而帶入諮商室分享。雖然如此，這樣的開場句型並不意圖限制當事人回應的內容，任何當事人的反應（如變好、一樣、更糟），諮商師都需要彈性的跟進（De Jong & Berg, 2007; Ratner et al., 2012）。

諮商師千萬不要忘記「目標」在SFBT中的重要性。於後續晤談中，諮商師除了探討進展之外，還會持續檢核當事人於當次晤談的所欲正向目標，或者，於合適時機直接詢問當事人對晤談效果的看法，以隨時與當事人對焦晤談的走向（許維素，2014）。

SFBT依據實驗精神，其有如行動研究的晤談歷程可如圖15.2所示（許維素，2013，2014）。

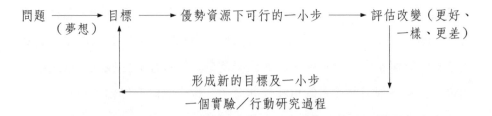

圖 15.2 SFBT 晤談發揮行動研究般的實驗精神

敏於推進當事人的小進展

🌱 (一) 對進展訊號的高度關注

進展是相當難能可貴的。然而，細微的改變，不見得足以打動當事人的心；但是，當事人越不看重這些細微改變，他的新改變將更容易消退。為了要發現與增強當事人小小變好之處，並將當事人置於主控而非被動的位置，於後續晤談中，諮商師常會用「EARS」的技巧接續「何處變好了」的探問（Pichot & Dolan, 2003）。

EARS 導引，是 SFBT 後續晤談中主要的系列介入方法，將能引發當事人細細品味、欣賞與掌握描述自己的高峰經驗與改變歷程，而能更懂得如何持續朝目標邁進：

E（Elicit）引發：觀察與引發當事人關注到什麼事情已經變得比較好了。

A（Amplify）擴大：拓展當事人變得較好之處，詳細探討其對自己、人際與解決問題的漣漪效應，以及達成改變的種種方法與執行細節，以便能類化至生活中其他地方。

R（Reinforce）增強：以態度與語言增強當事人產生的改變。

S（Start）開始：再次探索其他進展的成功經驗。

在 EARS 引發關注改變的階段中，如何發掘當事人小小的進展，乃是一個挑戰。諮商師需要積極傾聽與捕捉當事人話中所表露與隱含的正向改變，並予以反映、深入之。例如當事人說：「這一週以來，情況沒什麼好轉啊。我是沒有看電視啦，但是也只讀了五分鐘的書，之後就讀不下去了啊。」雖然當事人不覺得自己有什麼大轉變，但是從這句話中，至少能看到當事人已經開始做到不看電視了，也有開始讀書的微小改變。

　　除了傾聽之外，諮商師還可以透過不同層次的例外問句，主動引出當事人的小小進展：

「上次我們見面後，你做了什麼讓自己有一點驚豔的事情？」

「這個禮拜，你曾經表現得比較好是什麼時候？」

「上次晤談後，有哪些事情是比較順利進行的？」

「生活總是會有起伏的，哪些時候比平常一般的狀況要再好一些些？」

　　諮商師可以注意自己引發進展的詞彙，是否讓當事人比較容易聯想起自身的改變。如果諮商師詢問當事人是否有變得「很好」的時候，答案很容易會是「沒有」，但若探問的是「一點點」、「小小」的好轉，則比較容易引發當事人回憶起小小成功之處：

「這幾天，你哪一天沒有被老師叫去辦公室？」

「在這個星期中的哪一個晚上，你的心情是比較平靜一些些的？」

「在你所有的課程中，有哪一堂課是你現在比較能多參與一點的？」

「相較於前幾週，這一週內有哪幾天，有感覺到家裡的氣氛和諧一些？」

「你是如何發現的？」「這是怎麼發生的？」

「以 1 到 10 分來評估，10 分表示很穩定，1 分表示不穩定，你覺得自己的狀態，從上週到這週，是從幾分到幾分的變化？」

「在這一週內，哪一天的分數是最高分，何以會發生這個相對高分的狀態？」

　　即使當事人表示沒有，諮商師還是可以平和的詢問當事人，使其更加注意到一些穩定自己的人事物：

「在情況沒有大變化下，這週你有注意到自己開始做哪些事情？」
「其中，有哪些事情是讓你有一點點開心的呢？」

類似於評量問句，「特定行為的檢核表」也常可用來引發當事人看到自身的改變。亦即，諮商師可以採用現成的量表，或依照當事人的整體狀況、目標、特定議題（如：睡眠、情緒穩定、喝酒、專注力等）來設計問卷或檢核向度，以能具體幫助當事人及其重要他人檢視出小小進步，繼而邀請當事人探討是如何能夠做到或如何願意去做。於設計檢核表時特別需要注意，檢核表中每一欄位的內容都需要是非常具體細小而可觀察的正向行為向度，同時也是成長或復原過程中的重要項目，即使常被視為理所當然的向度（如：接受表揚、能夠考慮後果、容忍挫折、表達需求、上學次數）；當然每一個向度也可加入「沒有、一點點、不少、很多」等不同程度的選項，以便能增加觀測改變的寬度。

採用檢核表及其具體特定向度來反映當事人的進步，有時對系統中其他行政人員、轉介者、經費提供者、家屬，會是特別有說服力的。例如，這些進展向度的證明，可用於爭取各系統中的相關資源（如經費）的繼續支持。或者，若當事人周圍的人可以透過檢核表或各向度的觀察，開始注意到並願意讚美當事人小小的改變，往往，當事人會更願意繼續努力，其表現也易穩定而更有進展。當然，檢核表中當事人尚未達成的向度，或可成為諮商師再與當事人具體討論如何前進的參考方向（許維素，2013，2014）。

通常當事人變得不好或實驗無效時，多會主動告訴諮商師，但若有小小改變時，當事人則不見得會向諮商師提及。諮商師記得一定要探問當事人接受晤談後有何不同——唯有諮商師問了，才會知道當事人有沒有進展（Korman, 2011）。

🌸 (二) 強化進展的再發生

在 EARS 的擴大進展階段，對於當事人的一些進展，諮商師會以「振奮性引導」催化當事人回應「自我讚美」或「間接讚美」的提問，來強化當事人的改變，並將改變的功勞與責任回歸到當事人身上，好讓當事人的合理掌控感可以增加。例如：

「這是你之前做過的嗎？」

「你怎麼會想到要試著把你的想法告訴父母？」

「你當時是怎麼決定把書拿出來看的？」

「多告訴我一點，你做了什麼，讓你不再發脾氣？」

「你可以走開，而不是回罵那同學──做出這樣的決定，誰最驚訝？」「之後，那同學對待你的方式又有何不同？」

「當你開始照顧自己時，你的父母看到了什麼？」「之後，他們對待你的方式又有何不同？」

有時當事人會說：「就是直覺的做啊！」至少這表示當事人沒有拒絕進展已發生的論點，於是諮商師可以邀請當事人再想想或猜一猜何以能發生，或直接請他列出可能幫助自己做到的幾項人事物。或者，也可以換個方式詢問：

「是什麼讓你沒有再去直接罵孩子，或阻止與孩子大吵的事情再次發生的？」

「你做了什麼讓這好事能夠『順其自然』（『順勢而為』）地發生，而沒有阻礙或破壞之？」

「其他人會注意到的又是什麼？」

當然，有些當事人並不會把自己放在一個主動的位置，而回應：「我不

知道，我只是覺得好一點而已。」那麼諮商師仍然可以堅定而嘗試著問：
「你覺得最近做的哪些事情可能跟你的心情好有一點關聯？」甚至還可以邀
請當事人想像有一臺錄影機一直跟著當事人，將這一週（或這幾日或從早
上到現在）的生活都拍攝下來，而倒帶回看時會看到什麼重要事件或小小
作為（Ratner et al., 2012）。

在擴大階段特別值得探究的重點，即包括：當事人到底如何「決定」
與「判斷」要去做、究竟如何去做到，或執行時的人、事、時、地、物細
節，以及執行後對自己與別人的循環影響等。對於當事人的細微改變，包
含的範圍可有很多層面，可以達成的方法也很多元，多運用一些「Wh-」問
句來追問細節是一種方式，諸如：

1. When（何時）：何時做到的？然後發生了什麼？

2. Where（何處）：你在哪裡做這些事？你還可以到哪些地方去做同樣的
   舉動？

3. Who（誰）：誰在旁邊？誰注意到了？誰有幫助你？他們的反應是什
   麼？你是怎麼注意到他們的不同？他們的反應不同時，你又做了些什
   麼？他們認為你的改變對你有什麼幫助？你的不同又怎麼影響你們的
   互動？

4. How（如何）：你怎麼做到的？你是怎麼判斷這是對的？你是怎麼決定
   要這樣做的？這何以有用？你如何知道你可以再多做一點？

當諮商師能對當事人的進展探討得越細緻、越多面向時，當事人也越
易覺得改變是可貴、影響是大的，也越容易肯定要去重複這些行動的重要
性。亦即，進展與例外的效益很像，都是讓當事人知道如何更朝向目標及
建構解決之道的重要元素。

當然，在諮商師擴大進展的同時，記得還要正向增強當事人的改變，
例如非口語的增強，包括：身體的前傾、表情的專注、聲調的喜悅驚訝等，

並搭配一些口語的增強：「太棒了！你再說一遍！」「你真的做了！哇！」等直接讚美。當然，這正向增強的強烈度與方式，需配合情境以及當事人的接受程度（許維素，2009a，2009b，2013）。

探討當事人於晤談後小小的進展，是非常重要的，因為這些改變都是可貴的、得來不易的，需要特別加以珍視、強化。若能進一步大大增強這些小進步並加以鞏固，將有可能扭轉當事人的問題行為模式，而帶動正向行為的循環擴大效益。因此，呼應著「多做對的，就沒空做錯的」信念，推動小小的進展，乃具有影響當事人持久改變的重要可能性（許維素，2014）。

♥ (三) 自我協助的提升

於每次後續晤談中，諮商師將會多開啟幾次「何處已變好了」之EARS循環。SFBT諮商師相信，若當事人能多做正向有利的事情時，問題的發生或嚴重度就會自然減緩。透過晤談彙整了造就這些進展的核心要素、意義與各方策略，將讓當事人本來覺得自己「好像」有改變，轉而能相信自己「真的是」有所改變，並且，能夠懂得鞏固、維持或擴大這些正向轉變（de Shazer et al., 2007）。

當事人如何維持改變的方法、如何保持進展的自信，也正表示了當事人能夠「自我協助」的程度與方法，而此，是SFBT相當看重之處（Korman, 2011）。

「這是如何發生的？」

「你如何在生活中促使這事情發生？什麼樣的優勢能力？」

「這事件讓你更認識自己是一個什麼樣的人呢？是一個可以做到什麼事情的人呢？」

若當事人回答了，可就當事人回答的優勢關鍵字繼續推進：

「這對你是新的經驗嗎？就是你早已經知道自己是一個有韌性的人嗎？」

「當你知道你比自己想像的更堅強時，對你的意義是什麼？」

「未來還需要發生什麼、或當你看到什麼時，才會讓你更信任自己是能夠自我照顧的？」

「過去生活中你也曾經這樣展現過你的危機處理能力嗎？」

SFBT會以問句邀請當事人開始思考與描述可能性，並會將這些改變與可能性連結至生活與工作中可能完成的目標，並為相關既存的優勢與技能命名之（Ratner et al., 2012）。亦即，引導而非直接告訴當事人自身的勝任能力，將會促發當事人更多的自我增強能力，也更能協助當事人有意識地明瞭自己如何在累積進展，以及更能覺察小改變如何帶來生活與人際上各方的連鎖影響，如此，將使當事人更有意願努力於維持、內化、鞏固已有的改變，並繼續運用這些進展往達成來談目標的方向前進。往往，如滾雪球效應一般，當事人還會自發創意地擴大與類化已有的進展，持續累進新的正向經驗，於是，當事人將更能自我肯定與強化，更客觀地認識自己，也更懂得和問題共處及自我照顧。自然而然的，當事人身上便會出現明顯的正面思維與正向情緒。如此，當事人甚至還能化被動為主動地解決問題，更加離開受害者角色，對未來更具有力量感與希望感，而更能掌握生命的限制性與自主負責（許維素，2009a，2009b）。

是以，「小改變成大改變」、「一個改變帶來更多的改變」的跨情境「滾雪球效應」，是需要由持有系統觀的SFBT諮商師積極催化出來的，當然，更需要由當事人本身創造改變，並有意識的加以維持（許維素，2014）。而這些「自我協助」的意識，除了往往能長遠影響當事人的改變之外，也可於復發時，再次自我提醒可優先善加使用。

⚫三 看似毫無進展時

🌿 (一) 優先維持穩定的意義

於後續晤談一開始，當事人也可能無奈的表示，自上次晤談之後，並沒什麼不同。諮商師不必為這種回答失望，也別直接與當事人爭辯，因為其中可能還是會有正面的變化或意涵。例如，「沒什麼不同」代表情況並沒有朝著負向方面發展，也表示了當事人仍然有能力控制與維持目前的生活與狀態，而使情況可以「停止惡化」。所以，「先維持目前狀況的意義」以及「如何使情況沒有變得更糟」，或可成為諮商師嘗試接續探討的方向。

有時，諮商師還可引導當事人思考：即使沒有所謂的持續進展，是否是已經有了小小改變之後才有所停滯？有時，當事人及其周圍的重要他人，多會希望在當事人有前進之後，立刻加速產生更多的進展。但是，對於有些當事人而言，這樣的期待反而容易被解讀為期許過多，或會自責自己的努力仍無法讓大家滿意，而忽略之前的改變。所以，在推進當事人產生更大的改變之前，諮商師可以思考與當事人討論的是：如何多做什麼，而能「『維持』目前已有的改變」。例如詢問：

「你如何還願意再做一次？」

「如果你多做幾次，你的生活會有什麼不同？」

「你需要什麼力量，才能持續去做？」

「你有多少信心可以繼續維持？」

「你的好友會如何幫助你繼續穩定你的心情？」

「當你能繼續做時，別人的反應會是什麼？」「對你的生活有何影響？」

　　成功都是需要一小步、一小步累積而得，而且，每個人改變的曲線也不盡相同。有人是跳躍性的前進；有些人是螺旋式的改變；有些人則如階梯，一步一步的往前；有些人則為前進一步後，需要很久才能再進一格。諮商師需要配合當事人改變的速度與方式前進，但先維持鞏固當事人已有的改變是可大大著力之處。在當事人更為穩定、更熟練已有的進步方法時，再適時地多提醒他未來的可能挑戰，或是鼓勵他再多做些突破，才不至於造成「欲速則不達」的失落。

　　莫忘了 SFBT 認為，前來諮商的當事人，往往面臨一定程度的挑戰，所以，當事人於晤談後的每一個小小改變，都是很可貴的。而維持改變、甚或沒有更惡化，往往就已經是一件不容易的事了（許維素，2013）。當然，諮商師也可以嘗試性的詢問：「當邁開下一步的『好時機』來臨時，你如何能判斷得知？」而能以當事人的速度前進，並繼續維持合作的互動關係。

🌱 (二) 當情況變糟時的可貴應對

　　若當事人表示於上次晤談後，情況變得更差，除了以不責怪或失望的態度來了解情況發生的脈絡並展現同理理解後，或可以「事情總會有起起伏伏」的一般化先作為回應，因為，災難、意外、疾病以及其他不可預測的事件，都可能突然發生在任何人的生活裡，而使得情況一時變得更為棘手。對於當事人所描述的種種變糟的情況或突如其來的事件，諮商師以尊重的態度傾聽當事人的描述，以開放的心去傾聽與重新建構出其中的細節變化及重要意義，並可嘗試了解：較之過去，當事人「此次」處理這些情境的方式是否已經有了小小的進展（如反應較為迅速些），或者事情惡化的速度，是否較之常態已經緩慢了許多，以便能對照出當事人所擁有的優勢與努力之處；至少，當事人還能堅持再次來到晤談室的決定與行動，就是一項重大力量。

　　對於當事人覺得情況變得更糟時，諮商師常採用因應問句予以回應，

以能協助當事人客觀檢視情況的變化，並能於接納自己與情境的同時，再次覺知個人優勢力量，尤其是自發性解決問題的應變能力（Pichot & Dolan, 2003）。例如：

「這星期有這麼多事情超出你所預期的，你是如何度過這些難關的？」

「在這麼多挑戰同時發生的這段日子，你看到自己的哪些因應方式，是讓你感到有一點欣慰的？」

「許多人在一週內面臨這麼多突發的挑戰時，常無法面對。所以，你是運用了什麼力量來幫助自己撐過來的？」

「即使這麼的有壓力，你是如何讓事情沒有往更糟的方向發展下去？」「跟上次類似的情況比較起來，你覺得自己的反應有什麼變化？」

「與上次你們爭執的情況比較起來，你覺得這次爭執的情況跟上次有何不同？」「尤其你在處理你孩子的方式上有什麼不同？」「何以能有此差別？」

面對當事人變得更糟的反應，諮商師千萬別急著期許當事人的情況全然立即改善，反而可以先行探討：如何讓當事人回到前一週的平穩，或者如何先讓惡化「止跌」。例如：

「生活總是起起伏伏，有時候會好一點，有時會變糟，然後又會再好起來。所以你認為需要什麼，才能幫助你再恢復到上週評量分數的狀態？」

「關於你們的關係以及處理離婚的情況似乎是在惡化中。根據這幾週你們關係的起伏與下滑的情況，你覺得需要發生什麼，才能讓家裡的情況不再這麼快速的繼續惡化下去？」

若當事人表示沒有改變、變得更糟或不想再投入於晤談中時，諮商師

可能需要與當事人重新一同檢視：當事人期待的諮商效果為何？所持的真正目標究竟為何？甚至是討論如何再次恢復其努力的意願，有時，透過這些檢視歷程，反而能真正幫助當事人發現自己想要的、在意的目標，而再次推進了晤談的進展（David & Osborn, 2000; Lipchik, 2002）。例如：

「對你來說，這次晤談進展如何？」

「我們要繼續圍繞功課這個話題，還是你對交友更感興趣？」

「這是你感興趣的嗎？」

「這是我們要花時間談論的嗎？」

「我們談論什麼，會更能幫助到你？」

「有什麼問題是你希望要我問，而我卻沒有問的？」

「在 1 到 10 分的量尺上，1 分代表這次晤談沒有任何幫助，10 分代表好到不能再好了，這次晤談的得分是在幾分的位置？」

「你認為，如果這次晤談效果的分數能夠提高 1 分，我需要做些什麼？」

「如果想要這次晤談效果的分數提高 1 分，你需要做些什麼？」

類似的，倘若當事人一直沒有改變，諮商師也需要重新檢視自己是否不自覺地為當事人設定了目標，且此目標不是當事人「願意」去做或「能夠」做得到的。例如諮商師可以反思的是：

「我想要幫忙當事人改變什麼？」

「是什麼讓我想要幫他？」

「是什麼讓我覺得我有能力幫他？」

「是什麼讓我覺得他願意接受我的幫忙？」

「是什麼讓我覺得他能做得到我希望他改變的行為？」

「是什麼讓我覺得他願意去做我想要他改變的行為？」

「我是否越俎代庖地替當事人決定了目標？」

「我要如何做，才能再增加當事人一些些願意再繼續嘗試的意願呢？」

從這些檢視中，諮商師一方面可以試著回到身後一步引導的未知立場，以幫助自己能找到讓當事人願意突破的一個小小著力點。

❦ （三）啟動系統的支援

當事人的改變本就需要時間，若當事人暫時不願意改變或持續無法改變時，諮商師可以先了解與評估一下：「系統的改變」是否會是比較容易成功的選擇？──在當事人的生活系統中，誰最容易或願意改變？如同「牽一髮而動全身」的概念，SFBT 相信當事人生活系統中的小改變，將可能會帶來大改變，包括當事人自身的改變。

舉例來說，當事人不願意停止玩手機的行為，但當事人的父母很有改變的意願，此時，諮商師或可用一種稱許、欣賞的態度，來與當事人的父母討論：他們可以執行什麼不同以往的處理方式，或許就有可能推動當事人的小小改變。又例如，青少年當事人陷於孤單無助之中，諮商師也可以鼓勵當事人與導師討論如何改變班級的人際互動（如先邀請班上功能良好的同學主動關懷），以協助當事人的處境不至於更糟。類似的，對於被憂鬱症所困擾的學生，在無法每節課都能上課的情況下，學校的制度若能允許當事人先到學校輔導室自習，再努力漸進增加進班的次數，將有過渡階段的支持。當然，若當事人的情況惡化且有立即的生命危機時，必須採取通報行動或進行安全網的系統建置，便成為諮商師第一優先的必要行動。

強化當事人的改變以及預防其復發的最好方式之一，就是當事人的生活系統也能同時有所改變。於晤談室中，諮商師可以多利用關係問句的探索，先深入了解：在當事人的生活中，誰對當事人最有影響力？當事人最

在乎誰?誰最能幫助當事人維持改變?誰能定時評量與鼓勵當事人?誰對當事人的復原有興趣?他們如何對當事人有所助益?這些問句的資訊,將能激發當事人思考系統改變的支援計畫。例如,除了直接鼓勵當事人與這些重要他人進行溝通之外,於合適時機,諮商師可具體提出青少年的小小進步讓家長和老師知道,並鼓勵他們一起來增強當事人的改變,將使當事人的改變更為穩定;或者,配合著當事人提出的需要,諮商師同時與當事人的家屬商討,如何改以當事人能接受的有效方式,改善彼此的互動,包括如何提醒與預防當事人可能的復發,那麼,將能事半功倍地提高輔導成效。

亦即,當事人的支持系統若能隨當事人的改變而有所強化,當事人(特別是青少年及受心理疾病困擾者)的正向行為也就比較容易產生與維持。同理,面對當事人暫時沒有改變或不斷復發的情況,除了持續理解當事人、尊重當事人、邀請當事人、等待當事人之外,也可先行動員當事人的生活系統與社區資源,會是諮商師暫時能夠先做的事(許維素,2014;Berg & Reuss, 1998)。「日久見人心」、「滴水穿石」等「精誠所至,金石為開」的可能性仍是存在的。當事人周遭的人若能繼續地關懷與協助當事人,仍然很有可能會激發當事人的改變;周圍的人持續的努力,也常是促使當事人醞釀改變決心的酵素(許維素,2013)。

四 畢業典禮般的結案

SFBT是一個著重「改變」的對話,企圖引導當事人從「問題式談話」(problem talk),經由「未來式談話」(future talk),而能展開「策略式的談話」(strategy talk)。晤談一開始,雖然當事人常為問題導向並對未來無望,但是透過SFBT樂觀導向的對話以及各種「解決導向」的問話,將引發當事人的動機、形塑所欲的未來生活與具體目標,以及掌握明確可行的行動策略。亦即,SFBT透過解決式談話,使得當事人在面對問題時,願意去

思考：對他來說，什麼是有效的解決方法以及這些方法是如何產生的，如此一來，當事人不會一直陷在問題裡，並能減少挫折感，增加自我效能感；進而SFBT還會幫助當事人了解自己如何可以維持已經擁有的一切、如何再學習欠缺的不足，以及如何評量自己的行為策略等，而懂得追蹤、強化、遷移自身的改變（O'Connell, 2001）。

亦即，SFBT能引發當事人「知覺轉移」及「重新建構」問題的取向，讓當事人從固著於問題的狀態，轉移至朝向各種可能性的方向前進，所以經常能縮短晤談的時間，加速結案的來臨（Corey, 2013; O'Connell, 2001）。de Shazer（1991）認為「SFBT 不做沒有必要的（晤談）次數」，Korman（2011）也呼籲別受長期治療的影響，而有晤談次數的概念與限制；因此，SFBT不是因為當事人的特性來決定晤談的次數，而是由諮商有無協助當事人完成目標以及建構解決之道來決定。亦即強調接受限制但不放棄希望之生命哲學的SFBT，諮商師會協助當事人保持改變的動力，持續一小步的進展，以能協助當事人平穩地、有信心地繼續朝目標邁進。然而，SFBT也認為當事人在往好的方向發展時，只要能到達「夠好」（good enough）的程度即可計畫停止晤談，因為生活本來就不能全然完美或沒有任何問題，當事人只要能應對生活種種所需，即可預備結案（許維素，2013，2014）。

關於結案，一如晤談開始的融入階段，SFBT會有所注意，但並不如一些諮商取向認為結案階段是一個涉及所謂具有修通（work through）歷程的階段（Ratner et al., 2012）。關於結束晤談，SFBT於一開始便以成果問句在預備晤談的結束，也會直接與當事人討論結束（Berg & Reuss, 1998）：

「何時你覺得不用再來晤談？」

「以1到10分來評量，10分是你不用再來晤談了，1分是你決定來晤談那時的狀態，你覺得目前處於幾分的位置？」

「讓我們來想像一下，明天早上，你發現或注意到什麼，便會讓你

覺得你可以不用再來這裡晤談了？」

「對於目前的進展，你的信心是幾分？需要到達幾分時你覺得是可以結束的？」「在這之間，我們的晤談值得再多討論的主題是什麼？」

SFBT強調：「無效，則做些不一樣的事情。」倘若當事人一直沒有任何進展，諮商師可使晤談再次聚焦、再次明確化當事人期待的晤談成果，或再次確認晤談所能達成的協助：

「以 1 到 10 分來評估，10 分就是代表你知道自己可以使這個改變發生（或你已經預備好要推進改變），1 分是相反的情況，目前你在幾分的位置？」

若此類分數很低，重新協商目標是必要的，如請當事人直接說明他希望諮商有何調整。當然，諮商師也可邀請專業督導與同儕協助單面鏡後的現場督導，以提供多元意見。倘若當事人真的一直沒有改變的跡象，有時，暫時性的先致力「維持」穩定，是一個階段性的選擇。當然，若晤談幾次之後，當事人沒有具體改變，或者諮商師自覺無法協助當事人有所改變時，諮商師需要遵照諮商專業倫理，主動與當事人討論如何轉介至其他的諮商師或協助單位（Korman, 2011; Macdonald, 2011; Ratner et al., 2012）。

SFBT 創始人 Insoo Kim Berg 特別強調諮商師應盡量「不在當事人的生活留下足跡」（leave no footprints in the client's life），亦即，當事人的改變歸功的是當事人自己的經營，而不是因為諮商師必須持續的存在。呼應著諮商師的「不被看見性」（invisibility），SFBT晤談中經常發生的狀況是：當事人於後續晤談中，會自動拉長兩次晤談的間隔時間，諮商師也會漸進地更位於邊緣的位置，而更以當事人及其生活作為核心；或者，當事人也常會自行表示目前自己不需要晤談，但於需要時會再回來，例如於目前討論的方案是發揮效果時，或有困難且自己無法支撐時（Ratner et al., 2012）。

在結案前，諮商師會與當事人整合性地彙整與確認當事人參與晤談的收穫、整體改變，及其意義與影響，也會與當事人探討如何將晤談產生的進展或應對困境中的經驗，持續應用於晤談結束後的生活中，通常包括的向度如：如何繼續維持目前的進展、對維持與進展的信心、對下一步行動之信心、如何承受繼續存在的痛苦、如何不更糟的應對、可能將會面對的未來挑戰、可繼續努力的目標、萬一再復發如何應用目前所得來因應，或預計結案的時間與具體步驟等，以促使當事人更能掌握晤談收穫，能於晤談結束後，更具有信心、動力與希望感地繼續穩定的自我協助（許維素，2009a，2009b）。若當事人對於自己狀況穩定維持的程度以及自信於自行處理後續問題的評量，在10分量尺上的位置是7、8分時，就可以考慮結束晤談。De Jong與Berg（2012）追蹤訪談當事人發現，當事人認為在7、8分的狀態下結束晤談時，暗示著諮商師相信當事人可以自己完成後續行動；而當自己的情況更為改善時，當事人也真的更歸功於自己，其自我效能感是更為強大的。

是以，由SFBT如何推進進展以及結束諮商的方式，再次凸顯了SFBT對於當事人是有能力建構解決之道並使其生活變得更好的深度信任。也因此，當事人的結案，更像是在諮商師的祝福下，擁有了階段性「畢業典禮」時的成熟美麗（Macdonald, 2011）！

🏆 案例對話與反思活動

當事人：這樣跟你談了這幾次之後，我覺得真的學到很多啦。我真的有回去想、回去思考。

諮商師：哇！真的！很棒啊！有一些學習、有思考，可以多說一些嗎？〔展開 EARS〕

當事人：就是說把我們所談的，我回去又反覆想一想。好像我有一個動力，對工作那種投入感越來越強，也好像更有信心去面對那些問題。對，更有力量啦！

諮商師：所以更有動力、對工作更投入、更有信心面對問題、更有力量；妳覺得是怎麼做到的？〔引發當事人意識改變的方法〕

當事人：我就是很努力集中注意想如何解決問題。像在這裡晤談提到的，別一直怪自己怎麼這麼笨。

諮商師：很努力集中注意想如何解決問題，妳可以多說一點嗎？

當事人：就是排出順序啊。

諮商師：還有呢？

當事人：做目前能做的啊。

諮商師：真棒！妳不再怪自己笨了，反而會如何鼓勵自己呢？

當事人：沒啦，就是，一怪自己時，就停下來告訴自己：這沒用，做了改變才有用。

諮商師：那麼，對於妳能集中注意想如何解決問題，而懂得停下來不罵自己、告訴自己要做改變才有用，對於這些改變，妳繼續去做的信心是幾分？如果 10 分是很高，1 分是很低的話。

當事人：這部分的信心不會低喔，大概可以 7 分喔。工作可以穩定

下來了，比較不讓我擔心。

諮商師：那麼什麼人事物可以繼續幫忙妳維持這7分的信心呢？

當事人：想起我的孩子。我的朋友說他們會提醒我的。但是……嗯……怎麼說呢……唉，對我先生突然過世這個部分，我還是會想起先生的死，想起來還是會哭啊。

諮商師：當然，當然。這是很自然的。〔一般化的支持〕

當事人：對啦，像你說的，要一下子忘記相處二十年的先生，真的不是一件容易的事。但是我希望自己別再哭了啦。哭又無濟於事。我覺得我應該討論一下。

諮商師：OK。那麼，妳覺得最近想起先生會哭，跟前幾週的情況，是一樣嗎？還是有不一樣？〔再次引發小改變的覺察〕

當事人：這樣子……好像也有不一樣了。就是比較不慌張吧。時間也短一些。

諮商師：妳覺得妳怎麼會有這些變化？〔EARS再次啟動〕

當事人：我也不知道，自然而然的吧。

諮商師：那麼，在這一週內，當妳想起先生又一直哭、又有些恐慌時，妳都做了些什麼事情，對妳有了一點點幫助的？〔探討自發因應方法〕

當事人：我就是一直在處理先生的事情而已，就是轉移注意力吧。

諮商師：妳處理了哪些事情呢？〔EARS〕

當事人：像是一些保險、財產啊，弄房間裡的東西。

諮商師：在這麼難受的情況下，是什麼讓妳還能處理這些事情的？

當事人：這些都是得做的事情啊。

諮商師：當妳在做這些事情的時候，是一直哭，還是可以如以前一樣地在處理？〔確認有無新的進展〕

當事人：嗯，怎麼說……面對外人時，好像哭的少一點了。

諮商師：喔，面對外人時，妳是如何做到控制自己少哭一點？〔引發進展的意識〕

當事人：這是我現在唯一能為先生做的事情了，我一定得努力穩定自己，才能把事情完成，像是跟人家溝通啦。

諮商師：妳真的很希望妳能為先生做些事情。想到是為先生做事會幫助妳自己穩定一些。〔肯定目標〕

當事人：當然。我以後再也無法為他做什麼了。

諮商師：如果，妳先生在天上有知，妳猜，他對於妳的想念、妳的種種努力，可能會說些什麼？〔關係問句，強化進展〕

當事人：嗯，我不知道……希望他不要難過。

諮商師：那麼妳希望他怎麼想呢？〔配合當事人的思維，再次詢問〕

當事人：希望……希望他能相信……我能為他再站起來。

諮商師：就你們相處這麼多年的默契，妳想他知道妳擁有什麼能力或個性，是能夠為他再站起來的？

當事人：嗯……我一直很堅強、務實。我們都很愛孩子。

諮商師：妳真的是一直很堅強、務實、很愛孩子。雖然需要一些時間，但是當他在天上看到什麼，就知道妳已經站起來了？〔開始尋找下一步的目標〕

當事人：就是我能更振作，更有信心地把孩子養大。對，嗯……我應該要振作起來，應該可以的。我希望自己可以盡快恢復正常，不用再來晤談了。

諮商師：那麼，以 1 到 10 分來評估，10 分是妳覺得可以不用再來晤談了，是很振作的、有信心把孩子養大，1 分是很需要繼續談，妳覺得妳自己目前在幾分的位置？〔了解現況與目標的差距，企圖找尋下一步行動〕

當事人：我覺得 5 分了。

諮商師：喔，怎麼說有 5 分呢？

當事人：我已經知道如何幫助自己了。現在就是繼續練習信任自己可以做得到、熬得過這個低潮期。

諮商師：那麼妳覺得到幾分左右，就可以結束晤談？〔了解晤談的終點〕

當事人：8 分，得 8 分。

諮商師：8 分的妳跟現在會有什麼不一樣呢？〔描繪願景的圖像〕

當事人：更少責怪自己，更多安慰自己，想起先生哭的次數變少。

諮商師：還有呢？

當事人：哭的時候，不會害怕。

諮商師：那麼當妳想起先生又哭的時候，8 分的妳不會害怕、會安慰自己、不會責怪自己，所以會是怎麼想的？

當事人：就是相信自己哭一下就會好了。就哭一下，然後回去做該做的事情。不是失控的，是想念的哭一下。

諮商師：妳能這麼清楚 8 分的妳，真的很不容易。

當事人：真的嗎？人總要向前進。

諮商師：那麼，現在妳的分數是 5 分，需要多做什麼或開始做些什麼，比較有可能向 6 分前進？〔企圖尋找一小步〕

當事人：當我覺得不高興時，我就要停下來問問自己怎麼了，而不是責怪自己怎麼這麼笨或是無能，或者怪自己怎麼還沒有走出這個低潮期。因為這樣就會很快掉下去。

諮商師：是的。那麼當妳萬一掉到 3、4 分時，妳猜妳可以如何幫助自己再次回到 5 分？〔討論復發的應對〕

當事人：我會找上次跟你講的朋友，或者回頭看我的日記提醒自己……

諮商師的自我反思

1. 對於SFBT初次晤談、後續晤談與結案的架構，我的理解與認同為何？

2. 從上述的案例對話中，諮商師如何幫助當事人關注並企圖推進當事人的小小進展？諮商師綜合使用的是哪些SFBT技術？

3. 對於後續晤談當事人常見有進展、一樣或更糟的各種變化，我要如何幫助自己穩住於SFBT的思維軌道上？

4. 對於進展的變化，我平日看重的程度如何？如果我更懂得看重與運用，對我個人的生活或工作會有何幫助？

5. 一直以來，有助於我學習與精進諮商專業的有效方法為何？我如何使SFBT更進入我的晤談思維與介入當中？當有什麼訊號時，我就知道自己在SFBT的專業發展道路上更進一步了？到時，我會如何鼓勵自己繼續前進？

參考文獻

沈孟筑（2015）。焦點解決短期諮商師引發當事人賦能經驗之研究。國立臺灣師範大學教育心理與輔導系碩士論文（未發表）。

林美珠、田秀蘭（譯）（2000）。C. E. Hill & K. M. O'Brien 著。助人技巧：探索、洞察與行動的催化（*Helping skills: Facilitating exploration, insight, and action*）。臺北：學富文化。

林家興、王麗文（2000）。心理治療實務。臺北：心理。

許維素（1998）。由開始到結束：焦點解決短期諮商的基本流程。載於許維素、李玉嬋、洪莉竹、張德聰、賈紅鶯、樊雪春、陳秉華（合著），焦點解決短期心理諮商。臺北：張老師文化。

許維素（2009a）。焦點解決短期心理治療的應用。北京：世界圖書。

許維素（2009b）。焦點解決短期治療高助益性重要事件及其諮商技術之初探研究。教育心理學報，**41**，諮商實務與訓練專刊，271-294。

許維素（2013）。建構解決之道——焦點解決短期治療。寧波：寧波。

許維素（2014）。焦點解決短期治療理論與實務。臺北：心理。

許維素、鄭惠君（2006）。焦點解決短期治療基本技術的奧妙。諮商與輔導，**247**，15-30。

許維素、鄭惠君、陳宇芬（2007）。女大學生焦點解決網路即時諮商成效與相關議題研究。教育心理學報，**39**（2），217-233。

許維素、蔡秀玲（2008）。高中職輔導教師焦點解決團體督導成效之研究。教育心理學報，**39**（4），603-622。

Bavelas, J. B., Gerwing, J., Healing, S., & Tomori, C. (2016). Microanalysis of face to face dialogue: An introductive approach. In C. A. VanLear & D. J. Canary (Eds.), *Researching interactive communication behavior: A sourcebook of methods and measures* (pp.129-157). Thousand Oaks, CA: Sage.

Bavelas, J. B., Healing, S., Tomori, C., & Gerwing, J. (2010). *Microanalysis workshop manual*. Solution-Focused Brief Therapy Association Conferance, Alberta, Canada.

Berg, I. K. (2003). *Supervision and mentoring in child welfare services: Guidelines and strategies*. Retrieved July 8, 2013, from http://www.sfbta.org

Berg, I. K., & Briggs, J. R. (2001). Treating the person with the gambling problem. From *Solution-focused brief therapy: Overview*. The on-line course in the winter semester of University of Wisconsin-Milwaukee (guawm_7770-1100_2003 m11).

Berg, I. K., & de Shazer, S. (2003). *Supervision and consultation in solution focused brief therapy*. The on-line course in the winter semester of University of Wisconsin-Milwaukee (guawm_7770-1111_2003m01).

Berg, I. K., & de Shazer, S. (2004). *Supervision and consultation in solution focused brief therapy*. The on-line course in the winter semester of University of Wisconsin-Milwaukee (guawm_7770-1111_2004m09).

Berg, I. K., & Dolan, Y. (2001). *Tales of solution: A collection of hope-inspiring stories*. New York, NY: W.W. Norton & Company.

Berg, I. K., & Reuss, N. R. (1998). *Solutions step by step: A substance abuse treatment manual*. New York, NY: W. W. Norton & Company.

Berg, I. K., & Steiner, T. (2003). *Children's solution work*. New York, NY: W. W. Norton & Company.

Bond, C., Woods, K., Humphrey, N., Symes, W., & Green, L. (2013). The effectiveness of solution focused brief therapy with children and families: A systematic and critical evaluation of the literature from 1990-2010. *Journal of Child Psychology and Psychiatry, 54*, 707-723.

Corcoran, J. (1998). Solution focused practice with middle and high school at risk youths. *Social Work in Education, 20*, 232-236.

Corey, G. (2013). *The theory and practice of counseling and psychotherapy* (10th ed.). Boston, MA: Brooks & Coles, Cengage Learning.

Creene, G., Lee, M. Y., Menfzer, R., Pinnell, S., & Niles, D. (1998). Miracles, dreams, and empowerment: A brief therapy practice note. *Families in Society: The Journal of Contemporary Social Services, 79*(4), 395-399.

David, T. E., & Osborn, C. J. (2000). *The solution-focused school counselor: Shaping professional practice*. Philadelphia, PA: Accelerated Development/Taylor & Francis.

De Jong, P. D., & Berg, I. K. (2007). *Instructor's resource manual for interview for solutions* (3rd ed.). Retrieved from http://www.sfbta.org

De Jong, P. D., & Berg, I. K. (2012). *Interview for solutions* (4th ed.). Pacific Grove, CA: Brooks/Cole.

de Shazer, S. (1991). *Putting difference to work*. New York, NY: W. W. Norton & Company.

de Shazer, S., Dolan, Y. M., Korman, H., & Trepper, T. (2007). *More than miracles: The state of the art of solution-focused brief therapy*. Philadelphia, PA: Haworth Press.

de Shazer, S., & Miller, G. (2000). Emotions in solution-focused therapy: A re-examination. *Family Process, 39*(1), 5-23.

Egan, G. (2010). *The skilled helper* (9th ed.). Belmont, CA: Brooks/Cole.

Fiske, H. (2003). *Considering reasons for living: Solution-focused conversations with suicidal people*. Paper presented at SFBTA Conference, Loma Linda, California.

Fiske, H. (2008). *Hope in action: Solution-focused conversations about suicide*. New York, NY: Routledge.

Franklin, C., Trepper, T. S., Gingerich, W. J., & McCollum, E. E. (2012). *Solution-focused brief therapy: A handbook of evidence-based practice*. Oxford, England: Oxford University Press.

Froerer, A. S., & Connie, E. E. (2016). Solution-building, the foundation of solution-focused brief therapy: A qualitative Dephi Study. *Journal of Family Psychotherapy, 27*(1), 20-34.

Furman, B. (2008). *The workshop of solution focused brief therapy for difficult clients*. Taipei, Taiwan.

Gingerich, W. J., & Peterson, L. T. (2013). Effectiveness of solution-focused brief therapy: A systematic qualitative review of controlled outcome studies. *Research on Social Work Practice, 23*(3), 266-283.

Gong, H., & Hsu, W. S. (in press). The effectiveness of solution-focused brief therapy in ethnic-Chinese school settings: A meta-analysis. *Journal of International Group Therapy*.

Hansen, C. K. (2005). *The workshop of using solution focused brief therapy in crisis intervention*. The Training of Teacher Chang, Taipei, Taiwan.

Hearling, S., & Bavelas, J. B. (2011). Can questions lead to change? An analogue experiment. *Journal of Systemic Therapies*, *30*(4), 30-47.

Henden, J. (2008). *The workshop of preventing suicide: The solution focused approach*. Shanghai, China.

Hsu, W. S. (2009). The facets of empowerment in solution-focused brief therapy for lower-status married women in Taiwan: An exploratory study. *Women & Therapy, 32*(4), 338-360.

Johnson, C., & Webster, D. (2002). *Recrafting a life: Solutions for chronic pain and illness*. New York, NY: Brunner-Routledge.

Jordan, S. S., Froerer, A., & Bavelas, J. (2013). Microanalysis of positive and negative content in solution-focused brief therapy and cognitive behavioral therapy expert sessions. *Journal of Systemic Therapies*, *32*, 46-59.

Kelly, M. S., Kim, J. S., & Franklin, C. (2008). *Solution-focused brief therapy in school: A 360-degree view of research and practice*. New York, NY: Oxford University Press.

Kim, H. (2006). *Client growth and alliance development in solution-focused brief family therapy*. Unpublished doctoral dissertation, State University of New York, Buffalo, NY.

Kim, J. S. (2008). Examining the effectiveness of solution-focused brief therapy: A meta-analysis. *Research on Social Work Practice, 18*, 107-116.

Kim, J. S. (2014). *Solution-focused brief therapy: A multicultural approach*. London, England: Sage.

Kim, J. S., & Franklin, C. (2015). Understanding emotional change in solution-focused brief therapy: Facilitating positive emotions. *Best Practices in Mental Health, 11*(1), 25-41.

Kim, J. S., Franklin, C., Zhang, Y. P., Liu, X. W., Qu, Y., & Chen, H. (2014). Solution-focused brief therapy in China: A meta-analysis. *Journal of Ethnic and Cultural Diversity in Social Work, 24*(3), 187-201.

Korman, H. (2007). *Common project.* Solution Focused Brief Association 2007 Conference. Retrieved from http://www.sfbta.org/conferences/2007.html

Korman, H. (2011). *The workshop of solution focused brief therapy.* Beijing, China.

Korman, H., Bavelas, J. B., & De Jong, P. (2013). Microanalysis of formulations in solution-focused brief therapy, cognitive behavioral therapy, and motivational interviewing. *Journal of Systemic Therapies, 32*, 31-45.

Kremsdorf, R., Slate, L., Clancy, C., & Garcia, J. (2011, November). *Small steps in incorporating solution focused practices within a mental health agency: An interactive discussion.* Paper presented at the 2011 Solution-Focused Brief Therapy Association Conference, Bakersfield, CA.

Lee, Y., M., Sebold, J., & Uken, A. (2003). *Solution-focused treatment of domestic violence offenders: Accountability for change.* New York, NY: Oxford University Press.

Lipchik, E. (2002). *Beyond technique in solution-focused therapy: Working with emotions and the therapeutic relationship.* New York, NY: Guilford Press.

Lopez, S. J., Ciarlelli, R., Coffman, L., Stone, M., & Wyatt, L. (2000). Diagnosing for strengths: On measuring hope building blocks. In C. R. Snyder (Ed.), *Handbook of hope theory, measures and applications* (pp. 57-85). San Diego, CA: Academic Press.

Macdonald, A. J. (2007). *Solution-focused therapy: Theory, research & practice.* London, UK: Sage.

Macdonald, A. J. (2011). *Solution-focused training manual.* London, UK: Sage.

McGee, D., Del Vento, A., & Bavelas, J. B. (2005). An interactional model of Questions as therapeutic interventions. *Journal of Marital & Family Therapy, 31*(4), 371-384.

McNeilly, R. B. (2000). *Healing the whole person: Solution-focused approach to using empowering language, emotions, and action in therapy.* New York, NY: John Wiley & Sons.

Murphy, J. J., & Duncan, B. L. (1997). *Brief intervention for school problems: Collaborating for practical solutions*. New York, NY: Guilford Press.

Nelson, T. S., & Thomas, F. N. (2007). Assumptions and practices within the solution-focused brief therapy tradition. In T. S. Nelson & F. N. Thomas (Eds.), *Handbook of solution-focused brief therapy: Clinical applications*. New York, NY: Haworth Press.

O'Connell, B. (2001). *Solution-focused stress counseling*. New York, NY: Continuum.

Pichot, T., & Dolan, Y. (2003). *Solution-focused brief therapy: Its effective use in agency settings*. New York, NY: Haworth Clinical Practice Press.

Quick, E. K. (2013). *Solution-focused anxiety management: A treatment and training manual*. San Diego, CA: Elsevier Press.

Ratner, H., George, E., & Iveson, C. (2012). *Solution focused brief therapy: 100 key points & techniques*. New York, NY: Routledge.

Reiter, M. (2010), Solution-focused marathon sessions. *Journal of Systemic Therapies, 29*(1), 33-49.

Simon, J. (2010). *Solution focused practice in end-of-life and grief counseling*. New York, NY: Springer.

Sklare, G. B. (2014). *Brief counseling that works: A solution-focused approach for school counselors and administrators*. Thousand Oaks, CA: Corwin Press.

Smock, S. A., McCollum, E. E., & Stevenson, M. L. (2010). The development of the solution building inventory. *Journal of Marital and Family Therapy, 36*, 499-510.

Solution-Focused Brief Therapy Association [SFBTA] (2006). *SFBT training manual*. Retrieved July 3, 2007, from http://www.sfbta.org/

Steiner, T. (2005). *Using solution focused brief therapy with children and adolescents*. Singapore: Academy of Solution Focused Training Institution.

Tallman, K., & Bohart, A. (1999). The client as a common factor: Clients as self-healers. In B. Duncan, M. Hubble, & S. Miller (Eds.), *The heart and soul of change: What works in therapy* (pp. 91-132). Washington, DC: American Psychological Association Press.

Taylor, L. (2010). *Workshop manual for training for trainers and supervisor*. 2010 Solution-Focused Brief Therapy Association Conference, Alberta, Canada.

Taylor, L., & Simon, J. (2014). Opportunities: Organizing the solution-focused interview. *Journal of Systemic Therapies, 33*, 62-78.

Thomas, F. N. (2013). *Solution-focused supervision: A resource-oriented approach to developing clinical expertise*. New York, NY: Springer Science+Business Media.

Thomas, F. N. (2015). *Complimenting in solution-focused brief therapy*. unpublished paper.

Trepper, T. S., Dolan, Y., McCollum, E. E., & Nelson, T. (2006). Steve de Shazer and the future of solution-focused therapy. *Journal of Marital and Family Therapy, 32*(2), 133-140.

Trepper, T. S., McCollum, E. E., De Jong, P., Korman, H., Gingerich, W., & Franklin, C. (2010). *Solution-focused therapy treatment manual for working with individuals*. Retrieved November 15, 2010, from http://www.sfbta.org/research.html

Walter, J. L., & Peller, J. E. (1992). *Becoming solution-focused in brief therapy*. New York, NY: Brunner/Mazel.

Webb, W. H. (1999). *Solutioning: Solution-focused interventions for counselors*. Philadelphia, PA: Accelerated Press.

國家圖書館出版品預行編目（CIP）資料

焦點解決短期治療入門手冊／許維素著.
-- 初版. -- 新北市：心理, 2017.07
　　面；　公分. --（焦點解決系列；22313）
　　ISBN 978-986-191-778-8（平裝）

1. 心理治療　2. 心理諮商

178.4　　　　　　　　　　　106009831

焦點解決系列 22313

焦點解決短期治療入門手冊

作　　者：許維素
執行編輯：林汝穎
總 編 輯：林敬堯
發 行 人：洪有義
出 版 者：心理出版社股份有限公司
地　　址：231 新北市新店區光明街 288 號 7 樓
電　　話：(02) 29150566
傳　　真：(02) 29152928
郵撥帳號：19293172　心理出版社股份有限公司
網　　址：http://www.psy.com.tw
電子信箱：psychoco@ms15.hinet.net
駐美代表：Lisa Wu（lisawu99@optonline.net）
排 版 者：龍虎電腦排版股份有限公司
印 刷 者：龍虎電腦排版股份有限公司
初版一刷：2017 年 7 月
Ｉ Ｓ Ｂ Ｎ：978-986-191-778-8
定　　價：新台幣 380 元